Produktion und Logistik

Diese Reihe dient der Veröffentlichung neuer Forschungsergebnisse auf den Gebieten der Produktion und Logistik. Aufgenommen werden vor allem herausragende quantitativ orientierte Dissertationen und Habilitationsschriften. Die Publikationen vermitteln innovative Beiträge zur Lösung praktischer Anwendungsprobleme der Produktion und Logistik unter Einsatz quantitativer Methoden und moderner Informationstechnologie.

Kontakt

Professor Dr. Thomas S. Spengler
Technische Universität Braunschweig
Institut für Automobilwirtschaft und Industrielle Produktion
Mühlenpfordtstraße 23
38106 Braunschweig

Jan-Linus Popien

Entscheidungsorientiertes Life Cycle Sustainability Assessment

Ein integrativer Ansatz zur Bewertung und Gestaltung nachhaltiger Produktionssysteme

Springer Gabler

Jan-Linus Popien
Technische Universität Braunschweig
Braunschweig, Deutschland

Dissertation Technische Universität Braunschweig, 2025

ISSN 1431-6846 ISSN 2628-0108 (electronic)
Produktion und Logistik
ISBN 978-3-658-50000-9 ISBN 978-3-658-50001-6 (eBook)
https://doi.org/10.1007/978-3-658-50001-6

Die Deutsche Nationalbibliothek verzeichnet diese Publikation in der Deutschen Nationalbibliografie; detaillierte bibliografische Daten sind im Internet über https://portal.dnb.de abrufbar.

Planung/Lektorat: Karina Kowatsch
Springer Gabler ist ein Imprint der eingetragenen Gesellschaft Springer Fachmedien Wiesbaden GmbH und ist ein Teil von Springer Nature.
Die Anschrift der Gesellschaft ist: Abraham-Lincoln-Str. 46, 65189 Wiesbaden, Germany

Geleitwort

Die nachhaltige Gestaltung von Produktionssystemen gewinnt angesichts globaler ökologischer, sozialer und ökonomischer Herausforderungen zunehmend an Bedeutung. Unternehmen stehen vor der komplexen Aufgabe, ihre Prozesse nicht nur effizient, sondern auch unter Berücksichtigung vielfältiger Nachhaltigkeitsaspekte zu gestalten. Dies erfordert interdisziplinäre Ansätze, die betriebswirtschaftliche Grundlagen mit Umwelt- und Sozialbewertungssystemen verknüpfen. Gerade im Kontext der Elektromobilität und der damit verbundenen Transformation von Wertschöpfungsketten entstehen neue Anforderungen an Bewertungs- und Entscheidungsmodelle.

Aktuelle Forschungslücken bestehen insbesondere in der fehlenden Standardisierung und Transparenz ökonomischer Bewertungsmethoden im Nachhaltigkeitskontext, was die Vergleichbarkeit und Verlässlichkeit der Ergebnisse einschränken. Darüber hinaus sind viele bestehende Modelle noch nicht ausreichend in der Lage, die Wechselwirkungen zwischen ökologischen, sozialen und ökonomischen Dimensionen integriert abzubilden. Die Herausforderung liegt auch darin, komplexe gesetzliche Vorgaben und Marktbedingungen zu berücksichtigen und die daraus resultierenden Zielkonflikte zwischen den Nachhaltigkeitsdimensionen systematisch zu untersuchen.

Vor diesem Hintergrund leistet Jan-Linus Popien mit seiner Dissertation einen bemerkenswerten Beitrag zur Weiterentwicklung der Methoden des Life Cycle Sustainability Assessments (LCSA). Er erweitert die ökonomische Wirkungsabschätzung durch die Weiterentwicklung der DEALA-Methode und integriert diese in ein entscheidungsorientiertes LCSA, wodurch erstmals eine ganzheitliche und gleichzeitig praxisnahe Bewertung aller drei Nachhaltigkeitsdimensionen ermöglicht wird. Die Anwendung der Methode auf die komplexe Batteriewertschöpfungsketten im Automobilsektor illustriert nicht nur die wissenschaftliche Relevanz, sondern zeigt auch die praktische Anwendbarkeit in einem hochaktuellen Industriezweig.

Besonders hervorzuheben ist die Verbindung von Bewertungsmethoden des betrieblichen Rechnungswesens mit nachhaltigkeitsbezogenen Bewertungsmethoden. Die Entwicklung eines Leitfadens und eines Frameworks zur Kopplung mit Entscheidungsunterstützungsmodellen eröffnet neue Möglichkeiten für die Analyse und Gestaltung nachhaltiger Produktionssysteme unter realen Markt- und Gesetzgebungsbedingungen. Die Arbeit berücksichtigt dabei neben technologischen Aspekten und Nachhaltigkeitsaspekten auch gesetzliche Rahmenbedingungen, was den multidimensionalen Charakter moderner Nachhaltigkeitsbewertungen unterstreicht.

Die ausgezeichnete wissenschaftliche Leistung von Jan-Linus Popien besteht darin, ein methodisches Fundament zu schaffen, das sowohl höchsten wissenschaftlichen Anforderungen als auch den Bedürfnissen der Praxis gerecht wird. Seine Arbeit bietet nicht nur fundierte Entscheidungshilfen für Unternehmen, sondern liefert auch wichtige Impulse für die Politikgestaltung im Bereich nachhaltiger Wertschöpfungsketten.

Diese Dissertation ist daher nicht nur ein bedeutender Beitrag zur Betriebswirtschaftslehre und dem Life Cycle Management, sondern auch eine wertvolle Lektüre für Wissenschaftlerinnen und Wissenschaftler, Entscheidungstragendenden aus Industrie und Politik sowie für alle, die sich mit der Herausforderung nachhaltiger Produktionssysteme auseinandersetzen.

Univ.-Prof. Dr. Thomas Stefan Spengler

Vorwort

Die vorliegende Arbeit entstand im Rahmen meiner Tätigkeit als wissenschaftlicher Mitarbeiter am Institut für Automobilwirtschaft und Industrielle Produktion (AIP) der Technischen Universität Braunschweig. Die Zeit am AIP war intensiv und hat mich sowohl persönlich als auch fachlich gefordert und gefördert, sodass schließlich diese Dissertation entstehen konnte. Ich möchte mich an dieser Stelle bei allen Personen bedanken, die mich in dieser Zeit begleitet und unterstützt haben.

Mein besonderer Dank gilt meinem Doktorvater, Herrn Professor Dr. Thomas S. Spengler, der mich auf meinem Weg stets unterstützt und mir die nötigen Freiräume gegeben hat, um eigene Forschungsideen zu entwickeln, weiterzuverfolgen und auf zahlreichen Konferenzen zu diskutieren. Der frühzeitige Fokus auf die Entwicklung eigenständiger Forschungsideen, die tiefgehenden Einblicke durch Forschungs- und Industrieprojekte sowie viele produktive Bastelstunden haben mir persönlich einen großen Mehrwert gebracht, den ich nicht missen möchte und der einen wesentlichen Bestandteil dieser Dissertation ausmacht. Darüber hinaus danke ich Herrn Professor Dr.-Ing. Christoph Herrmann herzlich für die Übernahme des Koreferats und die wertvollen Diskussionen während meiner Promotionszeit. Herrn Professor Dr. David M. Woisetschläger danke ich für die Übernahme des Vorsitzes des Promotionsausschusses.

Ein besonderer Dank gilt meinen Kolleginnen und Kollegen, die mich während meiner Promotionszeit sowohl fachlich als auch persönlich begleitet haben. Insbesondere danke ich meinen beiden Teamleitern, Professor Dr. Christian Thies und Dr. Alexander Barke, sowie Raphael Ginster, die mich von Beginn an motiviert und durch ihre fachliche Expertise wesentlich zur Entstehung dieser Arbeit beigetragen haben. Mein weiterer Dank gilt Tjard Bätge, Yannick Graupner, Moritz Proff, Patrick Schumacher, Patrick Oetjegerdes, Karen Fiedler, Hongfeng Gao, Judith Schulze, Leonard Dietz, Hanyie Mobarezkhoo, PD Dr. Christian Weckenborg, Dr. Kerstin Schmidt, Dr. Inke Joormann, Dr. Christian Scheller, Antje Fricke, Rick Pingel, Sven Hemminghaus, Dr. Christoph Runde, Dr. Chetan Talwar, Dr. David Kik, Marco Karig, Cora Buchenberger und Akin Ögrük. Besonders danken möchte ich auch Frau Cosima Meyer für ihre vielfältige Unterstützung während meiner Promotionszeit. Außerdem danke ich meinen studentischen Hilfskräften Tim Echternach, Theresa Striecks und Rahul Kole für ihre Unterstützung in Forschung und Lehre.

Auch die Mitarbeitenden des Instituts für Werkzeugmaschinen und Fertigungstechnik (IWF) hatten großen Einfluss auf diese Dissertation. In zahlreichen Projekten und während gemeinsamen Konferenzen konnten wir gemeinsam Ideen entwickeln. Mein besonderer Dank gilt hierbei Jana Husmann und Abdur Rahman-Ali für die wertvolle Zusammenarbeit im Projekt SIMTEGRAL. Ein weiterer Dank gilt den Mitwirkenden der Battery LabFactory Braunschweig (BLB) und insbesondere dem Lenkungskreis, durch den ich viele Einblicke in verschiedene Bereiche der Batterieindustrie gewinnen konnte. Besonderer Dank geht hier an Steffen Blömeke, Jana Husmann und Edith Uhlig, mit denen ich gemeinsam die Querschnittsgruppe Zirkuläre Fabriken und Supply Chains leiten durfte.

Diese Dissertation wäre zudem nicht ohne die Unterstützung meiner Familie und Freunde möglich gewesen. An erster Stelle möchte ich mich bei meinen Eltern, Karen und Andreas Popien, bedanken. Sie haben mich während meiner Kindheit und meines Studiums sehr unterstützt und viele Freiheiten gegeben. Ebenso danke ich meinen Brüdern Tim-Ole, Niels-Frederik, Finn-Christopher und Matti Mika Popien sowie deren Partnerinnen, die stets für Abwechslung und Freude in meinem Leben gesorgt haben. In diesem Sinne danke ich auch meinen Freunden Yannick Hellwig, Christian Schaffrath, Julius Flerlage, Björn Fedder und Simon Kreußler ebenfalls mit ihren Partnerinnen.

Der größte Dank gilt jedoch meiner Freundin Natalie Lausen, die mir den Weg zur Promotion freigemacht und mich auf diesem Weg bedingungslos unterstützt hat. Danke!

Jan-Linus Popien

Inhaltsverzeichnis

Symbolverzeichnis

Symbole in Kapitel 2

T	Menge der Perioden
t	Zeitpunkt ($t \in T$)
C_0	Kapitalwert mit dem Bezugszeitpunkt $t = 0$
e_t	Einzahlungen zum Zeitpunkt t
a_t	Auszahlungen zum Zeitpunkt t
i	Kalkulationszinssatz
r	Interner Zinsfuß
A	Annuität
AZ	Amortisationszeit
t^*	Zeitpunkt, zu dem der Kapitalwert noch negativ ist

Symbole in Kapitel 3

π	Menge der Aktivitäten
ρ	Prozessmodule/Aktivitäten ($\rho \in \pi$)
κ	Menge der Objektarten
k	Objektarten ($k \in \kappa$)
D	Menge der DEALA-Aktivitäten
d	DEALA-Aktivitäten ($d \in D$)

P	Prozessmatrix
A	Technosphärenmatrix
B	Marktsphärenmatrix
λ	Aktivitätsniveau
f	Nachfragevektor
z	Sachbilanzergebnisse
M	Menge der Wirkungsindikatoren
IS_m	Wirkungsindikatorwert der Wirkungskategorien $m \in M$
CF_{mk}	Charakterisierungsfaktor der Wirkungskategorie $m \in M$ für Objektart $k \in \kappa$
M_{Kosten}	Teilmenge der Wirkungskategorien M, die die Wirkungskategorien des Charakterisierungsmodells DEALA-Kosten repräsentieren
M_{Profit}	Teilmenge der Wirkungskategorien M, die die Wirkungskategorien des Charakterisierungsmodells DEALA-Profit repräsentieren
$M_{Investitionen}$	Teilmenge der Wirkungskategorien M, die die Wirkungskategorien des Charakterisierungsmodells DEALA-Investition repräsentieren
ζ	Zwischenaktivitäten
O	Menge der Zielfunktionen
$f_j(\underline{x})$	Zielfunktionen des Entscheidungsproblems mit $j \in O$
R	Menge der Restriktionen
$g_i(\underline{x})$	Restriktionen des Entscheidungsproblems mit $i \in R$
$\underline{x}$	n-dimensionaler Entscheidungsvektor
$f_j(\underline{x}^*)$	Individuelle Optimallösung für jedes Ziel $j \in O$
p	Exponent der Zielfunktion
w_j	Gewichtung für jedes Ziel $j \in O$
d_j^-	Untererfüllung der gewünschten Zustände der Ziele $j \in O$
d_j^+	Übererfüllung der gewünschten Zustände der Ziele $j \in O$
b_j	Gewünschter Zustand für Ziel $j \in O$
ε_j	Spezifischer Wert des Ziels $j \in O$ für Nebenbedingung

Symbole in Kapitel 4

Indizes und Mengen

ρ	Aktivitäten ($\rho \in \pi$)
$\pi^{\text{Gewinnung}}$	Submenge der Aktivitäten ρ, die die Gewinnung von Materialien repräsentieren
$\pi^{\text{EU,Gewinnung}}$	Submenge der Aktivitäten ρ, die die Gewinnung von Materialien in der EU repräsentieren
$\pi^{\text{Verarbeitung}}$	Submenge der Aktivitäten ρ, die die Verarbeitung von Materialien repräsentieren
$\pi^{\text{EU,Verarbeitung}}$	Submenge der Aktivitäten ρ, die die Verarbeitung von Materialien in der EU repräsentieren
$\pi^{\text{Recycling}}$	Submenge der Aktivitäten ρ, die die Produktion von Sekundärmaterialien repräsentieren
$\pi^{\text{EU,Recycling}}$	Submenge der Aktivitäten ρ, die die Produktion von Sekundärmaterialien in der EU repräsentieren
$\pi^{\text{Kein\_Recycling}}$	Submenge der Aktivitäten ρ, die die keine Produktion von Sekundärmaterialien repräsentieren
π^{RoW}	Submenge der Aktivitäten ρ, die außerhalb der EU lokalisiert sind
k	Objektarten ($k \in \kappa$)
$\kappa^{\text{Technosphäre}}$	Submenge der Objektarten k, die sich in der Technosphäre befinden
$\kappa^{\text{Biosphäre}}$	Submenge der Objektarten k, die sich in der Biosphäre befinden (ohne Klimawandel)
$\kappa^{\text{Klimawandel}}$	Submenge der Objektarten k, die die Wirkungsindikatorwerte des Klimawandels repräsentieren
$\kappa^{\text{Gesamtkosten}}$	Submenge der Objektarten k, die die Gesamtkosten repräsentieren
$\kappa^{\text{Transportkosten}}$	Submenge der Objektarten k, die die Transportkosten repräsentieren
$\kappa^{\text{Erlöse−Endprodukte}}$	Submenge der Objektarten k, die die Erlöse durch Endprodukte repräsentieren
$\kappa^{\text{Soziosphäre}}$	Submenge der Objektarten k, die sich in der Soziosphäre (ohne Risiko für Zwangsarbeit) befinden

$\mathcal{K}^{\text{Zwangsarbeit}}$	Submenge der Objektarten k, die die Wirkungsindikatorwerte des Risikos für Zwangsarbeit repräsentieren
$\mathcal{K}^{\text{Vorgänger}}$	Submenge der Objektarten k, die Vorläuferprodukte repräsentieren
$\mathcal{K}^{\text{Gewinnung}}$	Submenge der Objektarten k, die Rohmaterialien repräsentieren
$\mathcal{K}^{\text{Verarbeitung}}$	Submenge der Objektarten k, die verarbeitete Materialien repräsentieren
$\mathcal{K}^{\text{Recycling}}$	Submenge der Objektarten k, die Sekundärmaterialien repräsentieren

Parameter

$v_{k,\rho}$	Menge der Objektart k, die durch die Aktivität ρ produziert oder verbraucht wird
d_k	Nachfrage nach Objektart k
r_k	Untere Grenze des Rezyklatgehalts von Objektart k
c_k	Obere Grenze des Rezyklatgehalts von Objektart k
g_k	Minimaler Anteil von Objektart k, der in der EU gewonnen werden muss
a_k	Minimaler Anteil von Objektart k, der in der EU verarbeitet werden muss
b_k	Minimaler Anteil von Objektart k, der in der EU recycelt werden muss
s_k	Maximaler Anteil von Objektart k, der aus einem Drittstaat importiert werden darf
h_k	Grenzwerte der ökologischen und sozialen Wirkungskategorien der Objektart k

Entscheidungsvariablen

λ_ρ	Aktivitätsniveau der Aktivitäten ρ

Abkürzungsverzeichnis

ABC	Activity-Based Costing
AC	Administration cost (dt.: Verwaltungskosten)
AHP	Analytic Hierachy Process (dt.: analytischer Hierarchieprozess)
AoP	Area of Protection (dt.: Schutzbereich)
äq.	Äquivalente
BE	Belgien
BEIC	Business Economic Impact Category (dt.: betriebswirtschaftliche Wirkungskategorie)
BEV	Battery electric vehicle (dt.: batterieelektrisches Fahrzeug)
BG	Bulgarien
BMS	Batteriemanagementsystem
CAPEX	Capital expenditures (dt.: Kapitalausgaben)
CAPI	Capital income (dt.: Kapitaleinnahmen)
CC	Climate change (dt.: Klimawandel)
CH	Schweiz
CLCC	Conventional Life Cycle Costing (dt.: konventionelle Lebenszykluskostenbewertung)
CN	China
CRMA	Critical Raw Material Act (dt.: Gesetz über kritische Rohstoffe)
CSC	Zellüberwachungssystem
DC	Depreciation cost (dt.: Abschreibungskosten)
DE	Deutschland

DEALA	Differentiated Ecomomic Assessment in a Life Cycle-oriented Analysis (dt.: differenzierte ökonomische Bewertung in einer lebenszyklusorientierten Analyse)
EC	Energy cost (dt.: Energiekosten)
ELCA	Environmental Life Cycle Assessment (dt.: Ökobilanzierung)
ELCC	Environmental Life Cycle Costing (dt.: ökologische Lebenszykluskostenbewertung)
eoLCSA	Entscheidungsorientiertes Life Cycle Sustainability Assessment
EU	Europäische Union
FI	Finnland
FR	Frankreich
GAAP	Generally Accepted Accounting Principles (dt.: allgemein anerkannte Rechnungslegungsgrundsätze)
GB	Großbritannien
GLO	Global
GuV	Gewinn- und Verlustrechnung
GWP	Global warming potential (dt.: Treibhausgaspotenzial)
HGB	Handelsgesetzbuch
HU	Ungarn
ibL	Innerbetriebliche Leistungsverrechnung
IC	Insurance cost (dt.: Versicherungskosten)
IDC	Investment-dependent cost (and revenues) (dt.: investitionsabhängige Kosten (und Erlöse))
IFRS	International Financial Reporting Standards
InC	Interest cost (dt.: Zinskosten)
IRA	Inflation Reduction Act
JP	Japan
KR	Südkorea
LCC	Life Cycle Costing (dt.: Lebenszykluskostenbewertung)
LCCA	Life Cycle Cost Assessment (dt.: Lebenszykluskostenbewertung)
LCM	Life Cycle Management (dt.: Lebenszyklusmanagement)
LCSA	Life Cycle Sustainability Assessment (dt.: Nachhaltigkeitsbewertung über den gesamten Lebenszyklus)
LIB	Lithium-Ionen-Batterien
LKW	Lastkraftwagen
MADM	Multi-Attribute Decision Making (dt.: Mehr-Attribut-Entscheidungsfindung)

MAUT	Multiattribute Utility Theory (dt.: Multi-Attribut-Nutzentheorie)
MC	Material cost (dt.: Materialkosten)
MCDM	Multi-Criteria Decision Making (dt.: multikriterielle Entscheidungsfindung)
MODM	Multi-Objective Decision Making (dt.: mehrzielorientierte Entscheidungsfindung)
MRO	Maintenance cost (dt.: Wartungskosten)
NGO	Nichtregierungsorganisation
NL	Niederlande
NMC	Lithium-Nickel-Mangan-Kobalt-Oxid
NO	Norwegen
OC	Operating cost (and revenues) (dt.: betriebsabhängige Kosten (und Erlöse))
OPEX	Operating expenditures (dt.: Betriebsausgaben)
OPI	Operating income (dt.: Betriebseinnahmen)
OthC	Other cost (and revenues) (dt.: sonstige Kosten (und Erlöse))
P	Profit
PC	Personnel cost (dt.: Personalkosten)
PCC	Process change cost (dt.: Prozessveränderungskosten)
PL	Polen
PROMETHEE	Preference Ranking Organisation Method for Enrichment Evaluations (dt.: Präferenz-Ranking-Organisationsmethode für Anreicherungsevaluierungen)
RCP	Revenues from co-products (dt.: Erlöse durch Kuppelprodukte)
RCS	Revenues from investment-dependent subsidies (dt.: Erlöse durch investitionsabhängige Subventionen)
RD	Research and development cost (dt.: Forschungs- und Entwicklungskosten)
REP	Revenues from end-products (dt.: Erlöse durch Endprodukte)
RFL	Risk of forced labor (dt.: Risiko für Zwangsarbeit)
ROS	Revenues from operational subsidies (dt.: Erlöse durch betriebsbedingte Subventionen)
RSEB	Revenues from equipment and buildings (dt.: Erlöse durch Equipment und Gebäude)
SC	Service cost (dt.: Dienstleistungskosten)
SDGs	Sustainable Development Goals (dt.: Ziele für nachhaltige Entwicklung)
SE	Schweden

SLCA	Social Life Cycle Assessment (dt.: lebenszyklusbasierte Sozialbilanz)
SLCC	Societal Life Cycle Costing (dt.: gesellschaftliche Lebenszykluskostenbewertung)
SubC	Subsequent cost (and revenues) (dt.: Folgekosten (und -erlöse))
TC	Total cost (dt.: Gesamtkosten)
TF	Taxes and fees (dt.: Steuern und Gebühren)
TOTEX	Total expenditures (dt.: Gesamtausgaben)
TOTI	Total income (dt.: Gesamteinnahmen)
TR	Türkei
TranC	Transport cost (dt.: Transportkosten)
UN	Vereinte Nationen
US/USA	Vereinigte Staaten von Amerika
WC	Warranty cost (dt.: Garantiekosten)
WTC	Waste treatment cost (dt.: Entsorgungskosten)

Einheitenverzeichnis

€	Euro
GWh	Gigawattstunden
h	Stunde
kg	Kilogramm
kt	Kilotonne
kWh	Kilowattstunde
m^2	Quadratmeter
m^3	Kubikmeter
mRS	Mittlere Risikostunden
t	Tonne
tkm	Tonnenkilometer
USD ($)	US-Dollar

Abbildungsverzeichnis

Tabellenverzeichnis

Einleitung 1

1.1 Ausgangslage und Problemstellung

Unternehmen stehen gegenwärtig vor einer Vielzahl an Herausforderungen. Die deutsche Wirtschaft befindet sich aktuell in einer Rezession, verursacht u. a. durch einen zurückgehenden Konsum und hohe Energiepreise.[1] Dieser Zustand beeinflusst die Wertschöpfung der Unternehmen und erfordert eine sorgfältige Planung und Steuerung der Produktionssysteme, um den Fortbestand der Unternehmen zu sichern. Gleichzeitig hat die technologische Entwicklung einen erheblichen Einfluss auf die Produktionssysteme. Die zunehmende Digitalisierung und Automatisierung führen zur Entstehung neuer Geschäftsmodelle und Wettbewerber, die sich häufig durch kürzere Entwicklungszyklen sowie eine geringere Kostenstruktur auszeichnen. Für etablierte Unternehmen ist es daher unerlässlich, ihre Produktionssysteme entsprechend zu bewerten und zu gestalten, um technologisch und kostenseitig konkurrenzfähig zu bleiben.[2]

Verstärkt wird dieser Bedarf durch geopolitische Spannungen und zunehmenden Protektionismus.[3] Beispielsweise beschränkt der Krieg in der Ukraine den Zugang zu Materialien, Produktionskapazitäten und den Märkten der beteiligten Länder. Dies gilt auch für die Einführung tarifärer Hemmnisse wie Zölle und nicht-tarifärer Hemmnisse.[4] Zur letzterem gehören bekannte Gesetzgebungen wie der Inflation Reduction Act (IRA) der Vereinigten Staaten von Amerika

---

[1] Vgl. Berger & Feil (2025).

[2] Vgl. Cornet et al. (2023); Götze (2010), S. 271; Günther (2018), S. 544–546.

[3] Vgl. Demary et al. (2021), S. 91–94; Gao & Xu (2024).

[4] Vgl. Demary et al. (2021), S. 91 & 94–95.

J.-L. Popien, *Entscheidungsorientiertes Life Cycle Sustainability Assessment*, Produktion und Logistik, https://doi.org/10.1007/978-3-658-50001-6_1

(USA) (Public Law No. 117–169 (08/16/2022)) und der Critical Raw Material Act (CRMA) der Europäischen Union (EU) (Verordnung (EU) 2024/1252). Diese versuchen durch festgelegte Quoten die lokale Wirtschaft zu fördern, was den Zugang zu den jeweiligen Märkten einschränkt. Dies kann den Unternehmenserfolg direkt beeinflussen, da Absatzmärkte oder wichtige Materialien wegfallen und teurere Alternativen gefunden werden müssen. Daher müssen Unternehmen ihre globalen Wertschöpfungsketten kritisch beurteilen und gegebenenfalls anpassen.

Darüber hinaus stellt der anthropogene Klimawandel eine weitere gesellschaftliche Herausforderung dar, die einen direkten Einfluss auf Unternehmen hat. Dieser Einfluss resultiert nicht nur aus Extremwetterereignissen, die bspw. die Lieferketten durch niedrige Pegelstände oder Überschwemmungen beeinträchtigen und somit die Verfügbarkeit sowie die Preisentwicklung von Materialien beeinflussen können.[5] Auch politische Regularien, die auf die Begrenzung des Klimawandels abzielen, haben einen direkten Einfluss. Das European Climate Law (Verordnung (EU) 2021/1119) strebt bspw. die Klimaneutralität der EU bis 2050 an. Zudem enthalten weitere Gesetzgebungen wie der CRMA oder das Lieferkettensorgfaltspflichtengesetz in Deutschland Vorgaben zur Berücksichtigung ökologischer Auswirkungen. Letztere beinhalten zudem Anforderungen zur Einhaltung und Sicherstellung von Menschenrechten, sodass auch soziale Aspekte bei der Bewertung und Gestaltung der Produktionssysteme berücksichtigt werden müssen. Die Nichteinhaltung kann nicht nur zu zusätzlichen Kosten, sondern auch zum Verlust von Kunden führen, was die Unternehmen vermeiden sollten.[6] Insgesamt ergibt sich hieraus die Anforderung, Produktionssysteme hinsichtlich ihrer ökonomischen, ökologischen und sozialen Auswirkungen ganzheitlich zu bewerten und zu analysieren, um fundierte Entscheidungen unter Berücksichtigung gesetzlicher Vorgaben treffen zu können.

Ein geeigneter Ansatz, der eine gemeinsame Bewertung der ökonomischen, ökologischen und sozialen Auswirkungen erlaubt, ist der Life Cycle Sustainability (LCSA-) Ansatz. Der LCSA-Ansatz greift hierfür auf drei Methoden zurück: die Ökobilanzierung (ELCA), die lebenszyklusbasierte Sozialbilanz (SLCA) und die ökologische Lebenszykluskostenrechnung (ELCC).[7] Damit diese Methoden geeignete Ergebnisse für die Entscheidungsunterstützung liefern können, müssen verschiedene Anforderungen erfüllt werden. Eine zentrale Anforderung ist die Festlegung gemeinsamer Systemgrenzen. Beispielsweise kann eine umfassende

[5] Vgl. Calvin et al. (2023), S. 4–6.

[6] Vgl. Cheng (2024); Kim & Sim (2015).

[7] Vgl. Ciroth et al. (2011), S. 5–6; Finkbeiner et al. (2010); Kloepffer (2008).

Betrachtung des gesamten Lebenszyklus in der ELCA zu fehlerhaften Handlungsempfehlungen führen, wenn beim ELCC lediglich die Produktionskosten einfließen und Aspekte wie die Entsorgung, die erhebliche Kosten verursachen kann, nicht berücksichtigt werden.[8] Darüber hinaus sollten für die drei Methoden einheitliche Sachbilanzen sowie ein gemeinsames Bewertungstool verwendet werden. In aktuellen Studien ist dies oft nicht der Fall, was zu Fehlern bei der Datenerstellung und -übertragung führen kann und die Transparenz der Studien einschränkt. Dies kann die Vertrauenswürdigkeit sowie die Nachvollziehbarkeit von Entscheidungen zur Gestaltung von Produktionssystemen beinträchtigen.[9]

Neben den methodischen Anforderungen bestehen weitere Herausforderungen aufgrund der Entwicklungsstände der drei Methoden sowie des interdisziplinären Charakters des LCSA-Ansatzes. Während die ELCA-Methode ein etabliertes Verfahren ist und in der DIN EN ISO 14040 und DIN EN ISO 14044 definiert ist, wurde die SLCA-Methode im Jahr 2024 mit der ISO 14075:2024 standardisiert und bietet den Nutzenden eine klare Vorgehensweise.[10] Das ELCC hingegen ist nicht allgemein standardisiert, sondern wird lediglich über ein Rahmenwerk sowie einen „Code of Practice" eingeführt, was zu unterschiedlichen Herausforderungen führt.[11] Eine Herausforderung ist, dass wissenschaftliche Studien häufig keine betriebswirtschaftliche Fundierung aufweisen, etwa indem Zeiteffekte oder der Umgang mit Gemeinkosten nicht oder nur teilweise berücksichtigt werden.[12] Diese Vernachlässigungen können erhebliche Auswirkungen auf die Ergebnisse haben, insbesondere wenn der gesamte Lebenszyklus betrachtet wird oder eine zunehmende Automatisierung erfolgt.[13] Das Fehlen der betriebswirtschaftlichen Fundierung ist auch darauf zurückzuführen, dass die ökonomischen Bewertungen häufig von fachfremden Personen durchgeführt werden, die auf keinen allgemeinen Standard zurückgreifen können. Ein aus betriebswirtschaftlicher Sicht entwickelter und in den LCSA-Ansatz integrierter Standard hat daher das Potenzial, diese Herausforderung zu lösen.[14]

[8] Vgl. Costa et al. (2019); Padilla-Rivera et al. (2023); Popien et al. (2024a).

[9] Vgl. Costa et al. (2019); Popien et al. (2024a); Rodrigues & da Silva (2024).

[10] Vgl. Leroy-Parmentier et al. (2023).

[11] Vgl. Hunkeler et al. (2008b); Rodrigues & da Silva (2024); Swarr et al. (2011).

[12] Vgl. Popien et al. (2024a).

[13] Vgl. Popien et al. (2024a); Rodrigues & da Silva (2024).

[14] Vgl. Cadena & Thomassen (2024), S. 78; Popien et al. (2024a).

Zudem ist die Durchführung von ELCC-Studien oft intransparent, bspw. durch eine unklare Auswahl der Kostenkategorien oder mangelhafte Dokumentation der zugrunde liegenden Berechnungen. Dies erschwert die Vergleichbarkeit zwischen Studien und kann dazu führen, dass wichtige Kostenkategorien für die Entscheidungsunterstützung nicht berücksichtigt werden.[15] Ein weiterer Nachteil ist, dass Studien meist nur aggregierte Werte wie Gesamtkosten präsentieren, wodurch es schwierig wird, Kostentreiber entlang einer Wertschöpfungskette zu identifizieren und die Transparenz sowie Informationslage zu erhöhen, was wesentliche Ziele des ELCC darstellen. Daher ist es notwendig, bei der Durchführung von ELCC-Studien sicherzustellen, dass die Auswahl der Wirkungskategorien begründet und transparent erfolgt, die Berechnung auf betriebswirtschaftlichen Standards basiert und detaillierte sowie differenzierte Analysen auf Basis unterschiedlich aggregierter Ergebnisse möglich sind.[16]

Zusammenfassend stehen Unternehmen vor der Herausforderung, ihre Produktionssysteme in einer dynamischen Umwelt zu bewerten und zu gestalten. Technologische Fortschritte, soziokulturelle Veränderungen, politische und rechtliche Rahmenbedingungen sowie wirtschaftliche und ökologische Entwicklungen beeinflussen sich gegenseitig und wirken auf die Produktionssysteme ein. Um wettbewerbsfähig zu bleiben, müssen Unternehmen nicht nur ökonomische Ziele verfolgen, sondern auch ökologische und soziale Aspekte berücksichtigen. Eine ganzheitliche Bewertung ist erforderlich, um fundierte Entscheidungen für die Gestaltung der Produktionssysteme treffen zu können. Dabei bestehen jedoch u. a. Herausforderungen in Bezug auf die Transparenz der Bewertungsprozesse, die betriebswirtschaftliche Fundierung und die gemeinsame Bewertung der Auswirkungen der ökonomischen, ökologischen und sozialen Dimension. Diese Herausforderungen gilt es zu überwinden, um geeignete Entscheidungen zu ermöglichen.

---

[15] Vgl. Popien et al. (2024a); Rodrigues & da Silva (2024).

[16] Vgl. Popien et al. (2024a).

1.2 Zielsetzung und Vorgehensweise

Vor diesem Hintergrund ist das Ziel dieser Dissertation die Einführung des entscheidungsorientierten Life Cycle Sustainability Assessments (eoLCSA), das Unternehmen ermöglichen soll, ihre Produktionssysteme unter Berücksichtigung der Umwelteinflüsse zu bewerten und zu gestalten. Zudem wird das eoLCSA hinsichtlich der Anwendung, Vorteile und Limitationen im Kontext des Automobilsektors am Beispiel einer Batteriewertschöpfungskette illustriert. Zur Zielerreichung der Dissertation werden folgende Arbeitsziele verfolgt:

- Einführung in die Grundlagen des betrieblichen Rechnungswesens für die betriebswirtschaftliche Fundierung des eoLCSA.
- Einführung in die Grundlagen des Life Cycle Managements (LCM) als Basis für die integrierte Bewertung der ökonomischen, ökologischen und sozialen Auswirkungen eines Produktionssystems im Rahmen des eoLCSA.
- Ableitung von Anforderungen für die Konzeption und Entwicklung des eoLCSA.
- Konzeption und Entwicklung des eoLCSA.
- Modellierung, Bewertung und Gestaltung einer Batteriewertschöpfungskette unter Nutzung des eoLCSA zur Illustration der Vor- und Nachteile der Vorgehensweise sowie zur Ableitung von Handlungsempfehlungen zur Gestaltung von Batteriewertschöpfungsketten.

Zur Erreichung des Ziels sowie der Arbeitsziele wird die folgende Vorgehensweise verfolgt (Abbildung 1.1).

In Kapitel 2 werden zunächst die interdisziplinären Herausforderungen bei Nachhaltigkeitsbewertungen hervorgehoben (Abschnitt 2.1). Hierbei wird insbesondere darauf eingegangen, dass eine stärkere Integration einer betriebswirtschaftlichen Perspektive bei der Durchführung von Nachhaltigkeitsbewertungen benötigt wird. Für diese Integration werden die grundlegenden Begriffe des betrieblichen Rechnungswesens definiert und Instrumente des betrieblichen Rechnungswesens voneinander abgegrenzt (Abschnitt 2.2). Anschließend werden wichtige Begriffe des LCM und dessen Instrumente eingeführt, um das LCSA in diesem Kontext einzuordnen und in seiner Vorgehensweise zu erläutern (Abschnitt 2.3). Auf Basis der Grundlagen des betrieblichen Rechnungswesens und LCM sowie einer Übersicht zur aktuellen Literatur werden Anforderungen an das eoLCSA abgeleitet (Abschnitt 2.4).

Die resultierenden Anforderungen werden in Kapitel 3 für die Konzeption und Entwicklung des eoLCSA berücksichtigt. Zu Beginn wird eine bestehende

Wirkungsabschätzungsmethode erweitert (Abschnitt 3.1), bevor ein Leitfaden für die Nutzung dieser Wirkungsabschätzungsmethode im Rahmen des eoLCSA eingeführt wird (Abschnitt 3.2). Für die Einordnung des eoLCSA im Kontext der Entscheidungsunterstützung wird abschließend ein Überblick über Möglichkeiten zur Entscheidungsunterstützung im Kontext der Nachhaltigkeit gegeben (Abschnitt 3.3). Dabei wird insbesondere darauf eingegangen, wie das eoLCSA im Rahmen der Entscheidungsunterstützung eingesetzt werden kann.

In Kapitel 4 wird das eoLCSA im Rahmen einer Fallstudie validiert. Dabei dient eine exemplarische Batteriewertschöpfungskette als Fallbeispiel. Zunächst werden alle benötigten Aspekte erläutert, die für die Konzeption der Fallstudie erforderlich sind (Abschnitt 4.1). Anschließend werden die Schritte des eoLCSA durchlaufen und im Detail beschrieben (Abschnitt 4.2). Diese umfassen die Definition des Ziels und des Untersuchungsrahmens der Studie, die Erstellung der Sachbilanzen sowie die Darstellung, Auswertung und Interpretation der Ergebnisse. Aufbauend auf den Ergebnissen wird exemplarisch aufgezeigt, wie das eoLCSA in einem mathematischen Optimierungsmodell zur Gestaltung der Wertschöpfungskette aus Sicht eines Batteriepackproduzenten genutzt werden kann (Abschnitt 4.3). Hierbei wird zunächst das Optimierungsmodell eingeführt, bevor die Rahmenbedingungen für die Durchführung erläutert und die Ergebnisse interpretiert werden.

In Kapitel 5 wird das eoLCSA sowie die erzielten Ergebnisse kritisch gewürdigt (Abschnitt 5.1). Darauf aufbauend werden die Grenzen der Arbeit aufgezeigt (Abschnitt 5.2) und auf dessen Basis ein Ausblick auf weiterführende Forschungsbedarfe gegeben (Abschnitt 5.3). Letztlich folgt eine Zusammenfassung der Arbeit in Kapitel 6.

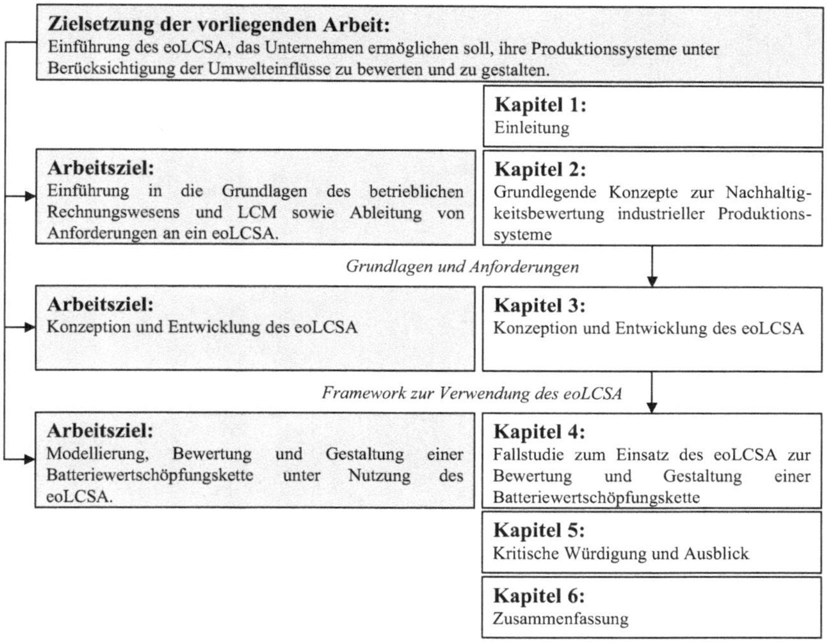

Abbildung 1.1 Zielsetzung und Aufbau der Arbeit

2 Grundlegende Konzepte zur Nachhaltigkeitsbewertung industrieller Produktionssysteme

In diesem Kapitel wird zunächst auf die interdisziplinären Herausforderungen bei Nachhaltigkeitsbewertungen industrieller Produktionssysteme eingegangen (Abschnitt 2.1). Hierbei wird insbesondere die Notwendigkeit einer stärkeren Integration des betrieblichen Rechnungswesens in die Methoden des LCM hervorgehoben. Die Grundlagen für die Integration des betrieblichen Rechnungswesens werden in Abschnitt 2.2 dargelegt. Daran anschließend werden Methoden des LCM sowie die Vorgehensweise des LCSA vorgestellt, um die Grundlagen für eine integrierte Nachhaltigkeitsbewertung zu legen (Abschnitt 2.3). Abschließend werden auf Basis der eingeführten Grundlagen sowie der dargestellten Herausforderungen die Anforderungen an das eoLCSA abgeleitet (Abschnitt 2.4).

2.1 Nachhaltigkeitsbewertung als interdisziplinäre Herausforderung

In der Einleitung wurden vielfältige Herausforderungen vorgestellt, die einen direkten Einfluss auf die Produktionssysteme von Unternehmen haben. Allgemein lassen sich Produktionssysteme wie in Abbildung 2.1 darstellen.

J.-L. Popien, *Entscheidungsorientiertes Life Cycle Sustainability Assessment*, Produktion und Logistik, https://doi.org/10.1007/978-3-658-50001-6_2

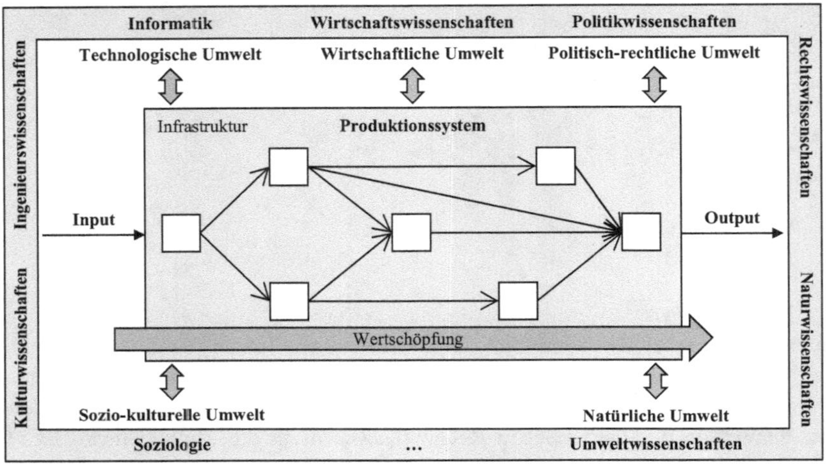

Abbildung 2.1 Darstellung der Wechselwirkungen des Produktionssystems und der Umwelt[1]

Innerhalb der Abbildung 2.1 wird die Produktion als ein Wertschöpfungsprozess interpretiert. Dies bedeutet, dass Inputgüter wie Materialien, Maschinen oder Personal über einzelne Aktivitäten in Outputs transformiert werden, wobei hierbei eine Wertsteigerung resultieren soll. Um die Wertsteigerung sicherzustellen, müssen Unternehmen Entscheidungen zur Planung und Steuerung der Produktionssysteme treffen, wobei das Produktionssystem den gesamten Betrieb bis zu Teilprozessen des Unternehmens umfassen kann. Die Entscheidungen können hierbei strategischer, taktischer oder operativer Natur sein und betreffen die gesamte Wertschöpfungskette von der Beschaffung bis zum Absatz (Abbildung 2.2).[2]

[1] In Anlehnung an: Günther & Tempelmeier (2020), S. 2.

[2] Vgl. Dyckhoff & Spengler (2010), S. 3–8; Günther & Tempelmeier (2020), S. 2–6.

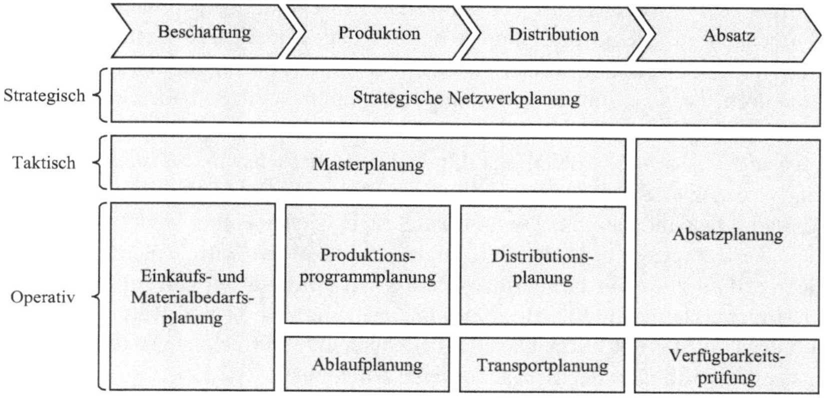

Abbildung 2.2 Advanced Planning Matrix[3]

Hierbei umfasst die strategische Netzwerkplanung im Wesentlichen die Gestaltung der Lieferketten sowie der Materialflüsse zwischen Lieferanten und Kunden. Die Masterplanung befasst sich mit der Gestaltung von Beschaffung, Produktion und Distribution auf taktischer, d. h. mittelfristiger Ebene. Dies umfasst bspw. die Kapazitäts- oder mittelfristige Personalplanung. Auf der operativen Ebene werden u. a. Entscheidungen zur kurzfristigen Materialbedarfsplanung oder Losgrößenplanung als Teil der Produktionsprogrammplanung getroffen.[4]

Für die Entscheidungsprobleme benötigen die Verantwortlichen geeignete Daten, die sich aus Bewertungen des Produktionssystems ergeben können. Hierbei reicht eine limitierte Berücksichtigung ökonomischer Daten nicht aus, da das Produktionssystem innerhalb einer wirtschaftlichen, politisch-rechtlichen, natürlichen, sozio-kulturellen sowie technologischen Umwelt eingebettet ist (Abbildung 2.1). Es müssen die Auswirkungen und Wechselwirkungen zwischen den Umwelten und dem Produktionssystem für fundierte Entscheidungen bewertet werden. Hierfür ist eine interdisziplinäre Zusammenarbeit notwendig, um eine fehlerhafte Bewertung der Produktionssysteme und damit fehlerhafte Handlungsempfehlungen zu vermeiden.[5] Abbildung 2.1 zeigt unterschiedliche Wissenschaftsdisziplinen auf, die hierbei zusammenarbeiten müssen.

---

[3] In Anlehnung an: Meyr et al. (2015), S. 100; Stadtler (2005).

[4] Vgl. Meyr et al. (2015), S. 100–101; Stadtler (2005).

[5] Vgl. Dyckhoff & Spengler (2010), S. 5–6.

Im Kontext von Nachhaltigkeitsbewertungen weist die wissenschaftliche Literatur jedoch auf Herausforderungen bei der interdisziplinären Zusammenarbeit hin. Dies zeigt sich u. a. in den Fällen, in denen eine ökonomische neben einer ökologischen (und sozialen) Bewertung durchgeführt wird. So haben Popien et al. (2024a) in ihrer Arbeit eine Analyse über 160 Artikel durchgeführt. Diese hat aufgezeigt, dass ein Großteil der Studien eine betriebswirtschaftliche Fundierung vermissen lässt. Dies betrifft bspw. die Auswahl der Kostenkategorien bzw. ökonomischen Indikatoren. Die Auswahl ist in vielen Fällen weder begründet, noch wird dargelegt, wie die Berechnung durchgeführt wird. Allerdings ist es wichtig, dass diese auf betriebswirtschaftlichen Grundsätzen aufbaut, um geeignete Ergebnisse für die Entscheidungsunterstützung zu erhalten. Weitere Aspekte sind der Umgang mit Gemeinkosten, bei denen eine Verrechnungsmethode nicht angegeben wird, oder der Umgang mit Zeiteffekten.[6]

Ein Grund für die fehlende betriebswirtschaftliche Fundierung könnte sein, dass in der Literatur Standards und Leitfäden, die auf betriebswirtschaftlichen Methoden basieren, fehlen, was die Durchführung von ökonomischen Bewertungen im Rahmen von Nachhaltigkeitsbewertungen für Personen außerhalb der wirtschaftswissenschaftlichen Disziplinen erschweren kann.[7,8] Das Fehlen eines solchen Standards wird durch die Erkenntnisse der Literaturübersicht in Popien et al. (2024a) unterstrichen. Hierbei hat sich gezeigt, dass 103 Artikel keine Angabe zu einem Standard gemacht haben (Abbildung 2.3). Am häufigsten wurde auf den „Code of Practice" von Swarr (2011) und das Buch „Environmental Life Cycle Costing" von Hunkeler et al. (2008a) verwiesen. Diese stellen allerdings keine Standards, sondern grundlegende Werke zum Thema ELCC dar und gelten eher als Orientierung für die Durchführung der Methode. Dies gilt ebenso für die angegebenen Werke von Ciroth et al. (2011) und Moreau & Weidema (2015), die eine Übersicht zur Durchführung des LCSA-Ansatzes bzw. eine Berechnungsstruktur für das ELCC bieten. Abbildung 2.3 verweist darüber hinaus auf den Standard ISO 15686–5, der 14-mal in den untersuchten Studien als Grundlage angegeben wurde. Dieser ist allerdings nicht allgemeingültig, sondern bezieht sich auf die Lebenszykluskostenrechnung (LCC) von Gebäuden und Bauwerken. Dies

---

[6] Vgl. Popien et al. (2024a).

[7] Vgl. Maisham et al. (2019); Müller et al. (2017); Popien et al. (2024a).

[8] Die Literaturübersicht von Popien et al. (2024a) zeigt auf, dass 80 % der Studien keine Beteiligung von wirtschaftswissenschaftlichen Instituten aufweisen. Bei der Studie von Cadena & Thomassen (2024) liegt der Wert bei 90 %.

gilt auch für weitere Standards und Werke, die unter Sonstiges gefasst werden und nur ein- bis zweimal in den untersuchten Studien genannt wurden.[9]

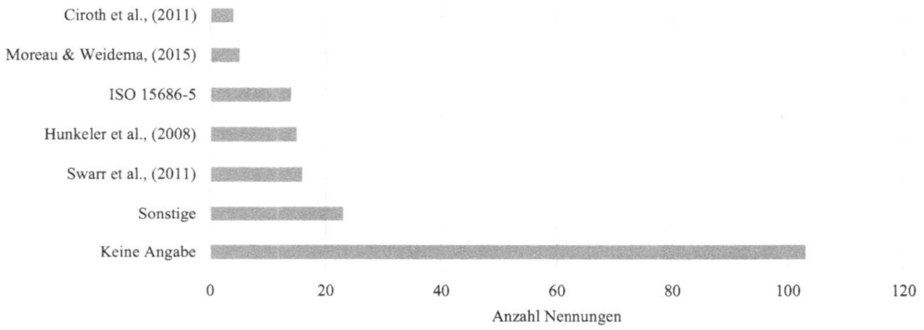

Abbildung 2.3 Angabe von Standards und Richtlinien in untersuchten Artikeln in Popien et al. (2024a)[10]

Es sind folglich Standards und Leitfäden vergleichbar zu denen der ELCA oder SLCA notwendig, um eine interdisziplinäre Anwendung der ökonomischen Bewertung im Rahmen von Nachhaltigkeitsbewertungen zu ermöglichen. Hierfür werden insbesondere die Grundlagen des betrieblichen Rechnungswesens benötigt, die in den Rahmen der Nachhaltigkeitsbewertung integriert werden müssen. Die Grundlagen des betrieblichen Rechnungswesens werden daher nachfolgend in Abschnitt 2.2 eingeführt. Zudem wird in Abschnitt 2.3 eine Einführung in die Grundlagen des LCM gegeben. Dies ist darauf zurückzuführen, dass die betriebswirtschaftlichen Methoden im Kontext von Nachhaltigkeitsbewertungen eingesetzt werden sollen und durch die Einführung ins LCM die Grundlage für ein gemeinsames Begriffsverständnis und eine gemeinsame Vorgehensweise für das eoLCSA gelegt wird.

[9] Weitere Standards und Werke für den Gebäudesektor: ASTM international standard LCC method, DIN EN 15459–1, DIN EN 15643, DIN EN 16627, Günkaya (2020), Fuller & Petersen (1995), ISO 15392, Level (S).

[10] Es können pro Studie mehrere Standards und Richtlinien genannt werden.

2.2 Grundlagen des betrieblichen Rechnungswesens

Das eoLCSA benötigt eine betriebswirtschaftliche Fundierung für die interdisziplinäre Zusammenarbeit sowie für die Ableitung glaubwürdiger Handlungsempfehlungen, die in der Wirtschaft Bestand haben. Daher werden in diesem Abschnitt zunächst die Aufgaben und der Aufbau des betrieblichen Rechnungswesens dargestellt. Anschließend werden die Kostenrechnung, Investitionsrechnung und das Kostenmanagement vorgestellt.

2.2.1 Aufgaben und Aufbau des betrieblichen Rechnungswesens

Im Kontext des Rechnungswesens wird zwischen dem volkswirtschaftlichen und dem betrieblichen (auch: betriebswirtschaftlichen) Rechnungswesen unterschieden. Während sich das volkswirtschaftliche Rechnungswesen auf das Wirtschaftsgeschehen einer aggregierten Volkswirtschaft fokussiert, beschäftigt sich das betriebliche Rechnungswesen mit den wirtschaftlichen Vorgängen innerhalb von Unternehmen und Organisationen.[11] Da die Bewertung und Gestaltung der Produktionssysteme von Unternehmen hinsichtlich ihrer ökonomischen Dimension ein Teilziel des eoLCSA ist, wird im Folgenden der Schwerpunkt auf die betriebliche Perspektive gelegt.

Das betriebliche Rechnungswesen hat die Aufgabe, die Mengen- und Wertgrößen betrieblicher Prozesse eines Unternehmens sowie deren Beziehungen zu anderen Unternehmen zu erfassen, aufzubereiten, darzustellen und auszuwerten. Die erfassten Daten können für Planungs-, Steuerungs-, Überwachungs- und Kontrollzwecke innerhalb des Unternehmens verwendet oder als Informationen für externe Stakeholder bereitgestellt werden.[12] Werden die Unternehmensleitung und die Mitarbeitenden innerhalb des Unternehmens adressiert, wird üblicherweise vom internen (betrieblichen) Rechnungswesen gesprochen. Werden die externen Stakeholder adressiert, wird hingegen vom externen (betrieblichen) Rechnungswesen gesprochen.[13]

Dem externen und internen Rechnungswesen werden typischerweise vier Teilgebiete zugeordnet (Tabelle 2.1). Dem externen Rechnungswesen wird die

---

[11] Vgl. Chmielewicz (1982), S. 14; Schweitzer et al. (2015), S. 4.

[12] Vgl. Fandel et al. (2004), S. 1; Haberstock (2022), S. 11; Hummel & Männel (1986), S. 4; Weber & Rogler (2004), S. 5.

[13] Vgl. Fandel et al. (2004), S. 1; Götze (2010), S. 3; Hummel & Männel (1986), S. 3–6.

Bilanzrechnung zugerechnet. Die Finanzrechnung, Investitionsrechnung sowie Kosten- und Erlösrechnung wird dem internen Rechnungswesen zugerechnet.[14] Die gegebenen Teilgebiete unterscheiden sich u. a. hinsichtlich ihres Zeitbezugs, ihres Entscheidungsziels und ihrer verwendeten Rechnungsgrößen.

Tabelle 2.1 Teilgebiete des betrieblichen Rechnungswesens und deren Ausprägungen[15]

Rechnungssystem / Merkmale	Externes Rechnungswesen		Internes Rechnungswesen		
	Bilanzrechnung				
	Gewinn- und Verlustrechnung	Bilanz	Finanzrechnung	Investitionsrechnung	Kosten- und Erlösrechnung
Zeitbezug	Zeitraum	Zeitpunkt	Zeitraum	mehrere Zeiträume	Zeitraum
Entscheidungsziel	Periodenerfolg	Periodenerfolg	Liquidität	mehrperiodiger Erfolg	Periodenerfolg Stückerfolg
Rechnungsgröße	Erträge Aufwendungen	Vermögen Schulden	Einzahlungen Auszahlungen	Einzahlungen Auszahlungen	Erlöse Kosten

Die **Finanzrechnung** dient der Kontrolle, Sicherung und Steuerung der Liquidität und Finanzierung eines Unternehmens. Die Gewährleistung der Liquidität und damit der Zahlungsfähigkeit eines Unternehmens ist entscheidend, da andernfalls die Insolvenz des Unternehmens folgen würde. Dabei sollen zudem die Rentabilitätsziele des Unternehmens berücksichtigt werden. In der Finanzrechnung werden hierfür die Rechnungsgrößen Einzahlungen und Auszahlungen bzw. Einnahmen und Ausgaben gegenübergestellt, um die Liquidität zu überprüfen.[16]

Die genannten Rechnungsgrößen unterscheiden sich hinsichtlich ihrer Definition im Hinblick auf den Zeitpunkt der Zahlungen. Bei Einzahlungen und Auszahlungen steht die tatsächliche Übermittlung von Zahlungsmitteln im Vordergrund. Das bedeutet, dass bei einer Ein- oder Auszahlung alle Geldbeträge erfasst werden, die innerhalb einer Periode von oder zu Absatz-, Geld- oder Kapitalmärkten sowie der öffentlichen Hand in bzw. aus dem Unternehmen fließen. Der daraus resultierende Zahlungsmittelzufluss oder -abfluss führt entsprechend zu einer Erhöhung oder Reduktion des Zahlungsmittelbestands.[17] Im Vergleich hierzu ist es bei den Rechnungsgrößen Einnahmen und Ausgaben nicht zwangsläufig eine Übermittlung von Zahlungsmitteln innerhalb der betrachteten Periode erforderlich. Diese kann auch vor oder nach der betrachteten Periode erfolgen. Im

---

[14] Vgl. Götze (2010), S. 3–4; Haberstock (2022), S. 13–16; Kemminer (1999), S. 12.

[15] In Anlehnung an Götze (2010), S. 4, Schweitzer et al. (2015), S. 31 und Haberstock (2022), S. 18–19.

[16] Vgl. Coenenberg et al. (2012), S. 11–12; Haberstock (2022), S. 18; Kemminer (1999), S. 13; Schweitzer et al. (2015), S. 32.

[17] Vgl. Fandel et al. (2004), S. 12–13; Götze (2010), S. 4–5; Haberstock (2022), S. 22.

Mittelpunkt von Einnahmen und Ausgaben steht vielmehr der Ab- bzw. Zugang von Gütern oder Dienstleistungen. So führt der Abgang eines Gutes oder einer Dienstleistung zu einer positiven Veränderung des Geldvermögens, während ein Zugang eine negative Veränderung zur Folge hat. In diesem Zusammenhang wird der Zahlungsmittelbestand um den Saldo aus allen anderen Forderungen und Verbindlichkeiten ergänzt.[18]

Zwischen den Begriffspaaren Einnahme/Ausgabe und Einzahlung/Auszahlung können entsprechend drei Fälle unterschieden werden. Im ersten Fall entspricht die Ein- bzw. Auszahlung nicht der Einnahme bzw. Ausgabe. Dies tritt bspw. ein, wenn ein Gut, das in einer vorherigen Periode geliefert wurde, in der betrachteten Periode bezahlt wird. Es erfolgt somit eine Auszahlung, jedoch keine Ausgabe, da das Gut bereits in der vorherigen Periode berücksichtigt wurde. Im zweiten Fall entsprechen sich die Begriffspaare einander. Dies ist immer der Fall, wenn ein Gut geliefert wird, welches direkt bezahlt wird. In diesem Fall erfolgt sowohl eine Zahlung als auch ein Zugang von Gütern in derselben Periode. Im dritten Fall entspricht das Begriffspaar Einnahme/Ausgabe nicht der Ein- bzw. Auszahlung. Dies geschieht bspw., wenn ein Gut geliefert wird, aber erst in der nachfolgenden Periode bezahlt wird.[19]

In diesem Zusammenhang sei darauf hingewiesen, dass in der Literatur die genannten Begriffspaare im Rahmen der Finanzrechnung häufig synonym verwendet werden, da davon ausgegangen wird, dass der Zeitpunkt des Zu- oder Abgangs von Gütern für die Liquidität eines Unternehmens keine Rolle spielt. Diese Unterscheidung kann jedoch relevant werden, wenn kurze Zeiträume betrachtet werden, da in diesen Fällen die Wahrscheinlichkeit höher ist, dass die Güterzugänge und -abgänge nicht mit den Zahlungen übereinstimmen.[20] Sollte in den Berechnungen angenommen werden, dass die Zahlungen mit den Güterzugängen und -abgängen übereinstimmen, sollte dies in der Durchführung der Studien transparent dargelegt werden.

Tabelle 2.1 zeigt zudem, dass die diskutierten Begriffspaare auch als Rechnungsgröße für die **Investitionsrechnung** verwendet werden. Die Investitionsrechnung wird als Ergänzung zur Finanzrechnung gesehen und hat das Ziel, Aussagen über den Erfolg mehrerer Perioden abzuleiten. Hierbei wird sich in der Regel auf der Ermittlung der Wirtschaftlichkeit einer Investition, dem Vergleich hinsichtlich der Wirtschaftlichkeit von Investitionsalternativen oder der Fixierung

[18] Vgl. Fandel et al. (2004), S. 9–10 & 13; Götze (2010), S. 5; Haberstock (2022), S. 22.

[19] Vgl. Fandel et al. (2004), S. 10 & 13; Haberstock (2022), S. 22–23.

[20] Vgl. Haberstock (2022), S. 23; Kemminer (1999), S. 13; Schneider (1997), S. 49 & 58; Schweitzer et al. (2015), S. 750–751.

eines Investitionsprogramms fokussiert. Innerhalb der Investitionsrechnung werden die erwarteten Ein- und Auszahlungen bzw. Einnahmen und Ausgaben, die durch eine Investition erwartet werden, gegenübergestellt, um die Wirtschaftlichkeit bzw. Vorteilhaftigkeit einer Investition aufzuzeigen. Typische Größen, die hierfür berechnet werden, sind der Kapitalwert, die Annuität oder der interne Zinsfuß (Abschnitt 2.2.3).[21]

Ein weiteres Teilgebiet des betrieblichen Rechnungswesens ist die **Bilanzrechnung**, die in die Untergebiete Bilanz sowie Gewinn- und Verlustrechnung (GuV) aufgeteilt wird. Die Bilanz und GuV stellen die Grundlage für den Jahresabschluss einer Periode von Unternehmen dar und dienen insbesondere für die Kommunikation des Erfolgs an externe Stakeholder. Die Vorgehensweise ist über Gesetze und Standards wie das Handelsgesetzbuch (HGB), den Generally Accepted Accounting Principles (GAAP) oder den International Financial Reporting Standards (IFRS) vorgeschrieben, um eine Vergleichbarkeit hinsichtlich der Vermögens-, Finanz- und Ertragslage zwischen Unternehmen zu gewährleisten.[22]

Als Rechnungsgröße für die **GuV** wird an dieser Stelle das Begriffspaar Ertrag/Aufwand eingeführt. Hierunter fallen alle erfolgswirksamen Einnahmen bzw. Ausgaben, die eine positive oder negative Wirkung auf das Nettovermögen haben, wobei sich dieses aus dem Geld- und Sachvermögen eines Unternehmens zusammensetzt. Das bedeutet, dass beim Aufwand der tatsächlich erfolgte Verbrauch von Gütern und Dienstleistungen betrachtet wird, während bei einem Ertrag der entstandene Wertzuwachs durch die Produktion eines Gutes oder Leistung einer Dienstleistung berücksichtigt wird.[23]

Um dies genauer zu spezifizieren, werden die Unterschiede zwischen den Begriffspaaren Einnahme/Ausgabe und Ertrag/Aufwand hervorgehoben. Auch in diesem Fall können drei Fälle unterschieden werden. Im ersten Fall entspricht das Begriffspaar Einnahme/Ausgabe nicht dem Begriffspaar Ertrag/Aufwand. Dies ist bspw. der Fall, wenn Rohstoffe gekauft und gelagert werden und entsprechend nicht direkt in der Periode verbraucht werden. Fallen Verbrauch und Zugang jedoch in einer Periode an, würden sich Aufwand und Ausgabe entsprechen. Im dritten Fall wäre der Ertrag/Aufwand ungleich der Einnahme/Ausgabe, was der Fall wäre, wenn ein Rohstoff aus dem Lager für die Fertigung entnommen wird, der in einer vorherigen Periode gekauft wurde.[24]

---

[21] Vgl. Coenenberg et al. (2012), S. 15–16; Haberstock (2022), S. 17–18.

[22] Vgl. Coenenberg et al. (2012), S. 18, (2018), S. 1–5.

[23] Vgl. Fandel et al. (2004), S. 10 & 13; Götze (2010), S. 5–6; Haberstock (2022), S. 22.

[24] Vgl. Fandel et al. (2004), S. 10; Haberstock (2022), S. 23.

Die Differenz zwischen den Größen Ertrag und Aufwand wird als Erfolg bezeichnet, sodass die GuV häufig auch als Erfolgsrechnung bezeichnet wird. Zwischen dieser Erfolgsrechnung und der Finanz- und Investitionsrechnung fungiert die **Bilanz** als Bindeglied. Die Bilanz stellt die Vermögensposten und Schulden eines Unternehmens gegenüber, um das Eigenkapital bzw. Reinvermögen zu einem Stichtag zu bestimmen. Dies dient der Information externer Stakeholder über die Liquidität und Stabilität des Unternehmens.[25]

Das verbleibende Teilgebiet des betrieblichen Rechnungswesens ist die **Kosten- und Erlösrechnung**, die nachfolgend Kostenrechnung genannt wird. Das Ziel der Kostenrechnung besteht darin, Informationen zum Periodenerfolg bzw. Stückerfolg innerhalb des Unternehmens bereitzustellen. Diese Informationen können für verschiedene Zwecke verwendet werden:[26]

- Abbildung und Dokumentation des Betriebs- bzw. Unternehmensprozesses.
- Planung und Steuerung von Betriebs- bzw. Unternehmensprozessen.
- Kontrolle der Betriebs- bzw. Unternehmensprozesse.
- Steuerung des Verhaltens der Entscheidungstragenden und Mitarbeitenden im Unternehmensprozess.
- Bewertung von fertigen und halbfertigen Erzeugnissen sowie eigenerstellten Gütern des Anlagevermögens.

Für die Berechnung der Informationen werden die Rechnungsgrößen Kosten und Erlöse herangezogen. In der Literatur wird bei der Definition von Kosten grundsätzlich zwischen dem wertmäßigen und dem pagatorischen Kostenbegriff unterschieden.[27] Der wertmäßige Kostenbegriff wurde von Eugen Schmalenbach[28] geprägt und definiert Kosten als den bewerteten „Verzehr von Produktionsfaktoren und Dienstleistungen, der zur Erstellung und zum Absatz der betrieblichen Leistungen sowie Aufrechterhaltung der Betriebsbereitschaft (Kapazitäten) erforderlich ist."[29] Nach dieser Definition können drei Merkmale unterschieden werden:[30]

---

[25] Vgl. Chmielewicz (1982), S. 124–126; Coenenberg et al. (2012), S. 20–21; Weber & Rogler (2004), S. 71.

[26] Vgl. Götze (2010), S. 10; Schweitzer et al. (2015), S. 49.

[27] Vgl. Fandel et al. (2004), S. 18; Haberstock (2022), S. 29–31.

[28] Vgl. Schmalenbach (1963), S. 6.

[29] Haberstock (2022), S. 29.

[30] Vgl. Haberstock (2022), S. 29–30; Kosiol (1979), S. 22–36; Schmalenbach (1963), S. 6; Weber (1991), S. 35.

1) **Güterverzehr**: Ein Güterverzehr muss vorliegen, damit Kosten entstehen. Dies bedeutet bspw., dass Verbrauchsgüter für die Erstellung betrieblicher Leistungen verbraucht werden. Hier zeigt sich auch der Unterschied zur Rechnungsgröße Ausgabe: Für die Anschaffung einer Maschine fallen zunächst Ausgaben basierend auf dem Anschaffungspreis an. Kosten entstehen erst bei der Nutzung der Maschine, da durch die Nutzung ein Verzehr stattfindet. Ähnliches gilt für immaterielle Güter wie Patente und Lizenzen.
2) **Leistungs- und Sachzielbezogenheit**: Der Güterverzehr muss im Zusammenhang mit der Erstellung einer Leistung oder dem Sachziel des Unternehmens stehen. Spenden erfüllen dieses Merkmal bspw. nicht und werden daher nicht als Kosten berücksichtigt.
3) **Bewertbarkeit**: Der Güterverzehr muss einer Bewertung unterliegen, was bedeutet, dass er monetär ausgedrückt werden muss. Die Kosten können über die Multiplikation einer Mengeneinheit mit einem Preis bestimmt werden. Als Basis für die Bestimmung der Kosten kommen unter anderem Anschaffungs-, Wiederbeschaffungs-, Tages-, Börsen-, Durchschnitts-, Verrechnungs- oder Knappheitspreise zum Einsatz. Bei der Wahl der Basis sollte darauf geachtet werden, dass diese geeignet ist, um das betrachtete Wirtschaftsgut zu bewerten.

Im Gegensatz hierzu wird im pagatorischen Kostenbegriff, geprägt von Koch, der Kostenwert über den Anschaffungspreis bestimmt. Bei den pagatorischen Kosten werden keine Opportunitätskosten oder Zusatzkosten wie Zinsen auf das Eigenkapital berücksichtigt. Dies bedeutet, dass Kosten mit Zahlungen verbunden sein müssen, was den größten Unterschied zwischen dem wertmäßigen und dem pagatorischen Kostenbegriff darstellt.[31] In dieser Arbeit wird die Definition des wertmäßigen Kostenbegriffs genutzt, da in der Beschreibung der Kostenrechnung üblicherweise mit Zusatzkosten gerechnet wird, wie in Abschnitt 2.2.2 gezeigt wird.

Abbildung 2.4 zeigt die Unterschiede zwischen den Rechnungsgrößen Aufwand und Kosten auf. Der Gesamtaufwand wird dabei in neutralen Aufwand und Zweckaufwand unterteilt. Hierbei wird definiert, dass dem neutralen Aufwand keine Kosten gegenüberstehen. Der neutrale Aufwand wird in drei Kategorien unterteilt: betriebsfremd, periodenfremd und betrieblich außerordentlich. Beim betriebsfremden Aufwand steht der Aufwand nicht in Beziehung zur Leistungserstellung des Betriebs. Dies können Spenden sein, Reparaturen an Gebäuden, die nicht für den Betrieb notwendig sind, oder Kursverluste, die durch

[31] Vgl. Fandel et al. (2004), S. 19; Haberstock (2022), S. 30–31; Koch (1966), S. 14–16.

nicht betriebsnotwendige Wertpapieranlagen entstehen. Der periodenfremde Aufwand entspricht einem Aufwand, der in einer anderen Periode anfällt als der Güterverzehr stattgefunden hat. Dies kann geschehen, wenn aufgrund einer Betriebsprüfung Steuern für vergangene Perioden nachgezahlt werden müssen. Im Vergleich hierzu kommt es zu einem betrieblich außerordentlichen Aufwand, wenn im Betrieb ein außergewöhnliches Ereignis eintritt, das in seiner Art und Höhe herausragt. Solche Ereignisse werden in der Kostenrechnung nicht als Kosten berücksichtigt, um eine Verzerrung durch Zufallsschwankungen zu vermeiden; dazu gehören z. B. Brände im Betrieb.[32]

Abbildung 2.4 Abgrenzung zwischen Aufwand und Kosten[33]

Wenn der Zweckaufwand aus der Bilanzrechnung den Kosten in der Kostenrechnung exakt entspricht, wird von Grundkosten gesprochen. Hierbei handelt es sich bspw. um Akkordlöhne oder den Verbrauch von Verpackungsmaterial. Sollten bestimmte Zweckaufwendungen den Güterverzehr nicht adäquat widerspiegeln, werden sogenannte Anderskosten eingeführt, die in ihrer Höhe von den entsprechenden Aufwendungen abweichen können. Typische Anderskosten sind kalkulatorische Abschreibungen, kalkulatorische Zinsen und kalkulatorische Wagnisse. Im Fall von Abschreibungen ist es bspw. so, dass die Abschreibungsdauer in der Bilanzrechnung durch entsprechende Standards vorgegeben ist, während in der Kostenrechnung üblicherweise die prognostizierte Nutzungsdauer berücksichtigt wird, die häufig länger ist als die in den Standards definierte Dauer. Hieraus ergeben sich unterschiedliche Werte für die Aufwendungen und Kosten in Bezug auf Abschreibungen. Anderskosten gehören neben den Zusatzkosten zu den kalkulatorischen Kosten. Zusatzkosten führen allerdings nicht zu Zahlungen, sodass diese nicht über Aufwendungen abgebildet werden können.

[32] Vgl. Haberstock (2022), S. 24–25; Kilger (1987), S. 24.

[33] In Anlehnung an Haberstock (2022), S. 27 und Kilger (1987), S. 25.

Beispiele für derartige Zusatzkosten sind kalkulatorische Unternehmerlöhne oder kalkulatorische Mieten. Die Gesamtkosten der Kostenrechnung ergeben sich aus der Summe der Grundkosten und der kalkulatorischen Kosten.[34]

Wie die Beschreibungen der vier Teilgebiete des betrieblichen Rechnungswesens aufgezeigt haben, kommen diese für unterschiedliche Zwecke zum Einsatz. Im Folgenden werden die Kostenrechnung (Abschnitt 2.2.2) und die Investitionsrechnung (Abschnitt 2.2.3) im Detail betrachtet, da diese genutzt werden können, um Kostenstrukturen von Produktionssystemen zu analysieren, zu steuern, zu planen sowie Entscheidungen bezüglich Investitionen zu treffen. Die Bilanzrechnung und die Finanzrechnung werden nicht weiter betrachtet, da diese mit ihrem Ziel nicht mit dem Ziel der Arbeit übereinstimmen.

2.2.2 Aufbau und Methoden der Kostenrechnung

Das Ziel der Kostenrechnung ist es, Informationen für die Abbildung, Dokumentation, Planung, Steuerung und Kontrolle von Unternehmensprozessen sowie für die Bewertung von Erzeugnissen bereitzustellen. Hierfür wird die Kostenrechnung in drei Bestandteile geteilt: Kostenartenrechnung, Kostenstellenrechnung und Kostenträgerrechnung. Diese drei Bestandteile sowie unterschiedliche Methoden der Kostenrechnung werden im Folgenden dargestellt.[35]

Bestandteile der Kostenrechnung

Die **Kostenartenrechnung** hat das Ziel, alle Kosten, die in einer Periode angefallen sind oder anfallen werden, geordnet zu erfassen und zu gliedern, sodass die Höhe der Gesamtkosten ermittelt werden kann. Auf Basis des definierten Kostenbegriffs erfolgt die Gliederung in verschiedene Kostenarten, wobei in der Literatur unterschiedliche Möglichkeiten der Gliederung diskutiert werden (Abbildung 2.5).[36]

[34] Vgl. Fandel et al. (2004), S. 11–12; Haberstock (2022), S. 26; Kilger (1987), S. 25; Kosiol (1953), S. 79–87.

[35] Vgl. Götze (2010), S. 20; Haberstock (2022), S. 16; Hummel & Männel (1986), S. 18.

[36] Vgl. Coenenberg et al. (2012), S. 68–69 & 72; Eisele & Knobloch (2011), S. 799–803; Fandel et al. (2004), S. 85; Götze (2010), S. 27; Haberstock (2022), S. 53; Kilger (1987), S. 69–70; Schmalenbach (1963), S. 13–14.

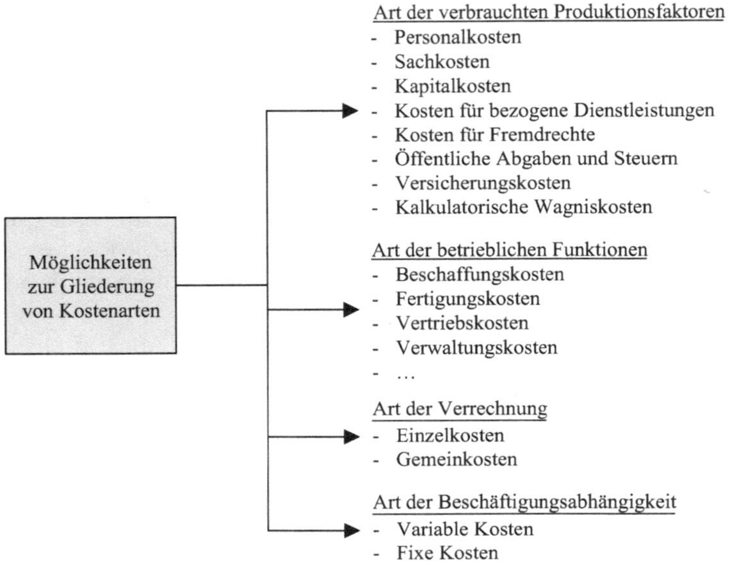

Abbildung 2.5 Möglichkeiten zur Gliederung von Kostenarten[37]

Die erste abgebildete Möglichkeit ist die Gliederung nach **Art der verbrauchten Produktionsfaktoren**. Bei dieser Variante werden Kostenarten gebildet, die i. w. S auch Kostenkategorien genannt werden können. Auf typische Kostenkategorien in diesem Zusammenhang wird an dieser Stelle weiter eingegangen.[38]

Die Kategorie Personalkosten umfasst alle Kosten, die im Zusammenhang mit dem Einsatz von Personal stehen. Dazu zählen Kosten, die durch Fertigungs- und Hilfslöhne sowie durch bezahlte Gehälter, Provisionen, Sozialabgaben, Erfolgsbeteiligungen oder den kalkulatorischen Unternehmerlohn entstehen. Je nachdem, woraus sich die Personalkosten zusammensetzen, können unterschiedliche Berechnungsverfahren zur Anwendung kommen, die bei der Entwicklung einer ökonomischen Wirkungsabschätzungsmethode berücksichtigt werden müssen.[39]

[37] Vgl. Coenenberg et al. (2012), S. 72–75; Fandel et al. (2004), S. 85; Haberstock (2022), S. 56–57.

[38] Vgl. Coenenberg et al. (2012), S. 72.

[39] Vgl. Fandel et al. (2004), S. 102 ff.; Götze (2010), S. 38 ff.; Haberstock (2022), S. 63 ff.; Kilger (1987), S. 72 ff.; Schmalenbach (1963), S. 316 ff.

Sachkosten beziehen sich auf Kosten, die durch den Verzehr von Betriebsmitteln, Roh-, Hilfs- und Betriebsstoffen, Energie sowie Verpackungsmaterial entstehen. Es sei darauf hingewiesen, dass bspw. die Energiekosten in vielen Unternehmen aufgrund ihrer hohen Bedeutung auch unabhängig von den Materialkosten gesondert berücksichtigt werden können. Zudem gibt es in Zusammenhang mit den Sachkosten unterschiedliche Berechnungsverfahren, die in den angegebenen Quellen detailliert behandelt werden.[40]

Kapitalkosten umfassen Kosten, die insbesondere durch kalkulatorische Zinsen und kalkulatorische Abschreibungen entstehen. Kalkulatorische Zinsen repräsentieren die Kapitalbindung des Unternehmens und verdeutlichen, welchen Ertrag das Unternehmen bei einer anderweitigen Verwendung des Kapitals hätte erzielen können (Opportunitätskosten). Zur Berechnung der kalkulatorischen Zinsen muss zunächst das betriebsnotwendige Kapital ermittelt und mit einem kalkulatorischen Zinssatz multipliziert werden. Zinsen entstehen unter anderem auf Anlagevermögen wie Gebäude oder Maschinen, aber auch auf Konzessionen, Patente, Lizenzen oder Marken.[41] Mit den kalkulatorischen Abschreibungen wird hingegen der Wertverzehr des Anlagevermögens dargestellt, der auf Ausgaben in der Vergangenheit beruht. Dabei wird üblicherweise in Abhängigkeit vom Wiederbeschaffungspreis und der erwarteten Nutzungsdauer der Abschreibungswert für eine Periode bestimmt. Alternativ kann auch der Anschaffungs- oder Herstellungspreis als Basis verwendet werden. Für die Abschreibung stehen verschiedene Methoden wie die lineare, geometrisch-degressive oder arithmetisch-degressive Abschreibung zur Verfügung, die die Höhe der Abschreibungen in den einzelnen Nutzungsperioden beeinflussen.[42]

Unter die Kategorie Kosten für bezogene Dienstleistungen fallen Kosten, die bspw. durch den Transport von Waren, die Instandsetzung von Maschinen sowie Prüfungen und Beratungen entstehen. Kosten für Fremdrechte fallen im Gegensatz zu kalkulatorischen Größen an, wenn wiederkehrende Zahlungen erfolgen. Dies hängt von der Art der Bezahlung für Patente und Lizenzen ab. Werden diese

---

[40] Vgl. Coenenberg et al. (2012), S. 104 ff.; Fandel et al. (2004), S. 87–90; Götze (2010), S. 28 ff.; Haberstock (2022), S. 61 ff.; Kilger (1987), S. 78 ff.; Schmalenbach (1963), S. 308 ff.

[41] Vgl. Coenenberg et al. (2012), S. 97 ff.; Fandel et al. (2004), S. 123 ff.; Götze (2010), S. 55 ff.; Haberstock (2022), S. 84 ff.; Kilger (1987), S. 133 ff.; Schmalenbach (1963), S. 321 ff.

[42] Vgl. Coenenberg et al. (2012), S. 89 ff.; Fandel et al. (2004), S. 116 ff.; Götze (2010), S. 44 ff.; Haberstock (2022), S. 72 ff.; Kilger (1987), S. 112 ff.; Schmalenbach (1963), S. 325 ff.

nicht einmalig erworben, sondern bspw. monatlich bezahlt, können sie unter diese Kategorie fallen.[43]

Unter öffentliche Abgaben und Steuern fallen alle Kosten, die aufgrund von Anordnungen oder Gesetzen von der öffentlichen Hand betriebsbedingt anfallen. Dabei ist darauf zu achten, dass nach dem wertmäßigen Kostenbegriff sowohl ein Güterverzehr als auch ein Leistungsbezug vorliegt, was z. B. im Zusammenhang mit Steuern häufig diskutiert wird. Es muss entsprechend individuell diskutiert werden, ob eine Steuer Kostencharakter im Sinne des wertmäßigen Kostenbegriffs hat.[44]

Als weitere Kategorie können noch die Versicherungskosten und kalkulatorische Wagniskosten berücksichtigt werden. Bei den Versicherungskosten werden bspw. Kosten, die durch die Versicherung von Maschinen entstehen, berücksichtigt. Bei den kalkulatorischen Wagnissen wird hingegen angenommen, dass Rückstellungen im Sinne einer Selbstversicherung erstellt werden, wodurch Kosten entstehen. Hierbei können unterschiedliche Wagnisse unterschieden werden. Ein typisches Beispiel sind die Gewährleistungswagnisse, die bspw. Preisnachlässe aufgrund von Schäden oder Garantien für Produkte beinhalten. Weitere Wagnisse sind Arbeitswagnisse, Anlagenwagnisse, Entwicklungswagnisse, Mehrkostenwagnisse und Vertriebswagnisse. Die kalkulatorischen Wagniskosten werden entweder auf Basis von Fremdversicherungsprämien oder Opportunitätskosten berechnet.[45]

Eine weitere Möglichkeit zur Gliederung der Kostenarten ist die Gliederung nach **Art der betrieblichen Funktion**. Hierbei werden die Kosten Funktionsbereichen des Unternehmens wie der Beschaffung, der Fertigung, dem Vertrieb oder der Verwaltung zugeordnet. Je nach Differenzierung würde dies den Kostenstellen der Kostenstellenrechnung entsprechen.

Wenn die Kosten nach **Art der Verrechnung** gegliedert werden, wird zwischen den Kategorien Einzelkosten und Gemeinkosten unterschieden. Einzelkosten sind alle Kosten, die direkt bzw. verursachungsgerecht Leistungen zugeordnet werden können, wie bspw. Einzelmaterialien oder Akkordlöhne. Gemeinkosten sind Kosten, die für mehrere betriebliche Leistungen gemeinsam anfallen. Dies kann bei dem Gehalt der Unternehmensleitung der Fall sein. Gemeinkosten lassen sich nicht direkt zuordnen und müssen über Bezugsgrößen den Kostenstellen zugeordnet werden. Darüber hinaus gibt es zwei Sonderfälle von Gemeinkosten und Einzelkosten: Sondereinzelkosten, die nicht pro Stück, sondern z. B. pro Auftrag erfasst werden

---

[43] Vgl. Götze (2010), S. 62; Haberstock (2022), S. 66; Kilger (1987), S. 73.

[44] Vgl. Fandel et al. (2004), S. 128; Götze (2010), S. 63; Haberstock (2022), S. 66 ff.; Kilger (1987), S. 146 ff.; Schmalenbach (1963), S. 323 ff.

[45] Vgl. Coenenberg et al. (2012), S. 102–103; Fandel et al. (2004), S. 128–130; Götze (2010), S. 62–63; Haberstock (2022), S. 88–90; Kilger (1987), S. 152–153; Schmalenbach (1963), S. 328 ff.

und unechte Gemeinkosten, die eigentlich direkt zugeordnet werden könnten, aber aus abrechnungstechnischen Gründen als Gemeinkosten behandelt werden. Unechte Gemeinkosten können etwa Kosten für Hilfs- und Betriebsstoffe wie Schrauben, Lacke oder Leim sein.

Zwischen variablen und fixen Kosten wird bei der Gliederung nach **Art der Beschäftigungsabhängigkeit** unterschieden. Unter variablen Kosten werden alle Kosten summiert, die von einem Stückeinsatz abhängen, während fixe Kosten unabhängig vom Stückeinsatz anfallen.[46] Neben den genannten Möglichkeiten gibt es noch weitere Möglichkeiten zur Gliederung, die in der Literatur diskutiert werden.[47] Grundsätzlich wird allerdings die Gliederung nach **Art der Produktionsfaktoren** empfohlen. Hierbei sei darauf hingewiesen, dass sich die Zuordnung nach Produktionsfaktoren je nach Unternehmensschwerpunkt unterscheiden kann, sodass in der Literatur unterschiedliche Empfehlungen zu finden sind.[48]

Unabhängig von der Art der Gliederung der Kostenarten in der Kostenrechnung sollten vier Grundsätze berücksichtigt werden. Die Definitionen gelten auch als Grundlage für die Kostenstellen- und Kostenträgerrechnung.[49]

1. **Grundsatz der Reinheit**: Der Grundsatz besagt, dass die entstandenen Kosten eindeutig und ohne Mehrdeutigkeit den Kostenarten zugeordnet werden können. Daher sollten Kombinationen von Kostenarten wie etwa Lohn und Materialeinsatz, vermieden werden.
2. **Grundsatz der Einheitlichkeit**: Der Grundsatz zielt darauf ab, klare Vorschriften für die Zuordnung von Kostengütern zu Kostenarten zu schaffen (Kontierungsvorschriften). Hierdurch soll eine schnelle Zuordnung in der Praxis sowie eine einheitliche Zuordnung über alle Perioden hinweg gewährleistet werden, um die Vergleichbarkeit zu sichern.
3. **Grundsatz der Vollständigkeit**: Der Grundsatz besagt, dass in der Kostenartenrechnung alle Kosten berücksichtigt werden müssen, die nach dem gewählten Kostenbegriff als Kosten gelten. Im Falle des wertmäßigen Kostenbegriffs gilt dies, wenn die drei beschriebenen Merkmale erfüllt sind.

---

[46] Vgl. Coenenberg et al. (2012), S. 73–74; Fandel et al. (2004), S. 85; Haberstock (2022), S. 54–55.

[47] Weitere Möglichkeiten sind: Art der Beschäftigungsabhängigkeit, Art der Herkunft, Art der Kostenträger oder Art der Kostenerfassung.

[48] Vgl. Eisele & Knobloch (2011), S. 799; Fandel et al. (2004), S. 85–86; Haberstock (2022), S. 56–57.

[49] Vgl. Coenenberg et al. (2012), S. 106; Fandel et al. (2004), S. 84; Haberstock (2022), S. 59.

4. **Grundsatz der Wirtschaftlichkeit**: Der Grundsatz soll sicherstellen, dass die Kostenartenrechnung ökonomisch sinnvoll bleibt. Dies bedeutet, dass die Gliederung der Kostenarten nicht zu feingliederig sein sollte, da dies den Aufwand erhöhen könnte.

Mit dem Einsatz der **Kostenstellenrechnung** werden zwei Hauptziele verfolgt. Zum einen erfüllt die Kostenstellenrechnung eine Kontroll- und Steuerungsfunktion, um die Wirtschaftlichkeit einzelner Betriebsbereiche sowie die Leistungsbeziehungen innerhalb des Unternehmens aufzuzeigen. Zum anderen dient sie als Bindeglied zwischen der Kostenartenrechnung und der Kostenträgerrechnung, indem alle Kosten, die nicht direkt einem Kostenträger zugeordnet werden können, zunächst auf eine Kostenstelle verrechnet werden. Da die Einzelkosten den Kostenträgern direkt zugerechnet werden können, stehen in der Kostenstellenrechnung insbesondere die Gemeinkosten im Vordergrund. Aus Gründen der Vollständigkeit oder zur späteren Ableitung sogenannter Bezugsgrößen werden in vielen Fällen auch die Einzelkosten ihren Kostenstellen zugeordnet.[50]

Kostenstellen werden üblicherweise nach funktionellen oder produktionstechnischen Kriterien eingeteilt. Bei der Unterscheidung nach **Funktionen** können folgende Kostenstellen differenziert werden: Materialstelle, Fertigungsstelle, Vertriebsstelle, Verwaltungsstelle sowie allgemeine Kostenstellen. Es sei erwähnt, dass auch weitere Unterscheidungen möglich sind. Jede der genannten Stellen hat entsprechend ihrer Bezeichnung spezifische Aufgaben. Die Materialstellen beschäftigen sich bspw. mit der Beschaffung, Annahme, Prüfung, Lagerung und Ausgabe von Materialien.

Bei der **produktionstechnischen** Unterscheidung der Kostenstellen werden diese in Haupt-, Neben- und Hilfskostenstellen unterteilt. Hauptkostenstellen sind mit der Herstellung der zum Produktionsprogramm gehörenden Produkte direkt verbunden; sie umfassen die Be- und Verarbeitung der Werkstoffe und Vorprodukte zu Endprodukten. Nebenkostenstellen stehen im Vergleich zu Hauptkostenstellen mit der Erzeugung von Nebenprodukten wie selbst hergestellten Werkzeugen oder Anlagen in Verbindung. Grundsätzlich gilt für Haupt- und Nebenkostenstellen, dass ihre Kosten direkt Kostenträgern zugeordnet werden können, weshalb sie auch als Endkostenstellen bezeichnet werden. Die Kosten der Hilfskostenstellen können hingegen nicht direkt Kostenträgern zugeordnet werden; sie müssen zuerst auf die Endkostenstellen verteilt werden. Hilfskostenstellen umfassen Bereiche, die nur

[50] Vgl. Coenenberg et al. (2012), S. 115–116; Eisele & Knobloch (2011), S. 826–827; Fandel et al. (2004), S. 131–132; Götze (2010), S. 73–74; Haberstock (2022), S. 16 & 91; Kilger (1987), S. 154.

mittelbar mit der Erstellung der End- oder Nebenprodukte verbunden sind, wie bspw. interne Stromerzeugung oder Reparaturwerkstätten. Die von ihnen erbrachten Leistungen werden den nutzenden Kostenstellen angerechnet, weshalb diese auch als Vorkostenstellen bezeichnet werden.[51]

Auf Grundlage dieser Definitionen kann die Kostenstellenrechnung durchgeführt werden. Hierbei werden üblicherweise vier Schritte befolgt, die in Abbildung 2.6 dargestellt sind. Im ersten Schritt werden die primären Gemeinkosten auf die definierten Kostenstellen verteilt. Primäre Kosten stellen dabei jene Gemeinkosten dar, die durch den Bezug von Gütern von anderen Wirtschaftseinheiten entstehen.[52] Primäre Gemeinkosten werden in Kostenstelleneinzelkosten und Kostenstellengemeinkosten unterteilt. Kostenstelleneinzelkosten lassen sich direkt nach dem Verursachungsprinzip den Kostenstellen zuordnen, während bei den Kostenstellengemeinkosten die Kosten mithilfe von Schlüsselgrößen verteilt werden.[53]

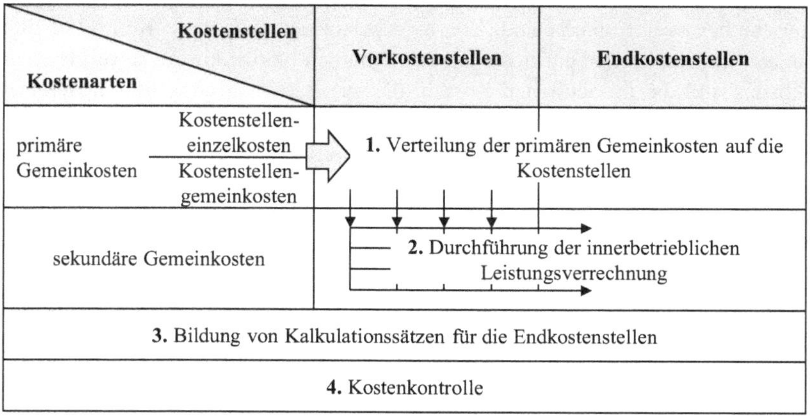

Abbildung 2.6 Formaler Aufbau des Betriebsabrechnungsbogens[54]

[51] Vgl. Coenenberg et al. (2012), S. 118–119; Fandel et al. (2004), S. 133–135; Götze (2010), S. 74–75; Haberstock (2022), S. 94–98.

[52] Vgl. Schweitzer et al. (2015), S. 111.

[53] Vgl. Coenenberg et al. (2012), S. 120; Eisele & Knobloch (2011), S. 833–836; Fandel et al. (2004), S. 141–142; Götze (2010), S. 78–79; Haberstock (2022), S. 102–104.

[54] In Anlehnung an Haberstock (2022), S. 100, Eisele & Knobloch (2011), S. 832 und Götze (2010), S. 82.

Im zweiten Schritt wird die innerbetriebliche Leistungsverrechnung (ibL) durchgeführt. Hierbei werden die zugeordneten primären Gemeinkosten von den Vorkostenstellen auf die Endkostenstellen verteilt, wobei das Verursachungsprinzip beachtet werden sollte. In der Literatur werden meist drei Verfahren zur ibL unterschieden: das Anbauverfahren, das Stufenleiterverfahren und das Gleichungsverfahren.[55] Die in diesem Schritt verteilten Gemeinkosten werden als sekundäre Gemeinkosten bezeichnet. Unter sekundären Kosten werden alle Kosten zusammengefasst, die durch Güter entstehen, die innerhalb des Unternehmens erzeugt und verbraucht werden.[56]

Um die Gemeinkosten in der Kostenträgerrechnung differenziert berücksichtigen zu können, werden im dritten Schritt periodenbezogene Kalkulationssätze für die Endkostenstellen gebildet. Hierfür werden Mengen- oder Wertschlüssel als Bezugsgrößen ausgewählt und anschließend mit den Gemeinkosten der jeweiligen Kostenstelle in Relation gesetzt, um daraus den Kalkulationssatz zu bestimmen.[57]

Im letzten Schritt der Kostenstellenrechnung erfolgt eine Kostenkontrolle. Die Literatur beschreibt unterschiedliche Vorgehensweisen für diese Kontrolle. Eine gängige Variante besteht darin, die Istkosten mit den Normalkosten zu vergleichen. Istkosten sind die tatsächlichen Kosten, die auf Basis von Anschaffungspreisen (Istpreis) und dem bewerteten Istverbrauch ermittelt werden.[58] Normalkosten hingegen werden auf Grundlage des Durchschnitts der Istkosten der vergangenen Perioden bestimmt.[59] Die Differenz aus diesem Vergleich wird als Kostenüber- oder -unterdeckung bezeichnet und dient der Beurteilung der Wirtschaftlichkeit der einzelnen Kostenstellen. Alternativ können auch Plankosten als Maßgröße herangezogen werden, z. B., wenn technische Berechnungen oder Schätzungen vorgenommen werden. Plankosten beziehen sich in diesem Kontext auf die Kosten, die für eine zukünftige Verbrauchsmenge und einen in der Zukunft erwarteten Planpreis ermittelt werden.[60]

---

[55] Vgl. Coenenberg et al. (2012), S. 121–130; Fandel et al. (2004), S. 145–153; Götze (2010), S. 84–94; Haberstock (2022), S. 106–115; Kilger (1987), S. 179–188.

[56] Vgl. Coenenberg et al. (2012), S. 120; Eisele & Knobloch (2011), S. 836–839; Fandel et al. (2004), S. 142; Götze (2010), S. 79–80; Haberstock (2022), S. 105–106; Schweitzer et al. (2015), S. 111.

[57] Vgl. Eisele & Knobloch (2011), S. 859–862; Götze (2010), S. 80; Haberstock (2022), S. 115–116.

[58] Vgl. Haberstock (2022), S. 143.

[59] Vgl. Haberstock (2022), S. 144.

[60] Vgl. Eisele & Knobloch (2011), S. 862–865; Götze (2010), S. 81; Haberstock (2022), S. 101–102 & 145.

Als dritter Teil der Kostenrechnung folgt die **Kostenträgerrechnung**. Kostenträger werden auf zwei Arten in der Literatur definiert. Zum einen können Kostenträger i. w. S „sowohl einzelne Produkte oder Leistungen als auch eine Periode (z. B. der Monat oder das Quartal) sein."[61] Zum anderen kann „jede selbstständige Leistungs- und Produkteinheit einer Organisation" als Kostenträger i. e. S. verstanden werden.[62] Letztere Definition ist die Definition, die üblicherweise verwendet wird. Die Kostenträgerrechnung hat unterschiedliche Aufgaben. Eine der Hauptaufgaben besteht darin, die Herstellkosten oder Selbstkosten zu bestimmen, die bei der Produktion einer Produkt- bzw. Leistungseinheit entstanden sind. Die berechneten Ergebnisse können bspw. für Planungsaufgaben im Rahmen von Entscheidungsmodellen des Operations Research oder für die Bewertung von Beständen im Rahmen der Handels- und Steuerbilanz verwendet werden. Zudem sind die Ergebnisse nützlich für kurzfristige Erfolgsrechnungen oder für Entscheidungen zur Preisbildung.[63]

Für die Kostenträgerrechnung können unterschiedliche Zeitpunkte verwendet werden, sodass drei Kalkulationsarten unterschieden werden: die Vor-, Zwischen- und Nachkalkulation. Bei der **Vorkalkulation** wird die Kostenträgerrechnung vor der Erstellung der Produkte oder Leistungen durchgeführt, um bspw. eine Neuproduktion oder Zusatzaufträge zu bewerten. Die **Zwischenkalkulation** wird zur Unterstützung bilanzieller Zwecke oder zu Planungszwecken verwendet und kommt insbesondere bei Kostenträgern mit langer Produktionsdauer zum Einsatz. Im Gegensatz dazu erfolgt bei der **Nachkalkulation** die Bewertung der Produkt- oder Leistungseinheiten nach deren Erstellung auf Basis der Istkosten, was der Erfolgskontrolle dient.[64]

Neben der Unterteilung der Kalkulationsarten wird bei der Kostenträgerrechnung noch zwischen der Kostenträgerstückrechnung und Kostenträgerzeitrechnung als Auswertungsform differenziert. Da diese sich in ihren Zielen und Kalkulationsverfahren unterscheiden, werden diese im Folgenden beschrieben. Die **Kostenträgerstückrechnung** wird insbesondere zur Berechnung der Herstell- und Selbstkosten angewendet. Hierbei können die berechneten Einzelkosten direkt den Kostenträgern zugeordnet werden. Die verursachungsgerechte Zuordnung der Gemeinkosten

---

[61] Coenenberg et al. (2012), S. 135.

[62] Coenenberg et al. (2012), S. 135.

[63] Vgl. Coenenberg et al. (2012), S. 136–137; Fandel et al. (2004), S. 156–157; Haberstock (2022), S. 120–121; Hummel & Männel (1986), S. 258–259.

[64] Vgl. Coenenberg et al. (2012), S. 137; Fandel et al. (2004), S. 158–159; Haberstock (2022), S. 121–122.

stellt hingegen eine Herausforderung dar. Innerhalb dieser Auswertungsform werden verschiedene Kalkulationsverfahren unterschieden. Übliche Verfahren sind die Divisionskalkulation, die Zuschlagskalkulation und die Kuppelkalkulation.[65]

Bei der **Divisionskalkulation** werden die Gesamtkosten eines Betriebs oder Betriebsteils durch die produzierte Stückzahl dividiert, unabhängig von der Unterscheidung zwischen Einzel- und Gemeinkosten. Die Durchführung der beschriebenen Kostenstellenrechnung ist hierfür nicht zwingend erforderlich, wird jedoch aus Kontrollgründen häufig vorgenommen. Die Divisionskalkulation wird in der Massenproduktion im Einproduktfall angewendet. Eine Unterform dieser Kalkulation stellt die Äquivalenzkalkulation dar, die bei der Sortenfertigung zur Anwendung kommt, in der verwandte Produkte betrachtet werden. Um die Selbstkosten zu bestimmen, werden Äquivalenzziffern definiert, die das Verhältnis der verschiedenen Sorten zu einem Einheitsprodukt darstellen. Diese Ziffern werden zur Umrechnung der Mengen genutzt, sodass die Berechnungslogik der Divisionskalkulation angewendet werden kann.[66]

Die **Zuschlagskalkulation** kommt bei der Serien- oder Einzelfertigung zum Einsatz, wenn die Divisionskalkulation nicht anwendbar ist. Hierbei wird zwischen Einzel- und Gemeinkosten unterschieden. Einzelkosten können den Kostenträgern direkt zugeordnet werden, während die Gemeinkosten über festgelegte Zuschlagssätze aus der Kostenstellenrechnung den Kostenträgern zurechenbar sind.[67]

Die dritte Kalkulationsform, die **Kuppelkalkulation**, wird bei einer Kuppelproduktion eingesetzt. Von Kuppelproduktion wird gesprochen, wenn neben den Hauptprodukten auch Nebenprodukte anfallen, die auch als Kuppelprodukte bezeichnet werden. Die Aufteilung in Haupt- und Kuppelprodukte erfordert die Verteilung der Gesamtkosten. Hierfür werden etablierte Verfahren wie die Restwertmethode, die Verteilungsmethode oder die Durchschnittskostenmethode eingesetzt.[68]

Bei der **Kostenträgerzeitrechnung** geht es hingegen um die Bestimmung der Kosten für eine Abrechnungsperiode. Dies dient der kurzfristigen Erfolgsrechnung des Unternehmens sowie der Analyse der Kostenstrukturen. Um die

---

[65] Vgl. Coenenberg et al. (2012), S. 136–138; Haberstock (2022), S. 122–123; Hummel & Männel (1986), S. 265–268.

[66] Vgl. Coenenberg et al. (2012), S. 138–142 & 147–152; Fandel et al. (2004), S. 161–174; Götze (2010), S. 101–112; Haberstock (2022), S. 122–130; Hummel & Männel (1986), S. 268–283.

[67] Vgl. Coenenberg et al. (2012), S. 142–147; Fandel et al. (2004), S. 174–184; Götze (2010), S. 112–119; Haberstock (2022), S. 130–136; Hummel & Männel (1986), S. 283–301.

[68] Vgl. Coenenberg et al. (2012), S. 155; Fandel et al. (2004), S. 203–214; Götze (2010), S. 124–131; Haberstock (2022), S. 136–139; Hummel & Männel (1986), S. 305–312.

Kostenstrukturen und den Erfolg differenziert bewerten zu können, werden die Kosten und Erlöse bspw. nach Produktionsfaktoren, Betriebsbereichen, Produkten oder Produktgruppen untergliedert und entsprechend gegenübergestellt. Da die Kalkulation in der Regel einen kurzen Zeitraum (z. B. einen Monat) umfasst, kann es zu Abweichungen bei der Produktion und dem Absatz kommen, was Bestandsänderungen und Unterschiede bei den aktivierten Eigenleistungen bedeutet, die berücksichtigt werden müssen. Hierfür werden das Umsatzkostenverfahren und das Gesamtkostenverfahren unterschieden.[69]

Das **Gesamtkostenverfahren** stellt sämtliche Erlöse und Kosten einer Abrechnungsperiode gegenüber. Alle Umsatzerlöse sowie bewertete Bestandserhöhungen von Halb- und Fertigfabrikaten und selbst erstellte Güter des Anlagevermögens zählen zu den Gesamterlösen. Bewertete Bestandsveränderungen müssen einbezogen werden, um die Mengengerüste der Kosten und Erlöse anzupassen. Die Kosten werden nach Kostenarten wie Materialkosten, Personalkosten und Abschreibungen differenziert. Erlöse werden oft nach Produktarten differenziert, und Bestandsveränderungen erfordern die Ermittlung und Bewertung der Herstellkosten, wofür die Kostenträgerstückrechnung verwendet wird.[70]

Im **Umsatzkostenverfahren** werden nur die Erlöse und Kosten der abgesetzten Erzeugnisse einer Abrechnungsperiode einbezogen. Dadurch entsprechen die erfassten Kosten dem gleichen Mengengerüst wie die Umsatzerlöse. Bestandserhöhungen an Halb- und Fertigfabrikaten sowie die hierfür angefallenen Kosten bleiben unberücksichtigt. Bestandsminderungen werden in den Kosten für die verkauften Produkte erfasst. Die Einbeziehung der Kosten und Erlöse erfolgt in der Periode des Absatzes, wobei die Kosten als Selbstkosten der abgesetzten Produkte erfasst werden müssen und daher ebenfalls der Kostenträgerstückrechnung bedürfen.[71]

Beide Verfahren führen zum gleichen Betriebsergebnis, unterscheiden sich jedoch in ihrer Vorgehensweise und ermöglichen unterschiedliche Analysen der Kostenstrukturen. Beim Gesamtkostenverfahren werden die Kosten nach Art der Produktionsfaktoren gegliedert, während beim Umsatzkostenverfahren die Kosten nach Art der betrieblichen Funktion untergliedert werden.[72]

---

[69] Vgl. Coenenberg et al. (2012), S. 182–185; Fandel et al. (2004), S. 215–216; Götze (2010), S. 131–132.

[70] Vgl. Coenenberg et al. (2012), S. 187; Fandel et al. (2004), S. 216–217; Götze (2010), S. 132–135.

[71] Vgl. Coenenberg et al. (2012), S. 185–186; Fandel et al. (2004), S. 217–223; Götze (2010), S. 135–137.

[72] Vgl. Coenenberg et al. (2012), S. 188–191; Götze (2010), S. 137.

Systeme der Kostenrechnung

Um den Zielen und Aufgaben der Kostenrechnung gerecht zu werden, haben sich unterschiedliche Kostenrechnungssysteme entwickelt, die an dieser Stelle eingeführt werden. Die Kostenrechnungssysteme lassen sich dabei nach zwei Kriterien einsortieren (Tabelle 2.2).

Kostenrechnungssysteme können zunächst nach ihrem Zeitbezug eingeteilt werden. Hierbei wird zwischen den Ist-, Normal-, und Plankostenrechnungssystemen unterschieden. Auf Basis der Definition der Istkosten werden bei der **Istkostenrechnung** die tatsächlich angefallenen Kosten der Abrechnungsperiode innerhalb der Kostenrechnung berücksichtigt. Dies kann zu Vorteilen bei der Nachkalkulation der Kosten führen, da in diesem Fall nicht auf Durchschnittspreise oder geschätzte Preise zurückgegriffen wird. Im Gegensatz dazu nutzt die **Normalkostenrechnung** den Durchschnitt der vergangenen Istkosten als Grundlage, was allerdings eine exakte Nachkalkulation der Kosten erschwert. Allerdings werden Zufallsschwankungen geglättet, was die Normalkostenrechnung für die Kostenkontrolle, wie bspw. in der Kostenstellenrechnung beschrieben, prädestiniert. Die **Plankostenrechnung** hingegen ist zukunftsorientiert und basiert auf geplanten Kosten und Erlösen. Dies verbessert die Aussagekraft der Kostenkontrolle bei der Gegenüberstellung von Ist- und Plankosten im Vergleich zur Gegenüberstellung zwischen Ist- und Normalkosten und stellt somit eine sinnvolle Ergänzung zur Istkostenrechnung dar.[73]

Tabelle 2.2 Systematisierung der Kostenrechnungssysteme[74]

Zeitbezug / Sachumfang	Vergangenheit		Zukunft
	Istkosten	**Normalkosten**	**Plankosten**
Vollkostenrechnung	Istkostenrechnung auf Vollkostenbasis	Normalkostenrechnung auf Vollkostenbasis	Plankostenrechnung auf Vollkostenbasis (starr und flexibel)
Teilkostenrechnung	Istkostenrechnung auf Teilkostenbasis	Normalkostenrechnung auf Teilkostenbasis	Plankostenrechnung auf Teilkostenbasis ▪ Grenzplankostenrechnung ▪ Relative Einzelkosten und Deckungsbeitragsrechnung

Eine zusätzliche Unterteilung der Kostensysteme erfolgt hinsichtlich des Sachumfangs. Hierbei wird zwischen Vollkosten- und Teilkostenrechnungssystemen unterschieden. In der **Vollkostenrechnung** werden alle angefallenen Kosten auf

---

[73] Vgl. Fandel et al. (2004), S. 235; Haberstock (2022), S. 142–145; Schweitzer et al. (2015), S. 82–83.

[74] In Anlehnung an Haberstock (2022), S. 142.

die Kostenträger verteilt, während in der **Teilkostenrechnung** eine Differenzierung zwischen variablen und fixen Kosten vorgenommen wird. Diese Differenzierung ist wichtig, da die Berücksichtigung von Fixkosten bei kurzfristigen Entscheidungen zu potenziell fehlerhaften Entscheidungen führen kann, da nicht alle Kosten entscheidungsrelevant sind.[75]

Aus der Unterscheidung zwischen Zeitbezug und Sachumfang ergeben sich sechs mögliche Kombinationen von Kostenrechnungssystemen (Tabelle 2.2). Es sei betont, dass die beschriebenen Schritte der Kostenrechnung sowohl auf Basis von Ist-, Normal- und Plankosten als auch auf Basis von Voll- oder Teilkosten durchgeführt werden können. Darüber hinaus wurden spezielle Formen insbesondere im Bereich der Plankostenrechnung entwickelt, die im Folgenden näher erläutert werden.[76]

Zunächst erfolgt bei der Vollkostenrechnung eine Unterscheidung zwischen starrer und flexibler Plankostenrechnung. Die **starre Plankostenrechnung** geht von einem konstanten Beschäftigungsgrad aus und ermittelt unabhängig von fixen und variablen Kosten die Plankosten. Diese Methode stößt in der Praxis auf Kritik, da Beschäftigungsgrade häufig schwanken, sodass die starre Plankostenrechnung in der Regel nicht mehr angewendet wird. Im Gegensatz dazu berücksichtigt die **flexible Plankostenrechnung** variable als auch fixe Kostenanteile gesondert, sodass diese entsprechend den Veränderungen der Beschäftigung angepasst werden können. Dadurch wird es möglich, die Istbeschäftigung zur Bestimmung der Plankosten, die in diesem Kontext auch als Sollkosten bezeichnet werden, zu nutzen, was eine präzise Kostenkontrolle ermöglicht.[77]

Die flexible Plankostenrechnung kann ebenfalls auf Teilkostenbasis durchgeführt werden, wobei u. a. von Grenzplankosten- und Deckungsbeitragsrechnung gesprochen wird. Bei der **Grenzplankostenrechnung** werden den Kostenträgern Grenzkosten zugeordnet, die als die variablen Kosten verstanden werden, die bei einer Anpassung der Beschäftigung entstehen. An dieser Stelle sei zu erwähnen, dass als Bedingung eine lineare Kostenfunktion gegeben sein muss, damit die Teilplankostenrechnung als Grenzkostenplanrechnung gesehen werden kann, da nur in diesem Fall die Grenzkosten konstant in Bezug auf die Beschäftigung bleiben.[78]

---

[75] Vgl. Coenenberg et al. (2012), S. 197; Fandel et al. (2004), S. 235–237; Götze (2010), S. 153–154; Haberstock (2022), S. 146–147; Schweitzer et al. (2015), S. 83–84.

[76] Vgl. Fandel et al. (2004), S. 235; Haberstock (2022), S. 149–154.

[77] Vgl. Götze (2010), S. 199–209; Haberstock (2022), S. 145–146.

[78] Vgl. Coenenberg et al. (2012), S. 198–215; Haberstock (2022), S. 147; Schweitzer et al. (2015), S. 84.

Die **Deckungsbeitragsrechnung** zielt darauf ab, bei der Analyse von Profitabilität und Produktprogrammentscheidungen Unterstützung zu bieten. Hierfür wird der Deckungsbeitrag ermittelt, der sich als Differenz zwischen Erlösen und variablen Kosten berechnet. Da sich die Deckungsbeitragsrechnung auf variable Kosten fokussiert, wird sie als Teilkostensystem klassifiziert. Innerhalb dieses Systems wird zwischen einstufiger und mehrstufiger Deckungsbeitragsrechnung unterschieden. Bei der einstufigen Deckungsbeitragsrechnung werden von den Umsatzerlösen zunächst alle Erlösschmälerungen abgezogen, bevor die variablen Stückkosten abgezogen werden, wodurch der Deckungsbeitrag für die einzelnen Kostenträger des Unternehmens ermittelt wird. Diese können aggregiert werden, um den Gesamtdeckungsbeitrag zu berechnen, von dem die Fixkosten abgezogen werden, um das Betriebsergebnis zu bestimmen. Bei der mehrstufigen Deckungsbeitragsrechnung wird der Fixkostenblock hingegen in mehrere Unterblöcke unterteilt, die nacheinander vom Gesamtdeckungsbeitrag abgezogen werden, sodass unterschiedliche Stufen der Deckungsbeiträge entstehen.[79]

Abschließend wird neben der Grenzplankosten- und Deckungsbeitragsrechnung die **relative Einzelkosten- und Deckungsbeitragsrechnung** als weiteres Teilplankostensystem vorgestellt. Dieses System, etabliert von Riebel (1994), zielt darauf ab, durch eine präzise Zuordnung von Kosten und Erlösen gemäß dem Identitätsprinzip betriebliche Entscheidungen zu unterstützen. Hierbei werden relative Einzelkosten ihren Bezugsobjekten zugeordnet, die nicht nur Kostenträger, sondern auch Kostenstellen, Kostenstellengruppen oder das Unternehmen selbst umfassen können. Der Begriff der relativen Einzelkosten wurde eingeführt, da Kosten abhängig von der Bezugsgröße als Gemein- oder Einzelkosten interpretiert werden können. Sobald Kosten direkt einem Bezugsobjekt zugeordnet werden können, handelt es sich um Einzelkosten. Die Gesamtkosten und -erlöse werden in sogenannten Grundrechnungen erfasst und anschließend den Bezugsobjekten zugeordnet. Auf dieser Basis können für die Auswertung Deckungsbeiträge zur Vorbereitung betrieblicher Entscheidungen ermittelt werden. Insgesamt vermeidet dieses Kostenrechnungssystem eine Schlüsselung von Kosten, steht jedoch einem erhöhten Implementierungsaufwand gegenüber, weshalb sich die relative Einzelkosten- und Deckungsbeitragsrechnung in der Praxis bislang nicht durchgesetzt hat.[80]

---

[79] Vgl. Coenenberg et al. (2012), S. 214–229; Fandel et al. (2004), S. 237–242; Götze (2010), S. 154–163; Haberstock (2022), S. 147–148 & 154–158.

[80] Vgl. Coenenberg et al. (2012), S. 229–239; Fandel et al. (2004), S. 242–251; Götze (2010), S. 163–170; Haberstock (2022), S. 148–149; Riebel (1994), S. 36 ff.; Schweitzer et al. (2015), S. 84.

2.2.3 Aufbau und Methoden der Investitionsrechnung

Wie zuvor dargelegt, dient die Investitionsrechnung der Ermittlung der Wirtschaftlichkeit einer Investition, dem Vergleich von Investitionsalternativen sowie der Fixierung eines Investitionsprogramms. Um ein gemeinsames Verständnis dafür zu schaffen, was eine Investition darstellt, wird an dieser Stelle vertiefend auf die Definition von Investitionen und Investitionsarten eingegangen, bevor Methoden der Investitionsrechnung vorgestellt werden.

Investitionsbegriff

In der Literatur wird der Investitionsbegriff im Kontext des betrieblichen Rechnungswesens unterschiedlich definiert. Nach Lücke (1991) können vier Investitionsbegriffe unterschieden werden: der vermögensbestimmte, der kombinationsbestimmte, der zahlungsbestimmte sowie der dispositionsbestimmte Investitionsbegriff. Der **vermögensbestimmte Investitionsbegriff** versteht die Umwandlung von Kapital in Vermögen auf Basis der Bilanz als Investition. Eine Investition im Sinne des **kombinationsbestimmten Investitionsbegriffs** bezieht sich auf die Kombination neu beschaffter Anlagegüter miteinander oder mit bereits vorhandenen Anlagegütern. Im Rahmen des **zahlungsbestimmten Investitionsbegriffs** wird eine Investition durch einen Zahlungsstrom charakterisiert. Eine Investition beginnt in diesem Fall mit einer Auszahlung oder Ausgabe, auf die zu einem späteren Zeitpunkt Einzahlungen oder Einnahmen bzw. weitere Auszahlungen oder Ausgaben zu erwarten sind. Der **dispositionsbestimmte Investitionsbegriff** definiert eine Investition als „die langfristige Festlegung von finanziellen Mitteln im Anlagevermögen".[81] Durch diese langfristige Bindung wird die Dispositionsfreiheit eines Unternehmens eingeschränkt. Von den vier Investitionsbegriffen haben sich insbesondere der vermögensbestimmte und der zahlungsbestimmte Investitionsbegriff durchgesetzt.[82]

Investitionsarten

Neben den Definitionen des Investitionsbegriffs können unterschiedliche Investitionsarten unterschieden werden, die nach unterschiedlichen Kriterien gegliedert werden können. Nach Abbildung 2.7 können die Investitionsarten zunächst nach peripheren und zentralen Kriterien unterteilt werden.

---

[81] Lücke (1991), S. 152.

[82] Vgl. Götze (2014), S. 5–7; Kruschwitz & Lorenz (2019), S. 3; Lücke (1991), S. 151–152.

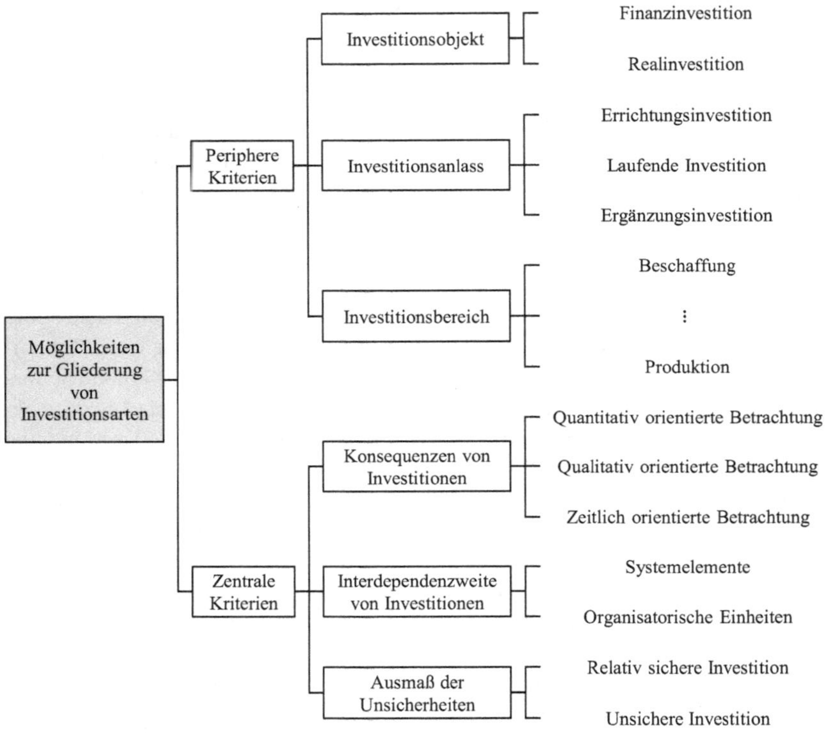

Abbildung 2.7 Möglichkeiten zur Gliederung von Investitionsarten[83]

Die Gliederung nach peripheren Kriterien dient vor allem der Charakterisierung und Abgrenzung von Investitionsproblemen, indem sie sich auf das äußere Erscheinungsbild der Investition bezieht. Im Gegensatz dazu wird die Gliederung nach zentralen Kriterien zur Auswahl geeigneter Vorgehensweisen für die Investitionsrechnung verwendet, wobei wirtschaftliche Merkmale im Fokus stehen.[84]

Die Gliederung nach **peripheren Kriterien** lässt sich in drei weitere Klassifikationskriterien unterteilen. Bei dem Kriterium **Investitionsobjekt** wird zwischen Finanz- und Realinvestitionen unterschieden. Finanzinvestitionen beziehen sich auf

[83] In Anlehnung an Kern (1974), S. 10–20 und Götze (2014), S. 7–14.

[84] Vgl. Götze (2014), S. 7 & 10; Kern (1974), S. 10–11 & 17.

die Kapitalbindung in finanziellen Anlageformen, wobei spekulative und anlageorientierte Investitionen differenziert werden können. Realinvestitionen umfassen sowohl materielle güterwirtschaftliche Investitionen als auch immaterielle Potenzialinvestitionen. Letztere können bspw. Investitionen in Aus- und Weiterbildung oder Forschung und Entwicklung sein, die darauf abzielen, das Potenzial innerhalb des Unternehmens zu steigern. Güterwirtschaftliche Investitionen beziehen sich z. B. auf die Anschaffung von Betriebsmitteln wie Maschinen oder Grundstücke.[85]

Ein weiteres Klassifikationskriterium ist das Kriterium **Investitionsanlass**, welches drei verschiedene Investitionsarten unterscheidet. Errichtungsinvestitionen schließen alle Investitionen ein, die im Zusammenhang mit der Neugründung eines Unternehmens oder der Errichtung eines Zweigwerks stehen. Laufende Investitionen umfassen zum einen Investitionen, die durch den Ersatz von Betriebsmitteln (Ersatzinvestitionen) erforderlich werden, und zum anderen solche, die durch Großreparaturen oder Überholungen von Betriebsmitteln anfallen. Ergänzungsinvestitionen berücksichtigen ebenfalls Investitionen an einem bereits bestehenden Standort und können Erweiterungen, Veränderungen oder Sicherungen der Betriebsmittel einschließen.[86]

Das dritte Klassifikationskriterium der peripheren Kriterien ist das Kriterium **Investitionsbereich**. Hierbei werden die Investitionen den Bereichen wie der Produktion oder Beschaffung zugeordnet. Dies umfasst in der Regel vor allem realwirtschaftliche Investitionen.[87]

Im Rahmen der Gliederung nach **zentralen Kriterien** können ebenfalls drei Klassifikationskriterien zur Untergliederung berücksichtigt werden. Zunächst können die Investitionsarten nach ihren **Konsequenzen** unterteilt werden, wobei zwischen quantitativ, qualitativ und zeitlich orientierten Betrachtungen unterschieden wird. Bei der quantitativ orientierten Betrachtung geht es darum, ob die Mengen- und Wertströme eindeutig erfasst und den Investitionsobjekten zugeordnet werden können. Diese Daten und die Ausprägungen der Mengen- und Wertströme können genutzt werden, um eine geeignete Methode der Investitionsrechnung auszuwählen. Bei der Untergliederung nach qualitativen Merkmalen können Faktoren wie Qualität, Betriebssicherheit, Spezifität oder Mehrzwecknutzung berücksichtigt werden. Eine zeitliche Orientierung ermöglicht die Unterscheidung von Investitionsarten hinsichtlich ihrer erwarteten Nutzungsdauer oder Laufzeit, die bestimmt, unbestimmt, einmalig oder mehrmals sein kann.[88]

---

[85] Vgl. Götze (2014), S. 8–9; Kern (1974), S. 11–12.

[86] Vgl. Götze (2014), S. 9–10; Kern (1974), S. 13–16; Lücke (1991), S. 161–162.

[87] Vgl. Götze (2014), S. 10; Kern (1974), S. 13.

[88] Vgl. Götze (2014), S. 10–11; Kern (1974), S. 17–19; Lücke (1991), S. 162.

Zusätzlich kann die **Interdependenzweite** von Investitionen als Gliederungsmerkmal berücksichtigt werden. In diesem Zusammenhang wird betrachtet, inwiefern Investitionsobjekte in Beziehung zu den Elementen des Unternehmens stehen. Dabei können Systemelemente wie Betriebsmittel, Werkstoffe und Personal sowie organisatorische Einheiten wie die Produktions- oder Personalabteilung berücksichtigt werden. Hierbei können isolierte und interdependente Investitionen unterschieden werden.[89]

Abschließend können die Investitionsarten hinsichtlich ihres **Ausmaßes an Unsicherheit** differenziert werden. So sind relativ sichere Investitionen, wie zum Beispiel Finanzinvestitionen in festverzinsliche Wertpapiere, zu benennen. Auf der anderen Seite existieren unsichere Investitionen, die bspw. Investitionen in die Entwicklung und Erforschung eines neuen Produkts betreffen, bei denen der Erfolg nicht garantiert ist.[90]

Methoden der Investitionsrechnung

Zur Erreichung der Ziele der Investitionsrechnung wurden in der Vergangenheit unterschiedliche Methoden entwickelt. Diese Methoden lassen sich in statische und dynamische Verfahren einteilen. Zu den statischen Verfahren zählen u. a. die Kostenvergleichsrechnung, die Gewinnvergleichsrechnung, die Rentabilitätsrechnung sowie die statische Amortisationsrechnung. Statische Verfahren zeichnen sich dadurch aus, dass sie einfach zu berechnen sind, sich auf eine Periode beziehen und Kosten und Erlöse als Berechnungsgrundlage nutzen. Hierdurch können die zeitlichen Aspekte von Investitionen und weitere Interdependenzen nur begrenzt berücksichtigt werden, weshalb von der Anwendung statischer Methoden abgeraten wird und diese an dieser Stelle nicht weiter behandelt werden.[91]

Die Methoden der dynamischen Investitionsrechnung repräsentieren hingegen den aktuellen Stand der Forschung. Diese Methoden unterscheiden sich von den statischen Verfahren dadurch, indem sie mehr als eine Periode sowie den Zeitwert der Zahlungen berücksichtigen. Für die nachfolgend vorgestellten Methoden wird der zahlungsbestimmte Investitionsbegriff als Grundlage verwendet (Tabelle 2.3).[92]

---

[89] Vgl. Götze (2014), S. 11–12; Kern (1974), S. 19–20; Lücke (1991), S. 162.

[90] Vgl. Götze (2014), S. 12; Kern (1974), S. 20.

[91] Vgl. Götze (2014), S. 56–57; Kruschwitz & Lorenz (2019), S. 28–31; Lücke (1991), S. 189–190; Poggensee (2022), S. 36–39.

[92] Vgl. Blohm et al. (2012), S. 38–39; Götze (2014), S. 73–77; Kern (1974), S. 160–162; Kruschwitz & Lorenz (2019), S. 28–31; Lücke (1991), S. 57; Poggensee (2022), S. 94–95.

Tabelle 2.3 Methoden der dynamischen Investitionsrechnung

Methoden \ Merkmale	Entscheidungsgröße	Rechnungsziel	Kapitalmarkt
Kapitalwertmethode	Kapitalwert	Bestimmung des Kapitalwerts	Vollkommener Kapitalmarkt angenommen
Interner Zinsfußmethode	Interner Zinsfuß	Ermittlung der Rendite der Investition	Vollkommener Kapitalmarkt angenommen
Annuitätenmethode	Annuität	Bestimmung der Annuität	Vollkommener Kapitalmarkt angenommen
Dynamische Amortisationsrechnung	Amortisationszeit	Zeitpunkt, wann Investition gedeckt ist	Vollkommener Kapitalmarkt angenommen
Vermögensendwertmethode	Vermögensendwert	Bestimmung des Vermögensendwerts	Unterscheidung in Haben- und Sollzinssatz
Sollzinsmethode	Kritischer Sollzins	Bestimmung des kritischen Sollzinssatzes	Unterscheidung in Haben- und Sollzinssatz

Eine typische Methode der dynamischen Investitionsrechnung stellt die **Kapitalwertmethode** dar. Bei dieser Methode steht die Ermittlung des Kapitalwertes von Investitionsobjekten im Vordergrund. Im Allgemeinen basiert die Kapitalwertmethode auf der folgenden Grundformel (2.1), wobei als Bezugszeitpunkt $t = 0$ angenommen wird:

$$C_0 = \sum_{t=0}^{T} (e_t - a_t) \cdot (1 + i)^{-t} \tag{2.1}$$

Der Kapitalwert C_0 repräsentiert unter der beschriebenen Annahme den Barwert einer Investition. Er setzt sich aus der Summe der Einzahlungen e_t und Auszahlungen a_t zu den Zeitpunkten t zusammen, die anhand eines festen Kalkulationszinssatzes i auf- bzw. abgezinst werden. Im Kontext des Kalkulationszinssatzes wird dabei die Existenz eines vollkommenen Kapitalmarktes angenommen, was bedeutet, dass zu dem Kalkulationszinssatz finanzielle Mittel in beliebiger Höhe angelegt oder aufgenommen werden können. Der berechnete Kapitalwert kann für den Vergleich der Vorteilhaftigkeit von Investitionsalternativen verwendet werden, wobei zwischen der absoluten und relativen Vorteilhaftigkeit unterschieden wird. Ein Investitionsobjekt ist absolut vorteilhaft, wenn der Kapitalwert größer als Null ist. Dagegen ist ein Investitionsobjekt relativ vorteilhaft, wenn sein Kapitalwert höher ist als der der verfügbaren Alternativen. Nach der Kapitalwertmethode kann somit ein Investitionsobjekt auf verständliche Weise ausgewählt werden. Es soll jedoch darauf hingewiesen werden, dass es bei dieser Methode Herausforderungen bspw. hinsichtlich der Datenmenge oder unterschiedlichen Nutzungsdauern von Investitionsobjekten geben kann. Detaillierte Beschreibungen zu den Vor- und

Nachteilen sowie Erweiterungen der Grundformel für spezifische Fälle sind in der angegebenen Literatur umfassend dargestellt.[93]

Eine weitere Methode der dynamischen Investitionsrechnung, die im Wesentlichen den Annahmen der Kapitalwertmethode folgt, ist die **interne Zinsfußmethode**, bei der die Ermittlung der Rendite einer Investition im Vordergrund steht. Der interne Zinsfuß kann auf Basis der Formel (2.2) bestimmt werden.

$$C_0 = \sum_{t=0}^{T} (e_t - a_t) \cdot (1 + r)^{-t} = 0 \tag{2.2}$$

Formel (2.2) stellt dar, dass der interne Zinsfuß r demjenigen Zinssatz entspricht, bei dem der Kapitalwert (C_0) Null wird. Dies bedeutet, dass die Zahlungsreihen der Auszahlungen (a_t) und Einzahlungen (e_t) sich entsprechen. Mithilfe des internen Zinsfußes können anschließend Aussagen zur absoluten und relativen Vorteilhaftigkeit der Investitionsobjekte abgeleitet werden. Absolut vorteilhaft ist ein Investitionsobjekt, wenn der interne Zinsfuß größer als der Kalkulationszinssatz i ist. Relativ vorteilhaft ist ein Investitionsobjekt, wenn der interne Zinsfuß größer ist als der der verfügbaren Alternativen. Es ist jedoch zu beachten, dass die Aussagekraft stark von den Zahlungsreihen und der Art der Investition abhängt. Es sind Zahlungsreihen möglich, die zu mehreren internen Zinsfüßen führen können, was die Möglichkeit einer eindeutigen Aussage hinsichtlich der Vorteilhaftigkeit von Investitionsobjekten einschränkt. Diese Aspekte sind bei der Anwendung der Methode zu berücksichtigen. Tiefergehende Informationen zu diesen Herausforderungen, beispielhafte Berechnungen und Besonderheiten werden in der angegebenen Literatur näher beleuchtet.[94]

Die **Annuitätenmethode** ist eine weitere Methode der dynamischen Investitionsrechnung mit dem Ziel, die Annuität eines Investitionsobjekts zu bestimmen. Unter Annuität wird hierbei eine Folge gleichhoher Zahlungen verstanden, die in jeder Periode des Betrachtungszeitraumes anfallen. Die Annuitätenmethode basiert wie die vorherige Methode auf den Annahmen eines vollkommenen Kapitalmarktes sowie eines festen Kalkulationszinssatzes. Die Annuität A kann über die Formel (2.3) bestimmt werden.

---

[93] Vgl. Blohm et al. (2012), S. 47–66; Götze (2014), S. 78–100; Kern (1974), S. 61–63 & 168–172; Lücke (1991), S. 218–225.

[94] Vgl. Blohm et al. (2012), S. 80–92; Götze (2014), S. 103–114; Kern (1974), S. 65–67 & 172–182; Lücke (1991), S. 146–151.

$$A = C_0 \cdot \frac{(1+i)^T \cdot i}{(1+i)^T - 1} \tag{2.3}$$

Mithilfe der Formel (2.3) wird die Annuität aus dem Kapitalwert (C_0) sowie sogenannten Wiedergewinnungsfaktoren berechnet, die sich dabei auf die Nutzungsdauer T und den Kalkulationszinssatz i beziehen. In Anbetracht der Verwandtschaft zwischen der Annuitätenmethode und der Kapitalwertmethode entsprechen sich die Kriterien der Vorteilhaftigkeit der beiden Methoden einander. Ist die Annuität eines Investitionsobjekts größer als Null, ist dieses absolut vorteilhaft. Dies bedeutet, dass neben der Verzinsung zum Kalkulationszinssatz auch ein Beitrag in Höhe der Annuität pro Periode anfällt, der zu einem Vermögenszuwachs führen würde. Relativ vorteilhaft ist ein Investitionsobjekt, wenn seine Annuität höher ist als die der verfügbaren Alternativen. Weitere Informationen zur Annuitätenmethode sind in der angegebenen Literatur enthalten.[95]

Die **dynamische Amortisationsrechnung** zielt auf die Bestimmung des Zeitpunktes ab, ab dem sich eine Investition rentiert hat. Diese Amortisationszeit (AZ) lässt sich über Formel (2.4) annähern.

$$AZ = t^* + \frac{C_{t^*}}{C_{t^*} - C_{t^*+1}} \tag{2.4}$$

Für die angegebene Berechnung werden zunächst die Perioden identifiziert, in der der Kapitalwert (C_{t^*}) noch negativ ist sowie der Kapitalwert (C_{t^*+1}), bei dem der Wert das erste Mal größer gleich Null ist. Dies erfolgt über die Kumulation der Barwerte der Nettozahlungen. Die Periode mit dem noch negativen Kapitalwert wird mit t^* definiert. Insgesamt wird so der Zeitpunkt bestimmt, ab dem der Kapitalwert positiv wird. Ein Investitionsobjekt gilt als absolut vorteilhaft, wenn die Amortisationszeit geringer ist als ein festgelegter Grenzwert. Relativ vorteilhaft ist ein Investitionsobjekt, wenn die Amortisationszeit unter den Amortisationszeiten entsprechender Alternativen liegt. Die Herausforderungen der dynamischen Amortisationsrechnung sind analog zu denen der Kapitalwertmethode. Zudem wird empfohlen, die Amortisationszeit als ergänzendes Kriterium zu verwenden, da die Zahlungen nach dem Amortisationszeitpunkt nicht mehr betrachtet werden, was zu Fehlentscheidungen führen könnte.[96]

---

[95] Vgl. Blohm et al. (2012), S. 66–68; Götze (2014), S. 100–103; Kern (1974), S. 64–65 & 182–184; Lücke (1991), S. 9–11.

[96] Vgl. Blohm et al. (2012), S. 68–72; Götze (2014), S. 114–117; Lücke (1991), S. 6–7.

Bei der **Vermögensendwertmethode** wird die Annahme eines vollkommenen Kapitalmarkts aufgelöst, indem anstelle des Kalkulationszinssatzes ein Habenzinssatz und ein Sollzinssatz berücksichtigt werden. Der Habenzinssatz beschreibt den Zinssatz für eine Anlage, während der Sollzinssatz den Aufnahmezinssatz repräsentiert. Der resultierende Vermögensendwert gibt den Geldvermögenszuwachs aus, der sich am Ende der letzten Periode (T) eines Planungszeitraumes eines Investitionsobjektes ergibt. Wenn die Zinssätze sich hierbei entsprechen würden, würde der Vermögensendwert dem Kapitalwert entsprechen, der als Bezugszeitpunkt T nutzen würde. Weichen die Zinssätze voneinander ab, können diverse Fälle unterschieden werden, die zu unterschiedlichen Berechnungen führen, die in der angegebenen Literatur vorgestellt werden. Allgemein gilt, dass ein Investitionsobjekt absolut vorteilhaft ist, wenn der Vermögensendwert größer als Null ist, während die relative Vorteilhaftigkeit gegeben ist, wenn der Vermögensendwert eines Investitionsobjekts höher ist als der Vermögensendwert aller anderen verfügbaren Investitionen.[97]

Die **Sollzinsmethode** basiert ebenfalls auf der Annahme eines Soll- und Habenzinssatzes und zielt darauf ab, den kritischen Sollzinssatz zu bestimmen. Dieser stellt den Zinssatz dar, bei dem der Vermögensendwert Null wird. Das Verhältnis zwischen der Sollzinsmethode und der Vermögensendwertmethode ist vergleichbar mit jenem zwischen der internen Zinsfußmethode und der Kapitalwertmethode. Entsprechend ähneln sich die Vorgehensweisen. Ein Investitionsobjekt ist absolut vorteilhaft, wenn sein kritischer Sollzinssatz bei gegebenem Habenzinssatz höher ist als der Sollzinssatz. Der kritische Sollzinssatz kann als der Zinssatz interpretiert werden, der zu jedem Zeitpunkt während des Planungszeitraums auf das gebundene Kapital erzielt werden kann. Eine Aussage zur relativen Vorteilhaftigkeit wird, ähnlich wie bei der internen Zinsfußmethode, nicht empfohlen.[98]

2.2.4 Aufbau und Methoden des Kostenmanagements

In diesem Unterkapitel werden zunächst die Gründe für die Einführung eines Kostenmanagements sowie die Unterschiede zur Kosten- und Investitionsrechnung hervorgehoben. Darauf aufbauend werden Methoden des Kostenmanagements eingeführt.

---

[97] Vgl. Blohm et al. (2012), S. 72–80; Götze (2014), S. 117–123; Lücke (1991), S. 401.

[98] Vgl. Blohm et al. (2012), S. 92–101; Götze (2014), S. 123–126; Lücke (1991), S. 355.

Aufbau des Kostenmanagements

Um die Notwendigkeit eines Kostenmanagements zu erläutern, wird zunächst auf die Herausforderungen bei der Kosten- und Investitionsrechnung eingegangen. Tabelle 2.4 zeigt einen Vergleich der Kosten- und Investitionsrechnung mit dem Kostenmanagement anhand von fünf Merkmalen.

Tabelle 2.4 Gegenüberstellung der Kostenrechnung, der Investitionsrechnung und des Kostenmanagements[99]

Merkmale	Kostenrechnung	Investitionsrechnung	Kostenmanagement
Ziele	▪ Ermittlung von Informationen zur Dokumentation, Planung, Steuerung und Kontrolle der Betriebsprozesse ▪ Ermittlung von Informationen zur Steuerung des Mitarbeiterverhaltens ▪ Ermittlung von Informationen zur Bewertung von Erzeugnissen	▪ Unterstützung bei Investitionsentscheidungen ▪ Ermittlung und Vergleich der Wirtschaftlichkeit von Investitionsobjekten	▪ Beeinflussung des Kostenniveaus ▪ Beeinflussung der Kostenstruktur ▪ Beeinflussung des Kostenverlaufs
Zeitbezug	▪ (Meist) kurzfristige Perioden	▪ Ein oder mehrere Zeiträume	▪ Kurzfristige Perioden bis langfristige Zeiträume
Fristigkeit	▪ Kurzfristig	▪ Langfristig	▪ Kurzfristig, mittelfristig & langfristig
Einsatzintervall	▪ Regelmäßig/periodisch	▪ Sporadisch, bei einzelnen Investitionsentscheidungen	▪ Regelmäßig/periodisch ▪ Projektabhängig
Rechnungsgegenstand	▪ Kostenarten ▪ Kostenstellen ▪ Kostenträger ▪ Betrieb	▪ Investitionsobjekte	▪ Kostenarten ▪ Prozesse ▪ Kostenstellen ▪ Projekte ▪ Betrieb ▪ Wertschöpfungsketten

Die Kostenrechnung wird insbesondere für interne Zwecke verwendet und hat einen kurzfristigen Charakter. Dieser kurzfristige Charakter stößt jedoch auf Kritik, da die Methoden der Kostenrechnung laut Literatur nicht dazu geeignet sind, relevante Konteninformationen bezüglich aktueller und strategischer Fragestellungen bereitzustellen. Diese Einschränkung wird insbesondere auf Veränderungen der Umwelt von Produktionssystemen zurückgeführt, die auf verschiedene Ursachen zurückzuführen sind. Ein erhöhter Wettbewerbsdruck, zunehmende Digitalisierung, verkürzte Produktlebenszyklen oder neue rechtliche Rahmenbedingungen führen zu signifikanten Veränderungen bei Unternehmen hinsichtlich Kostenstrukturen, Kostenniveaus und Kostenverläufen (Abschnitt 1.1 und 2.1). Während früher direkte Kosten, starre Massenproduktion mit wenigen Varianten und Produkte mit langen

[99] Vgl. Götze (2010), S. 273; Herrmann (2010), S. 140; Schild (2005), S. 99.

Lebenszyklen dominierend waren, resultieren Automatisierung von Betriebsprozessen, komplexe Produkte mit verkürzten Lebenszyklen und internationale Märkte in einer Dominanz fixer Gemeinkosten. Die traditionelle Kostenrechnung wurde für diese Veränderungen nicht entwickelt und stößt damit an ihre Grenzen, da sie nicht die erforderliche Flexibilität und Kostenkontrolle bietet. Zudem werden ein Großteil der Kostenstruktur, des Kostenniveaus und des Kostenverlaufes bereits in der Produktentwicklung festgelegt. In diesem Kontext stößt die Kostenrechnung ebenfalls an ihre Grenzen, da sie die Kosten erst nach der Konstruktion und Entwicklung berücksichtigt. Auch die Investitionsrechnung kann in dieser Umgebung keine geeignete Unterstützung bieten, da sie sich auf ausgewählte Investitionsobjekte konzentriert und nicht auf Kostenstrukturen, Kostenverläufe oder Kostenniveaus. Aus diesen Gründen wurde das Kostenmanagement als Erweiterung der Kostenrechnung in der Literatur etabliert, um auf die veränderten Gegebenheiten der Umwelt von Produktionssystemen zu reagieren.[100]

Das Kostenmanagement wird unterschiedlich definiert. Eine etablierte Definition des Kostenmanagements wurde von Reiß & Corsten (1992) geliefert. Diese verstehen unter Kostenmanagement die „Gestaltung der Programme, Potentiale und Prozesse in einer Unternehmung nach Kostenkriterien."[101] Tabelle 2.4 zeigt, dass dabei drei Ziele verfolgt werden. Die Beeinflussung des Kostenniveaus zielt darauf ab, Gesamt-, Einzel- oder Stückkosten zu reduzieren. Hierfür können je nach Ergebnis unterschiedliche Maßnahmen ergriffen werden, wie das Ausnutzen von Automatisierungspotenzialen, die Verlagerung von Produktionsstandorten oder die Entscheidung zwischen Eigenfertigung und Fremdbezug. Das zweite Ziel bezieht sich auf die Beeinflussung der Kostenstruktur, wobei das Verhältnis zwischen fixen und variablen sowie Einzel- und Gemeinkosten vorteilhaft gestaltet werden soll; ein hoher Anteil variabler Kosten wird als vorteilhaft angesehen. Schließlich zielt das Kostenmanagement auf die Beeinflussung des Kostenverlaufs ab, wobei u. a. das Kostenverhalten in Abhängigkeit von der Beschäftigung betrachtet wird. Innerhalb des Kostenmanagements soll das Kostenverhalten durch Degressionseffekte vorteilhaft gestaltet werden, z. B. durch Fixkostendegression. Dies kann etwa durch Minimierung von Leerzeiten, Ausdehnung der Betriebszeiten von Anlagen oder Flexibilisierung der Arbeitszeiten erreicht werden.[102]

---

[100] Vgl. Ewert et al. (2023), S. 212–213; Fischer et al. (2015), S. 237; Götze (2010), S. 271–273; Günther (2018), S. 544–546; Joos (2014), S. 296; Kremin-Buch (2007), S. 7–8; Reiß & Corsten (1992), S. 1478–1479.

[101] Reiß & Corsten (1992), S. 1478.

[102] Vgl. Ewert et al. (2023), S. 212; Fischer et al. (2015), S. 236–237; Götze (2010), S. 276–279; Kremin-Buch (2007), S. 12–22; Reiß & Corsten (1992), S. 1479–1488.

Zur Erreichung der Ziele des Kostenmanagements können unterschiedliche Methoden eingesetzt werden, die sich in ihren Ausprägungen mitunter stark unterscheiden, was zu den dargelegten Unterschieden in den verbleibenden Merkmalen in Tabelle 2.4 führt. Je nach Ausprägung der Methode können kurzfristige Perioden oder langfristige Zeiträume berücksichtigt werden, sodass auch kurzfristige, mittelfristige oder langfristige Entscheidungen getroffen werden können. Dabei können die Methoden für ausgewählte Projekte oder regelmäßig sowie für unterschiedliche Rechnungsgegenstände angewendet werden. Die Methoden, die dem Kostenmanagement zugeordnet werden, werden im folgenden Abschnitt näher eingeordnet und differenziert.

Methoden des Kostenmanagements

Dem Kostenmanagement können zahlreiche Methoden zugeordnet werden. Eine Übersicht über sieben exemplarische Methoden des Kostenmanagements ist in Tabelle 2.5 abgebildet.

Tabelle 2.5 Einordnung der Methoden des Kostenmanagements

Methoden	Beeinflussung	Zeitbezug	Fristigkeit	Einsatzintervall	Rechnungsgegenstand
Activity-Based Costing	Kostenstruktur Kostenniveau	Periode	Mittel- bis langfristig	Regelmäßig	Prozesse Produkte
Benchmarking	Kostenstruktur Kostenniveau	Periode bis Zeiträume	Mittel- bis langfristig	Regelmäßig	Vergleichsobjekte
Kaizen Costing	Kostenstruktur Kostenverlauf	Periode	Kurz- bis mittelfristig	Regelmäßig	Prozesse Produkte
Konstruktionsbegleitende Kostenrechnung	Kostenstruktur Kostenniveau Kostenverlauf	Mehrere Zeiträume	Mittel- bis langfristig	Projektbasiert	Produkte
Lebenszykluskostenrechnung	Kostenstruktur Kostenniveau Kostenverlauf	Mehrere Zeiträume	Mittel- bis langfristig	Projektbasiert	Produkte Projekte Unternehmen
Prozesskostenrechnung	Kostenstruktur Kostenniveau	Periode	Mittel- bis langfristig	Regelmäßig	Prozesse Produkte
Target Costing	Kostenstruktur Kostenniveau Kostenverlauf	Periode (Lebenszyklus)	Mittel- bis langfristig	Projektbasiert	Produkte

Die **Activity-Based Costing** (ABC)-Methode wurde als Antwort auf Herausforderungen im amerikanischen Rechnungswesen entwickelt. Ziel der ABC-Methode ist es, durch die Analyse der betrieblichen Prozesse Kostentreiber zu identifizieren und auf Basis dieser Kostentreiber Benchmarks abzuleiten. Diese Bezugsgrößen ermöglichen eine verursachungsgerechte Verteilung der Gemeinkosten auf Produkte, was zur Ermittlung passender Preise genutzt wird. Durch diese

Vorgehensweise kann die Transparenz der Kostenstruktur innerhalb der Betriebsprozesse im Vergleich zur traditionellen Kostenrechnung erhöht werden, was zur Senkung des Kostenniveaus beitragen kann. Der größte Unterschied zur traditionellen Kostenrechnung liegt in der Art der Zuordnung der Gemeinkosten. Während in der traditionellen Kostenrechnung Gemeinkosten meist pauschal anhand von Verteilungsschlüsseln auf Produkte verteilt werden, weist die ABC-Methode die Gemeinkosten zunächst den Aktivitäten zu und verteilt sie anhand spezifischer Kostentreiber präzise auf die Produkte. Die ABC-Methode bezieht sich, je nach Gestaltung, auf einen mittel- bis langfristigen Zeithorizont und betrachtet eine definierte Periode. Typischerweise erfolgt die Berechnung für Zeiträume von einem Quartal bis zu einem Jahr, wobei die Methode regelmäßig durchgeführt wird. Diese periodische Anwendung unterstützt die kontinuierliche Verbesserung und Anpassung der Kostenstruktur innerhalb des Unternehmens.[103]

Die **Prozesskostenrechnung** stellt eine wichtige Ergänzung zur traditionellen Kostenrechnung dar, da sie gezielt deren Schwächen anspricht. Während die traditionelle Kostenrechnung ihren Fokus auf den Fertigungsbereich legt und häufig allgemeine Zuschlagssätze verwendet, die Verzerrungen bei komplexen Produkten mit kleinen Auflagen verursachen können, zielt die Prozesskostenrechnung darauf ab, die Gemeinkosten durch Prozesskostensätze fairer auf die Produkte zu verteilen. Dadurch wird eine höhere Transparenz erreicht und eine bessere Preiskalkulation ermöglicht. Im Vergleich zur ABC-Methode, die sowohl die Gemeinkosten der direkten als auch der indirekten Bereiche im gesamten Unternehmen berücksichtigt, konzentriert sich die Prozesskostenrechnung primär auf die indirekten Bereiche. Diese spezifische Fokussierung macht die Prozesskostenrechnung zu einer Weiterentwicklung der ABC-Methode. Das Hauptziel der Prozesskostenrechnung liegt in der verursachungsgerechten Verteilung der Gemeinkosten auf die Produkte, wobei berücksichtigt wird, welche indirekten Bereiche von den jeweiligen Produkten in Anspruch genommen werden. Zu diesem Zweck werden Gemeinkosten den Kostenstellen zugeordnet und Teilprozesse innerhalb des Unternehmens identifiziert, die zu Hauptprozessen verdichtet werden. Kostentreiber für diese Hauptprozesse werden ermittelt, um Prozesskostensätze zu berechnen, die der verursachungsgerechten Kostenverteilung dienen. In der Literatur wird die Prozesskostenrechnung als eine Methode mit mittel- bis langfristiger Orientierung beschrieben, insbesondere wenn

[103] Vgl. Kaplan & Atkinson (1998), S. 97 ff.; Kaplan & Cooper (1998), S. 79 ff.; Schweitzer et al. (2015), S. 377–378.

sie in ein umfassendes Prozessmanagement integriert ist. Diese Integration ermöglicht eine präzise Kostensteuerung und erhöht die Transparenz der Gemeinkosten, wodurch deren sinnvolle Verteilung auf Produkte sichergestellt wird.[104]

Benchmarking, insbesondere das Kosten Benchmarking, stellt eine klassische Methode des Kostenmanagements dar. Es handelt sich um den systematischen Vergleich von Erfolgskennzahlen mit anderen Unternehmen oder innerhalb verschiedener Bereiche des eigenen Unternehmens, um daraus Handlungsempfehlungen zur Verbesserung des Kostenniveaus und zur Steigerung der Wettbewerbsfähigkeit abzuleiten. Klassischerweise werden hierbei Produkte, Prozesse, Strategien und Funktionsbereiche als Vergleichsobjekte ausgewählt, die eine hohe Bedeutung für den Unternehmenserfolg haben. Im Unterschied zur traditionellen Kostenrechnung, die primär auf interne Analysen zur Beeinflussung des Kostenniveaus fokussiert ist, setzt das Benchmarking bewusst auf den Vergleich mit externen Wettbewerbern oder internen Unternehmensbereichen. Dadurch können wertvolle Erkenntnisse aus den Erfolgen und Misserfolgen anderer Unternehmen oder Bereiche gewonnen werden, die zu verbesserten Handlungsempfehlungen für die eigenen Vergleichsobjekte führen. Das Benchmarking hebt sich nicht nur durch seine externe Vergleichsorientierung von der traditionellen Kostenrechnung ab, sondern kann auch effektiv mit anderen Methoden des Kostenmanagements kombiniert werden. So kann es bspw. mit der Prozesskostenrechnung oder dem LCC integrativ genutzt werden, um eine umfassende Kostenanalyse und -steuerung zu ermöglichen. Das Benchmarking sollte regelmäßig durchgeführt werden, um die Vergleichsobjekte kontinuierlich und langfristig zu verbessern.[105]

Target Costing, eine Methode mit Ursprung in Japan, zielt insbesondere darauf ab, die Frage zu beantworten, was ein Produkt kosten darf, um wettbewerbsfähig zu sein. Im Gegensatz zur traditionellen Kostenrechnung, die Preise durch den Ansatz der zugeordneten Kosten plus eines Gewinnzuschlags bestimmt, stellt das Target Costing einen marktorientierten Ansatz dar. Hierbei wird ein angestrebter Marktpreis als Ausgangspunkt genommen, von dem ein geplanter Gewinn abgezogen wird, um die erlaubten Kosten zu ermitteln. Diese erlaubten Kosten müssen bereits in der frühen Phase der Produktplanung berücksichtigt werden. Es ist daher erforderlich, dass die Prozesse und die Wertschöpfung so gestaltet werden, dass die erlaubten Kosten eingehalten werden, da das Produkt erst bei Einhaltung der erlaubten Kosten

---

[104] Vgl. Coenenberg et al. (2012), S. 156 ff.; Franz (1990), S. 118 ff.; Götze (2010), S. 217 ff.; Haberstock (2022), S. 158 ff.; Horváth et al. (2020), S. 253 ff.; Horváth & Mayer (1989); Joos (2014), S. 351 ff.; Kremin-Buch (2007), S. 34 ff.; Schweitzer et al. (2015), S. 366 ff.

[105] Vgl. Burger (1999), S. 91 ff.; Coenenberg et al. (2012), S. 586 ff.; Götze (2010), S. 323 ff.; Horváth et al. (2020), S. 222 ff.; Kremin-Buch (2007), S. 227 ff.; Weber & Schäffer (2022), S. 394–398.

auf den Markt eingeführt werden darf. Ziel des Target Costing ist es, das Kostenniveau, die Kostenstruktur sowie den Kostenverlauf frühzeitig zu beeinflussen und stellt somit eine Ergänzung zur traditionellen Kostenrechnung dar, da es auf deren Daten zurückgreift. Darüber hinaus ermöglicht das Target Costing die Integration mit anderen Kostenmanagementmethoden wie der Prozesskostenrechnung, LCC und der konstruktionsbegleitenden Kostenrechnung, was eine ganzheitlichere Kostensteuerung unterstützt. Des Weiteren berücksichtigt diese Methode den gesamten Lebenszyklus eines Produkts als Bezugsperiode, was zu mittel- bis langfristigen Kosteneinsparungen und Verbesserungen in der Produktgestaltung führen kann.[106]

Das **Kaizen Costing**, ebenfalls japanischen Ursprungs, zielt auf die kontinuierliche Verbesserung und Senkung der Kosten von Produkten während ihrer Marktphase ab, was diese Methode vom Kosten Benchmarking abgrenzt. Die Methode beinhaltet eine durchgehende, periodische Analyse und Kontrolle der Prozesse und deren Kosten, um diese entsprechend zu steuern. Ein wesentlicher Aspekt des Kaizen Costing ist die aktive Einbeziehung der Mitarbeitenden, die mit ihren Ideen zur Kostenreduktion beitragen sollen. Im Vergleich zur traditionellen Kostenrechnung liegt der Fokus des Kaizen Costing auf der fortwährenden Erhöhung der Wirtschaftlichkeit der Kostenstellen statt nur auf deren Absicherung. Zudem kann das Kaizen Costing bspw. mit dem Target Costing kombiniert werden, wobei die erlaubten Kosten bereits vor der Marktphase definiert wurden. Diese vorgegebenen Kostenrahmen können als Orientierung für die kontinuierlichen Verbesserungen dienen.[107]

Die **konstruktionsbegleitende Kostenrechnung** wird, ähnlich wie das Target Costing, bereits zu Beginn der Produktentwicklung eingesetzt, um die Kosten eines Produkts frühzeitig zu beeinflussen. Diese Methode zielt darauf ab, das Kostenniveau, die Kostenstruktur und den Kostenverlauf zu steuern, um die Zielkosten zu erreichen. Dies geschieht, indem die realisierbaren Kosten berechnet werden. Durch die frühe Einbindung in den Entwicklungsprozess können die konstruktionsbegleitende Kostenrechnung und das Target Costing synergistisch wirken, da sie gemeinsam dazu beitragen, eine präzise und effektive Kostenplanung und -kontrolle zu gewährleisten. Ein wesentlicher Unterschied zur traditionellen Kostenrechnung liegt in der zeitlichen Perspektive. Während die traditionelle Kostenrechnung meist von bereits geplanten Produkten ausgeht und deren Kosten retrospektiv erfasst und analysiert, zielt die konstruktionsbegleitende Kostenrechnung darauf ab, die Kosten bereits in der Entwicklungsphase zu prognostizieren und aktiv zu beeinflussen.

[106] Vgl. Coenenberg et al. (2012), S. 555 ff.; Götze (2010), S. 283 ff.; Haberstock (2022), S. 174 ff.; Horváth et al. (2020), S. 253; Kaplan & Atkinson (1998), S. 222 ff.; Kremin-Buch (2007), S. 117 ff.; Schweitzer et al. (2015), S. 718 ff.; Seidenschwarz (1991).

[107] Vgl. Friedl (2019), S. 143 ff.; Kaplan & Atkinson (1998), S. 229 ff.; Monden (1999), S. 328 ff.; Monden & Hamada (1991).

Dadurch wird eine proaktive Steuerung ermöglicht, die eine frühzeitige Anpassung der Kosten zulässt.[108]

Die **LCC-Methode** zielt darauf ab, die Kosten hinsichtlich ihres Niveaus, ihrer Struktur und ihres Verlaufs über den gesamten Lebenszyklus eines Produktionssystems oder Kunden zu beeinflussen. LCC wird zur Planung, Beurteilung und zum Vergleich von Investitionsalternativen sowie zur Durchführung von Wirtschaftlichkeitsanalysen verwendet. Aufgrund der engen Verbindung zur Investitionsrechnung wird häufig diskutiert, ob Kosten oder Ausgaben/Auszahlungen verwendet werden sollen, wobei aus betriebswirtschaftlicher Sicht meist letztere Berechnungsgrößen empfohlen werden. Oft wird LCC zudem in Kombination mit der Kapitalwertmethode angewendet, um eine umfassende ökonomische Bewertung zu ermöglichen. Allgemein existieren verschiedene Formen der LCC-Methode. Besonders häufig wird die Produktlebenszykluskostenrechnung erwähnt, die sowohl aus Hersteller- als auch aus Kundensicht durchgeführt werden kann. Hier liegt der Fokus auf dem gesamten Lebenszyklus und den zugehörigen ökonomischen Auswirkungen, die den beteiligten Stakeholdern zugeordnet werden. Die Ergebnisse dieser Analysen helfen, Zielkonflikte zwischen den Lebenszyklusphasen zu identifizieren und Entscheidungen zu treffen. Weitere Varianten sind die Kunden-Lebenszykluskostenrechnung, die die Kosten einer Kundenbeziehung für ein Unternehmen untersucht sowie die Lebenszykluskostenrechnung von Ressourcen, die bspw. die Kosten für Anlagen und Gebäude betrachtet. Die frühzeitige Beeinflussung der Kosten unterscheidet LCC von der traditionellen Kostenrechnung, die als Periodenrechnung fungiert und dabei Kosten innerhalb abgegrenzter Zeiträume betrachtet. Im Gegensatz dazu ist LCC periodenübergreifend und stellt die Kosten ganzheitlich über den gesamten Lebenszyklus dar. Diese umfassende Sichtweise ermöglicht eine proaktive und langfristige Kostensteuerung. Zudem lässt sich die LCC-Methode gut mit der Methode des Target Costing kombinieren.[109]

---

[108] Vgl. Ehrlenspiel et al. (1997), S. 145–154; Götze (2010), S. 280; Joos (2014), S. 317 ff.; Schweitzer et al. (2015), S. 346 ff.

[109] Vgl. Coenenberg et al. (2012), S. 597 ff.; Götze (2010), S. 299 ff.; Haberstock (2022), S. 184 ff.; Kaplan & Atkinson (1998), S. 236 ff.; Kremin-Buch (2007), S. 181 ff.; Schweitzer et al. (2015), S. 238 ff.; Zehbold (1996), S. 105 ff.

2.3 Grundlagen des Life Cycle Managements

Wie in der Einleitung und Abschnitt 2.1 dargelegt, erfordert die veränderte Umwelt von Produktionssystemen eine umfassende Bewertung nicht nur ökonomischer, sondern auch ökologischer und sozialer Aspekte. Daher ist es für Unternehmen, die langfristigen Erfolg anstreben, unerlässlich, alle drei Dimensionen zu berücksichtigen. Dies kann im Kontext des LCM erfolgen, das im Folgenden näher erläutert wird. Darüber hinaus wird die LCSA-Methode ausführlich vorgestellt, da sie die Grundlage für das eoLCSA darstellt.[110]

2.3.1 Aufbau und Methoden des Life Cycle Managements

Der Begriff des LCM wird in der Literatur unterschiedlich definiert. Während einige den Fokus auf die ökologische Dimension legen, werden in anderen Definitionen die ökologischen, ökonomischen und sozialen Auswirkungen gemeinsam betrachtet. Gemein ist den Definitionen, dass der gesamte Lebenszyklus der Produktionssysteme im Fokus steht, ebenso wie die nachhaltige Entwicklung dieser Systeme sowie die Unterstützung bei Entscheidungen. Daher wird für diese Arbeit in Anlehnung an Saur et al. (2003) die folgende Definition für LCM verwendet:

> *LCM beschreibt die integrierte Berücksichtigung des Life Cycle Thinking und der nachhaltigen Entwicklung in die Gesamtstrategie, Planung und Entscheidungsunterstützung von Unternehmen in Bezug auf ihre Produktionssysteme.*[111]

LCM wird entsprechend durch die Begriffe Life Cycle Thinking und nachhaltige Entwicklung geprägt. Life Cycle Thinking bedeutet, dass bei den Bewertungen der gesamte Lebenszyklus von der Entstehung bis zum Ende des Lebens berücksichtigt werden soll.[112] Der Begriff der nachhaltigen Entwicklung wurde durch den Bericht „Our Common Future" der World Commission on Environment and Development geprägt, in dem beschrieben wird, dass die heutige Entwicklung zur Befriedigung der Bedürfnisse der aktuellen Generationen die Fähigkeit zukünftiger Generationen, ihre Bedürfnisse zu befriedigen, nicht gefährden darf.

---

[110] Vgl. Günther (2018), S. 545–546; Herrmann (2010), S. 1–5.

[111] Vgl. Saur et al. (2003), S. 2.

[112] Vgl. Remmen et al. (2005), S. 9–10.

Dabei wird insbesondere darauf eingegangen, dass dies ökologische, ökonomische und soziale Aspekte umfasst, die die drei Dimensionen der Nachhaltigkeit bilden.[113] Auf der Grundlage dieses Begriffs wurden 2016 von den Vereinten Nationen (UN) die 17 Sustainable Development Goals (SDGs) ins Leben gerufen (Resolution A/RES/70/1), die den Ländern als Orientierung für das beschriebene übergeordnete Ziel dienen sollen.

Darüber hinaus werden im Zusammenhang mit der Nachhaltigkeit und der nachhaltigen Entwicklung unterschiedliche Konzepte in der Literatur eingeführt (Abbildung 2.8).

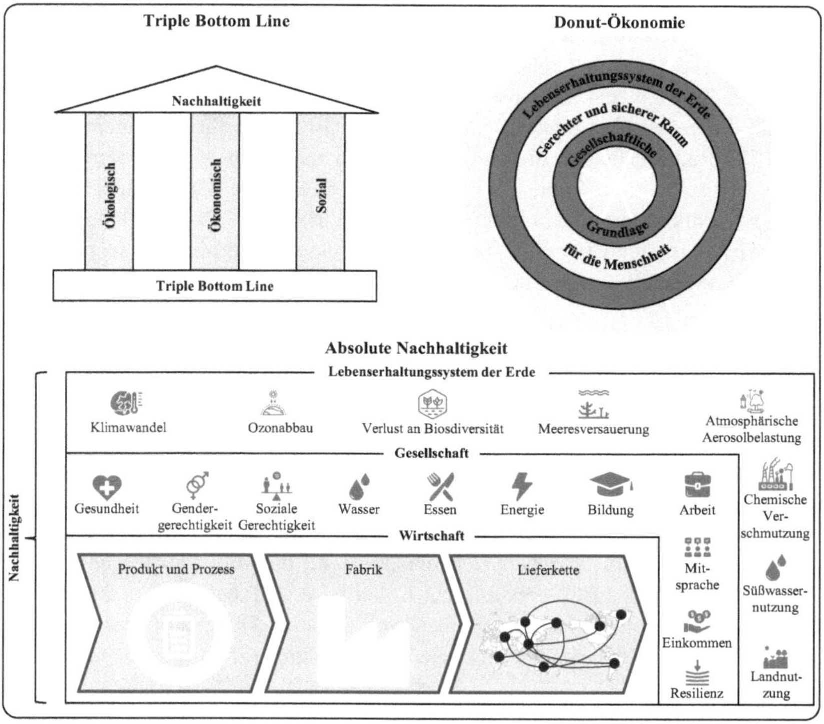

Abbildung 2.8 Konzepte der Nachhaltigkeit[114]

[113] Vgl. Brundtland (1987), S. 16–17.

[114] In Anlehnung an: Kara et al. (2022), S. 506 & 509; Raworth (2012), S. 15; Rockström et al. (2009), S. 472.

So beschreibt bspw. das Konzept der Triple Bottom Line, das von Elkington (1997) erstmalig eingeführt wurde, die gemeinsame und simultane Berücksichtigung der drei Nachhaltigkeitsdimensionen.[115] In diesem Zusammenhang wird auch von Säulen der Nachhaltigkeit gesprochen. Daneben gibt es das Konzept der absoluten Nachhaltigkeit, in der sich die Wirtschaft und Gesellschaft innerhalb von planetaren Grenzen (Lebenserhaltungssystem) befinden muss und diese nicht überschreiten darf, um die Tragfähigkeit des Planeten nicht zu belasten. Innerhalb dieses Konzepts hat die ökologische Dimension somit eine übergeordnete Rolle, während die soziale und ökonomische Dimension eine untergeordnete Rolle spielen. Die absolute Nachhaltigkeit steht im Kontrast zur relativen Nachhaltigkeit, die keine übergeordneten Ziele hat und deren Methoden auf die Bewertung, Verbesserung und den Vergleich von Produktionssystemen abzielen.[116] Ein ähnliches Konzept wie die absolute Nachhaltigkeit spiegelt die Donut-Ökonomie wider. Diese hat ebenfalls das Lebenserhaltungssystem der Erde als äußere Grenze, während die gesellschaftlichen Bedürfnisse die Grundlage für die innere Grenze bilden. Der Raum zwischen diesen Grenzen kann als gerechter und sicherer Raum für die Menschheit im Sinne der nachhaltigen Entwicklung betrachtet werden. Dieser wird allerdings nur erreicht, wenn die Wirtschaft sich bei allen ökologischen Wirkungskategorien und sozialen Bedürfnissen in diesem Raum befinden. Um die Grundlagen der sozialen Bedürfnisse bewerten zu können, wird auf die SDGs verwiesen.[117]

Um im Rahmen des LCM den Unternehmen Unterstützung bei der Erstellung der Gesamtstrategie, Planung und Entscheidungsfindung zu geben, können unterschiedliche Methoden verwendet werden. Tabelle 2.6 bietet eine Übersicht über die Nachhaltigkeitsdimensionen, die mithilfe der dargestellten Methoden bewertet werden. Zudem zeigt sie auf, ob der gesamte Lebenszyklus in die Bewertung einfließt, ob eine produkt- oder prozessorientierte Perspektive eingenommen wird und inwiefern verschiedene Produktionssysteme miteinander verglichen werden können. Die Kriterien beziehen sich entsprechend auf die Anforderungen, die aus der Definition des LCM resultieren. Dabei wird in Tabelle 2.6 deutlich, dass ein Großteil der abgebildeten Methoden sich auf eine Dimension der Nachhaltigkeit fokussiert. So beziehen sich sechs Methoden rein auf die ökonomische Dimension.

---

[115] Vgl. Elkington (1997), S. 69 ff.

[116] Vgl. Bjørn & Hauschild (2013), S. 324–325; Hauschild et al. (2020), S. 533–534.

[117] Vgl. Hauschild et al. (2020); Raworth (2012), S. 7–17, (2017), S. 38–45.

Die **Kosten-Nutzen-Analyse** stellt die positiven und negativen Beiträge eines Produktes gegenüber, um auf dieser Basis die Alternative mit dem besten Verhältnis auszuwählen. Diese Beiträge basieren in der Regel auf monetären Größen, wobei auch die Möglichkeit besteht, die Methode hinsichtlich ökologischer und sozialer Beiträge zu erweitern.[118] Die Methode **Levelized Cost of Energy** wird verwendet, um die Energiegestehungskosten einer Anlage zur Energieerzeugung zu bestimmen. Hierbei werden die Gesamtkosten für die Anlage über den gesamten Lebenszyklus durch die erzeugte Energie in diesem Zeitraum geteilt.[119] Die **Techno-Ökonomische Bewertungsmethode** wird verwendet, um Prozesse und Produkte hinsichtlich technischer und ökonomischer Indikatoren wie den Energiebedarf oder der Profitabilität zu bewerten. Dabei folgt die Methode den Schritten der ELCA-Methode.[120] Die Methoden **LCC** und **Total Cost of Ownership** entsprechen im Wesentlichen der Darstellung im Abschnitt 2.2.4 und werden genutzt, um die Kosten von Produkten oder Prozessen über den gesamten Lebenszyklus zu bestimmen, wobei bei letzterer Methode die Nutzung aus der Sicht eines Herstellers oder Nutzers des Produktes im Fokus steht. Darüber hinaus soll an dieser Stelle erwähnt werden, dass im Rahmen des LCM weitere Typen beim LCC berücksichtigt werden, die von der betriebswirtschaftlichen Sicht abweichen können. Die Unterschiede werden in Abschnitt 2.3.2 näher erläutert.[121] Die verbleibende Methode, die rein die ökonomische Dimension fokussiert, ist die **ökonomische Ökobilanz**. Diese Methode wurde von Neugebauer et al. (2016) eingeführt und soll die Perspektive der ökonomischen Bewertung erweitern. Dies wird damit begründet, dass bei bisherigen Methoden der Fokus stark auf Größen wie Kosten oder Ausgaben liegt und nach Sicht der Autoren so die ökonomischen Auswirkungen von Produkten nicht adäquat abgebildet werden können. Anstelle dessen sollen mikroökonomische und makroökonomische Aspekte über Wirkungskategorien auf unterschiedlichen Leveln abgebildet werden. Dies können Wirkungskategorien wie Profitabilität, Produktivität und Kundenzufriedenheit oder wirtschaftliche Prosperität und Resilienz sein.[122]

[118] Vgl. Andes et al. (2019), S. 242–247; Jiang & Marggraf (2021).
[119] Vgl. de Andres et al. (2017), S. 90–93; Short et al. (1995), S. 47–51.
[120] Vgl. Zimmermann et al. (2020), S. 2–18.
[121] Vgl. Ellram (1993), (1995); Lichtenvort et al. (2008), S. 4–6.
[122] Vgl. Neugebauer et al. (2016).

Tabelle 2.6 Einordnung der Methoden des Life Cycle Managements[123]

	Ökonomisch	Ökologisch	Sozial	Life Cycle Perspektive	Produkt/Prozess orientierte Sicht	Vergleichbarkeit von Produktionssystemen
Kosten-Nutzen-Analyse	●	○	○	●	●	●
Levelized Cost of Energy	●	○	○	●	◐	●
Techno-Ökonomische Bewertung	●	○	○	◐	●	●
Lebenszykluskostenbewertung	●	○	○	●	●	●
Total Cost of Ownership	●	○	○	●	●	●
Ökonomische Ökobilanz	●	○	○	●	●	●
Ökobilanz	○	●	○	●	●	●
Carbon Footprint	○	●	○	●	●	●
Wasser-Fußabdruck	○	●	○	●	●	●
Kumulierter Energieaufwand	○	●	○	●	●	●
Material-Input pro Serviceeinheit	○	●	○	●	●	●
Lebenszyklusbasierte Sozialbilanz	○	○	●	●	●	●
Ökoeffizienz-Analyse	●	●	○	●	●	●
Life Cycle Cost Assessment	●	◐	○	●	●	●
Life Cycle Sustainability Assessment	●	●	●	●	●	●
Product Sustainability Assessment	●	●	●	●	●	●
SocioEcoEfficiency Assessment	●	●	●	●	●	●

● voll erfüllt ◐ teilweise erfüllt ○ nicht erfüllt

Daneben gibt es fünf Methoden, die sich rein auf die Bewertung ökologischer Auswirkungen fokussieren. Die drei Methoden Carbon Footprint, ELCA und Wasser-Fußabdruck weisen dabei eine hohe Ähnlichkeit auf. Alle drei Methoden sind Teil der Umweltnormreihe ISO 14000. Die **ELCA** wird dabei durch die DIN EN ISO 14040 und DIN EN ISO 14044 definiert und wird verwendet, um in vier Schritten unterschiedliche ökologische Auswirkungen von Prozessen und Produkten zu bewerten.[124] Die **Carbon Footprint Methode**, definiert in der DIN EN ISO 14067, und die **Wasser-Fußabdruck Methode**, definiert in DIN EN ISO 14046, orientieren sich an der Vorgehensweise der ELCA, fokussieren sich dabei aber jeweils auf die ökologischen Auswirkungen verursacht durch

[123] In Anlehnung an: Barke (2023), S. 13.

[124] Vgl. Hauschild (2018), S. 60–65; Klöpffer & Grahl (2014), S. 1–7.

den Ausstoß von Treibhausgasen bzw. im Zusammenhang mit Wasser.[125] Der **kumulierte Energieaufwand** fokussiert ebenfalls auf eine Größe, und zwar den lebenszyklusbezogenen Primärenergieaufwand eines Produktes. Die Methode ist u. a. durch die VDI 4600 standardisiert. Als Ergebnis wird eine eindimensionale Kennzahl ausgegeben.[126] Dies ist ebenfalls der Fall bei der Methode **Material-Input pro Serviceeinheit**. Diese Methode wird verwendet, um den kumulierten Primärmaterialaufwand eines Produktes zu bestimmen. Der Fokus liegt somit auf inputseitigen Ressourcenverbräuchen.[127] Rein auf die soziale Dimension fokussiert die **SLCA**-Methode. Diese orientiert sich ebenfalls an der ELCA, wird aber genutzt, um die sozialen Auswirkungen bzw. Risiken von Produkten zu bewerten.[128]

Daneben beinhaltet Tabelle 2.6 zwei Methoden, die genutzt werden können, um sowohl die ökologischen als auch ökonomischen Auswirkungen von Produkten zu bewerten. Bei der **Ökoeffizienz-Analyse** wird das Verhältnis des Nutzens eines Produktionssystems mit den verbundenen Umweltwirkungen berechnet. Der Nutzen wird dabei meist ökonomisch dargestellt. Die Ökoeffizienz-Analyse ist in der DIN EN ISO 14045 definiert und orientiert sich an der Vorgehensweise des ELCA.[129] Die **Life Cycle Cost Assessment** (LCCA) Methode dient zur Integration von Wirtschafts- und Umweltkosteninformationen in dem ELCA-Ansatz, um die Lebenszykluskosten zu bestimmen. Dazu werden die ökologischen Auswirkungen monetarisiert und zusammen mit den internen Kosten den Prozessen oder Produkten zugeordnet. Dabei kann auf klassische Instrumente des Kostenmanagements zurückgegriffen werden.[130]

Um der Zielsetzung des LCM zu entsprechen, sollten allerdings alle drei Nachhaltigkeitsdimension gemeinsam berücksichtigt werden. Dies kann durch drei abgebildete Methoden erreicht werden. Diese entsprechen im Wesentlichen Kombinationen aus den bereits vorgestellten Methoden. Der **LCSA**-Ansatz kombiniert ELCA, LCC und SLCA, um die Auswirkungen der drei Dimensionen über den gesamten Lebenszyklus zu bestimmen.[131] Beim **Product Sustainability**

---

[125] Vgl. Andes et al. (2019), S. 215–220 & 224–229.

[126] Vgl. Andes et al. (2019), S. 206–211.

[127] Vgl. Andes et al. (2019), S. 197–202.

[128] Vgl. Norris & Norris (2015), S. 59; United Nations Environmental Program (UNEP) (2020), S. 20–39.

[129] Vgl. Andes et al. (2019), S. 169–174; Saling (2016), S. 117–125; Saling et al. (2002).

[130] Vgl. Warren & Weitz (1994).

[131] Vgl. Ciroth et al. (2011), S. 5–6; Finkbeiner et al. (2010); Kloepffer (2008).

Assessment wird die ELCA mit einer Portfolio-Analyse sowie Lebenszykluskostenrechnung und Sozialbilanz kombiniert. Dabei werden die ökologischen und ökonomischen Ergebnisse wie bei der Ökoeffizienz-Analyse bestimmt.[132] Die **SocioEcoEfficiency Assessment** Methode erweitert die genannte Ökoeffizienz-Analyse um gesellschaftliche Aspekte. Den beiden letztgenannten Methoden ist also gemein, dass diese keine absoluten Werte ausgeben und die Aggregation der Werte die Transparenz und Nachvollziehbarkeit von Analysen einschränkt.[133] Aus diesem Grund wird im Folgenden auf den LCSA-Ansatz fokussiert, da dieser unter diesen Gegebenheiten am besten geeignet ist, um die Anforderungen des LCM sowie das Ziel dieser Arbeit zu erfüllen.

2.3.2 Aufbau und Vorgehensweise des Life Cycle Sustainability Assessment Ansatzes

Der LCSA-Ansatz basiert auf den Überlegungen von Klöpffer, Finkbeiner und anderen und wurde von der UNEP/SETAC Life Cycle Initiative in einem Bericht von 2011 eingeführt. In der Literatur wird LCSA als die integrative Summe der Methoden ELCA, LCC und SLCA definiert. Diese Methode ermöglicht die gemeinsame Betrachtung ökologischer, ökonomischer und sozialer Auswirkungen, wobei die Ergebnisse nicht kumuliert, sondern nebeneinander dargestellt werden. Der LCSA-Ansatz bietet vielfältige Vorteile. Durch den gemeinsamen methodischen Rahmen ermöglicht er den Vergleich von Produktionssystemen und unterstützt damit fundierte Entscheidungen hinsichtlich der Gestaltung nachhaltiger Produktionssysteme. Dieser integrative Ansatz führt zudem zu Einsparungen von Zeit und Kosten, da die drei Methoden parallel durchgeführt werden können. Damit wird auch die Vergleichbarkeit durch eine einheitliche Vorgehensweise erleichtert. Die Vorgehensweise des LCSA orientiert sich an den Standards des ELCA. Daher wird im Folgenden zunächst der Aufbau und die Durchführung des ELCA erläutert. Darauf aufbauend werden die Methoden LCC und SLCA vorgestellt, wobei insbesondere die speziellen Eigenheiten und Unterschiede bei der Anwendung im Rahmen des LCSA-Ansatzes hervorgehoben werden. Zudem wird im Rahmen des LCC auf die Unterschiede zwischen der betriebswirtschaftlichen Sichtweise und der Sichtweise des LCM eingegangen.[134]

---

[132] Vgl. Andes et al. (2019), S. 188–193.

[133] Vgl. Andes et al. (2019), S. 179–187; Klöpffer & Grahl (2014), S. 367; Kölsch (2011), S. 53–72.

[134] Vgl. Ciroth et al. (2011), S. 2–6; Finkbeiner et al. (2010); Kloepffer (2008).

Ökobilanz

Die ELCA-Methode wird verwendet, um die ökologischen Auswirkungen von Produktionssystemen über den gesamten Lebenszyklus zu bestimmen. Dabei werden vier Schritte iterativ durchlaufen (Abbildung 2.9).

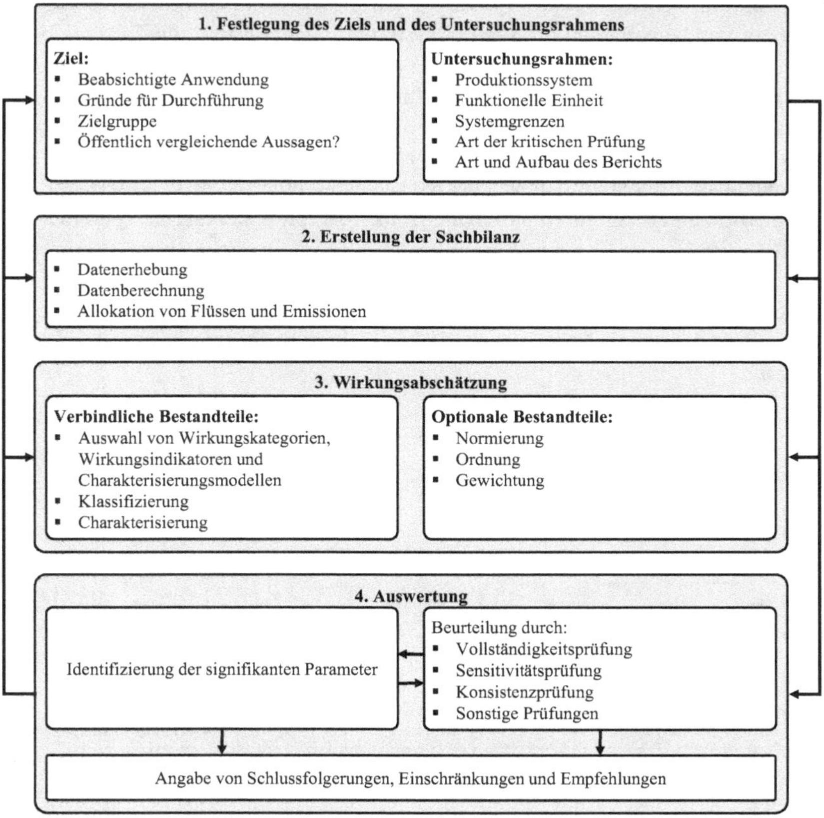

Abbildung 2.9 Rahmen und Schritte des ELCA-Ansatzes[135]

Im ersten Schritt werden das **Ziel und der Untersuchungsrahmen** einer Studie festgelegt. Bei der Zielsetzung muss angegeben werden, welche Produktionssysteme berücksichtigt werden und aus welchen Gründen eine Bewertung erfolgt.

[135] In Anlehnung an DIN EN ISO 14040 und DIN EN ISO 14044.

Zudem ist anzugeben, an wen die Studie adressiert ist und ob vergleichende Aussagen, die veröffentlicht werden sollen, getroffen werden. Wenn dies der Fall ist, müssen die Studien von einem externen Gutachter hinsichtlich der Vorgehensweise und Ergebnisse bewertet werden.[136]

Bei der Definition der Systemgrenzen werden die grundlegenden Angaben für die Durchführung der Studie festgelegt. Zu diesem Zweck beginnt die Beschreibung mit dem bzw. den betrachteten Produktionssystem(en). Darauf folgt die Beschreibung der Funktion, also der Leistungsmerkmale dieser Systeme sowie die Definition der funktionellen Einheit. Die funktionelle Einheit wird für einen fairen Vergleich von unterschiedlichen Produktionssystemen eingeführt und definiert die Quantifizierung der angegebenen Funktionen. Diese dient als Bezugsgröße für die Bestimmung des Referenzflusses, der angibt, in welcher Menge bspw. ein Produkt benötigt wird, um die Funktion und damit die funktionelle Einheit zu erfüllen. Anschließend müssen für die Definition des Untersuchungsrahmens die Systemgrenzen beschrieben werden. In diesem Zwischenschritt werden alle Prozessmodule definiert, die für die Erreichung der Zielsetzung und die Beschreibung der Produktionssysteme benötigt werden. Allgemein können Systemgrenzen wie in Abbildung 2.10 dargestellt werden.

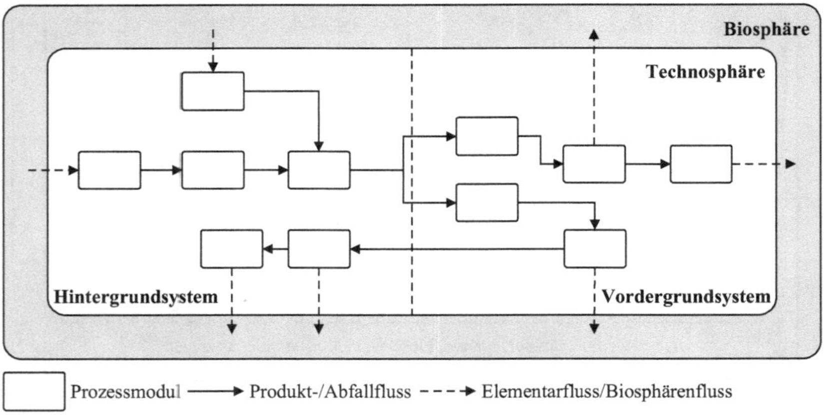

Abbildung 2.10 Allgemeine Darstellung der Systemgrenzen im Rahmen des ELCA-Ansatzes[137]

[136] Vgl. Bjørn et al. (2018a), S. 68–73; Klöpffer & Grahl (2014), S. 27–28; Leroy-Parmentier et al. (2024), S. 61–62.

[137] In Anlehnung an Bjørn et al. (2018c), S. 80.

In diesem Zusammenhang müssen einige Begriffe unterschieden werden. Bei den Systemgrenzen im Rahmen des ELCA wird zwischen der Biosphäre (auch Ökosphäre) und der Technosphäre unterschieden. Letztere umfasst alle Prozessmodule, die Aktivitäten von Menschen beschreiben, und kann als Produktionssystem interpretiert werden. Die Biosphäre repräsentiert hingegen die natürliche Umwelt und umfasst in der ELCA meist die drei zu schützenden Bereiche (AoP: Areas of Protection): Ökosystem, menschliche Gesundheit und Ressourcenverfügbarkeit.[138] Zwischen den einzelnen Prozessmodulen in der Technosphäre kann es Produkt- oder Abfallflüsse geben. Flüsse, die von der Technosphäre in die Biosphäre oder umgekehrt gehen, werden als Elementarflüsse bezeichnet. Diese Elementarflüsse dienen dazu, einen direkten Einfluss auf die Biosphäre zu beschreiben. Für die Verständlichkeit des LCSA soll für die Elementarflüsse von und zur Biosphäre der Begriff Biosphärenfluss verwendet werden. Zusätzlich wird die Technosphäre in ein Vordergrund- und Hintergrundsystem unterteilt. Diese Unterscheidung resultiert aus der Vielzahl an Prozessmodulen, die für realitätsnahe Produktionssysteme notwendig sind. Innerhalb des Vordergrundsystems werden Prozessmodule aufgenommen, die spezifisch für das betrachtete Produktionssystem sind. Dies sind in der Regel Prozessmodule, für die das Unternehmen Primärdaten und auf die es einen direkten Einfluss hat. Im Hintergrundsystem werden Prozessmodule aufgenommen, die nicht spezifisch für das Produktionssystem sind. Hier werden häufig allgemeine Daten aus externen Datenbanken verwendet.[139]

Bei der Beschreibung der Systemgrenzen müssen die Annahmen und Limitationen sowie die Anforderungen an die Daten und deren Qualität angegeben werden, um die Transparenz der Studie zu garantieren. Dies umfasst bspw. Angaben zum verwendeten Allokationsmodell oder den genutzten Abschneidekriterien sowie Informationen zu den berücksichtigten Standorten oder Transportmodalitäten. Als letzte Schritte der Definition des Untersuchungsrahmens folgen die Beschreibung zur Art der kritischen Prüfung sowie zur Art und Aufbau des Berichts. Dies umfasst Informationen darüber, welche Prüfungen der Ergebnisse innerhalb der Studie durchgeführt werden und wie dies umgesetzt wird.[140]

Der zweite Schritt der ELCA umfasst die **Erstellung der Sachbilanz**. Dieser Schritt wird iterativ in drei Teilschritte unterteilt. Zunächst werden für jedes definierte Prozessmodul innerhalb der Systemgrenzen qualitative und quantitative Daten erhoben. Dies bedeutet, dass die Inputs und Outputs der Prozessmodule bspw.

---

[138] Vgl. Bjørn et al. (2018c), S. 79.

[139] Vgl. Bjørn et al. (2018c), S. 80–81.

[140] Vgl. Bjørn et al. (2018c), S. 76–115; Klöpffer & Grahl (2014), S. 28–47; Leroy-Parmentier et al. (2024), S. 62–65.

durch Messung, Berechnung oder Schätzung bestimmt werden. Danach folgt die Datenberechnung, die u. a. Berechnungen zur Validierung der gesammelten Daten einschließt. Diese Validierung kann bspw. durch die Erstellung von Massen- oder Energiebilanzen erfolgen. Zudem müssen die erhobenen Daten auf die Prozessmodule und die definierte funktionelle Einheit bezogen werden. Der dritte Teilschritt beinhaltet die Allokation von Flüssen und Emissionen, was immer notwendig ist, wenn ein Prozess mehr als ein Produkt als Output hat. Hierfür sind in den Standards entsprechende Allokationsverfahren (z. B. Cut-off oder Avoided Burden) definiert, die angewendet werden können.[141]

Die erstellten Sachbilanzen werden im dritten Schritt, der **Wirkungsabschätzung**, verwendet. Dieser teilt sich in verpflichtende und optionale Bestandteile auf. Als verpflichtender Bestandteil werden zunächst geeignete Wirkungskategorien, Wirkungsindikatoren und Charakterisierungsmodelle ausgewählt. In diesem Zusammenhang müssen einige Begriffe definiert werden. Eine Wirkungskategorie repräsentiert im Kontext des ELCA eine Klasse wichtiger Umweltthemen, wobei zwischen Midpoint- und Endpoint-Kategorien unterschieden wird. Bei Midpoint-Kategorien werden Wirkungsindikatoren berücksichtigt, die Umweltauswirkungen an einem bestimmten Punkt des Wirkungspfades widerspiegeln. Endpoint-Kategorien hingegen beziehen sich direkt auf die Schädigung der AoPs. Die Höhe der Auswirkung der einzelnen Wirkungskategorien wird über die Wirkungsindikatoren und deren Wirkungsindikatorwerte ausgegeben. Das Charakterisierungsmodell wird verwendet, um darzustellen, in welchem Verhältnis die Sachbilanzergebnisse zu einer Wirkungskategorie stehen. Für die entsprechende Quantifizierung werden die sogenannten Charakterisierungsfaktoren verwendet. Ein typischer Charakterisierungsfaktor ist das Treibhausgaspotenzial (GWP: Global warming potential).[142]

Bei der Auswahl der Wirkungskategorien, Wirkungsindikatoren und Charakterisierungsmodellen müssen nach der DIN EN ISO 14040 und DIN EN ISO 14044 folgende Anforderungen erfüllt werden, die relevante Überschneidungen mit den Grundsätzen der Kostenartenrechnung aufweisen:

- Die Wirkungskategorien und Wirkungsindikatoren müssen genau und anschaulich bezeichnet werden.
- Die Auswahl muss begründet und im Einklang mit dem Ziel und Untersuchungsrahmen sein.

---

[141] Vgl. Bjørn et al. (2018b), S. 118–163; Klöpffer & Grahl (2014), S. 63–136; Leroy-Parmentier et al. (2024), S. 65–68.

[142] Vgl. Leroy-Parmentier et al. (2024), S. 64; Rosenbaum et al. (2018), S. 180–181.

- Die Auswahl der Wirkungskategorien muss einen umfassenden Satz von mit dem zu untersuchenden Produktionssystem verbundenen Umweltthemen widerspiegeln.
- Der Umweltwirkungsmechanismus und das Charakterisierungsmodell müssen beschrieben werden.
- Die Auswahl eines Charakterisierungsmodells für die Ableitung der Wirkungsindikatoren muss für die Zielerreichung adäquat sein.
- Die Sachbilanzdaten, die keine Massen- und Energieflussdaten sind, müssen identifiziert werden und in Beziehung mit entsprechenden Wirkungsindikatoren gebracht werden.

Bei der Durchführung einer ELCA kann in der Regel auf bereits definierte Wirkungsabschätzungsmethoden zurückgegriffen werden, bei denen diese Anforderungen bereits bewiesen wurden. Es muss lediglich dargelegt werden, warum die Wirkungsabschätzungsmethode für die Erreichung der definierten Ziele geeignet ist. Anschließend an die Auswahl folgt die Klassifizierung, bei der die Sachbilanzergebnisse den ausgewählten Wirkungskategorien zugeordnet werden, um dann im Zuge der Charakterisierung die Wirkungsindikatorwerte zu berechnen. Mithilfe von Charakterisierungsfaktoren werden die Sachbilanzergebnisse in eine gemeinsame Einheit für die Wirkungskategorie umgewandelt, was dem Wirkungsindikatorwert entspricht. Das Prinzip ist in Abbildung 2.11 dargestellt. Im Anschluss an die beschriebenen verpflichtenden Bestandteile können in diesem Schritt weitere optionale Bestandteile durchgeführt werden. Die erzielten Ergebnisse können normalisiert, geordnet oder gewichtet werden, wobei die letzten beiden Bestandteile in der Literatur nur unter bestimmten Bedingungen empfohlen werden.[143]

[143] Vgl. Klöpffer & Grahl (2014), S. 181–201; Leroy-Parmentier et al. (2024), S. 68–70; Rosenbaum et al. (2018), S. 168–196.

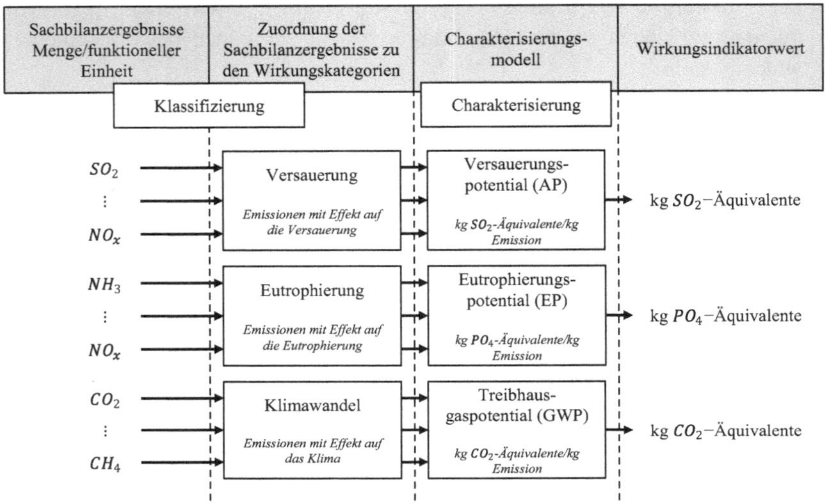

Abbildung 2.11 Prinzip der Wirkungsabschätzung bei dem ELCA-Ansatz[144]

Abschließend folgt als vierter Schritt des ELCA-Ansatzes die **Auswertung der Ergebnisse**. Hierfür werden auf Basis der Wirkungsabschätzung die signifikanten Parameter identifiziert. Dabei sollten auch Methoden zur kritischen Prüfung wie eine Vollständigkeits-, Sensitivitäts- und Konsistenzprüfung durchgeführt werden. Diese Auswertung dient dazu, Schlussfolgerungen und Handlungsempfehlungen in Abhängigkeit von der Zielsetzung abzuleiten. Zudem wird dieser Schritt genutzt, um auf Einschränkungen innerhalb der Studie einzugehen.[145]

Lebenszykluskostenbewertung

Im Kontext des LCM werden drei bzw. vier Typen des LCC-Ansatzes unterschieden. In dem grundlegenden Sammelband von Hunkeler et al. (2008b) wird zwischen konventionellem LCC (CLCC), ELCC und gesellschaftlichem LCC (SLCC) unterschieden. Beim CLCC werden alle direkten Kosten berechnet, die durch einen Stakeholder im Produktlebenszyklus getragen werden müssen. Die Stakeholder sind meist der Hersteller oder der Verbraucher des Produkts. Dieser Typ entspricht somit

[144] In Anlehnung an Klöpffer & Grahl (2014), S. 191 und DIN EN ISO 14044.

[145] Vgl. Hauschild et al. (2018), S. 324–334; Klöpffer & Grahl (2014), S. 329–342; Leroy-Parmentier et al. (2024), S. 70–74.

der Interpretation des betrieblichen Rechnungswesens. Externe Effekte oder Kosten, die nicht vom berücksichtigten Stakeholder getragen werden, bleiben beim CLCC unberücksichtigt. Beim ELCC wird diese Sichtweise erweitert. Bei diesem Typ werden auch externe Kosten berücksichtigt, bei denen erwartet wird, dass diese internalisiert werden. Dies können bspw. Kosten sein, die durch den Kauf von CO_2-Zertifikaten anfallen, um den Ausstoß dieses Treibhausgases zu kompensieren. Darüber hinaus ist das ELCC in den meisten Fällen nicht auf einen Stakeholder beschränkt, sondern die Stakeholder entlang der gesamten Wertschöpfungskette können berücksichtigt werden. Beim SLCC wird eine gesellschaftliche Perspektive eingenommen. Hierfür werden alle externen Kosten internalisiert. Diese betreffen sowohl ökologische als auch soziale Aspekte.[146] Hoogmartens et al. (2014) führen mit dem Full-ELCC einen weiteren Typ ein. Dieser Typ entspricht im Wesentlichen der LCCA. Dementsprechend werden auch bei diesem Typ alle Umweltwirkungen monetarisiert und neben den internen Kosten als Kosten in die Bewertung einbezogen. Im Folgenden wird sich auf das ELCC als Typen fokussiert, da dieser Typ mehrere Stakeholder berücksichtigt und sich an den Standards des ELCA-Ansatzes orientiert und im Kontext von LCSA eingesetzt wird. Allerdings gibt es einige Unterschiede bei der Vorgehensweise im Vergleich zur ELCA, auf welche an dieser Stelle eingegangen wird.[147]

Zunächst muss bei der Definition der Zielsetzung die ökonomische Dimension mitberücksichtigt werden. Ist das ELCC Bestandteil des LCSA-Ansatzes, wird ein Ziel definiert, das alle drei Dimensionen inkludiert. Auch bei der Definition des Untersuchungsrahmens müssen Besonderheiten des ELCC beachtet werden. Wie bereits beschrieben, können die Perspektiven unterschiedlicher Stakeholder bei der Durchführung berücksichtigt werden und müssen entsprechend angegeben und definiert werden. Zudem waren die Systemgrenzen bisher auf die Technosphäre und Biosphäre beschränkt (Abbildung 2.10). Die Biosphäre repräsentiert jedoch lediglich die natürliche Umwelt und nicht die wirtschaftliche Umwelt. Daher wurde, u. a. von Popien et al. (2024a) und Thies et al. (2021), die sogenannte Marktsphäre eingeführt, die als Teil der wirtschaftlichen Umwelt interpretiert werden kann. Die Marktsphäre repräsentiert dabei die Gesamtheit der wirtschaftlichen Ressourcen wie Arbeit und Investitionen, die mit dem Produktionssystem während des Lebenszyklus ausgetauscht werden. Die Elementarflüsse, die von oder zu Prozessmodulen der Technosphäre zu bzw. von der Marktsphäre kommen, werden dabei Marktsphährenflüsse genannt und werden genutzt, um die ökonomischen Auswirkungen

[146] Vgl. Lichtenvort et al. (2008), S. 4–9; Rödger et al. (2018), S. 378–381.

[147] Vgl. Cadena & Thomassen (2024), S. 77–82; Hoogmartens et al. (2014).

des Produktionssystems zu bestimmen.[148] Unter ökonomischen Auswirkungen soll in Anlehnung an Popien et al. (2024a) folgendes verstanden werden:[149]

> *Ökonomische Auswirkungen stellen die Vor- und Nachteile in Bezug auf finanzielle Aspekte dar, die sich für die Stakeholder aus der Durchführung einer Aktivität bzw. Prozessmoduls innerhalb der definierten Systemgrenzen ergeben.*

Darüber hinaus müssen bei der Angabe der Systemgrenzen und den zugehörigen Annahmen und Einschränkungen auf ökonomische Besonderheiten eingegangen werden. So muss detailliert beschrieben werden, wie bspw. mit dem Zeitwert oder der Zuordnung von Gemeinkosten umgegangen wird, um die Transparenz und Nachvollziehbarkeit zu gewährleisten. Zudem kann es im Rahmen des LCSA, wenn das ELCC zusammen mit ELCA und SLCA angewendet wird, sinnvoll erscheinen, ein Zwischensystem zwischen dem Vordergrund- und Hintergrundsystem einzuführen. Ein derartiges Zwischensystem wurde bspw. von Popien et al. (2023b) eingeführt und kombiniert Daten aus dem Hintergrundsystem, die sich jeweils auf eine der drei Nachhaltigkeitsdimensionen beziehen. Die resultierenden Datensätze können anschließend als Input im Vordergrundsystem eingesetzt werden. Dieses Vorgehen soll sicherstellen, dass die Schritte entlang der Wertschöpfungskette einheitlich bewertet und äquivalente Systemgrenzen erreicht werden. Äquivalente Systemgrenze bedeutet an dieser Stelle nicht, dass die Systemgrenzen identisch sein müssen. So kann der Fall eintreten, dass Prozesse aus der Forschung und Entwicklung zu hohen Kosten führen, aber einen vernachlässigbaren ökologischen Einfluss haben. In solch einem Fall könnte die Forschung und Entwicklung in der ELCA unberücksichtigt bleiben und dennoch von äquivalenten Systemgrenzen gesprochen werden.[150]

Im Zuge der Sachbilanzerstellung müssen die getroffenen Annahmen und Anforderungen hinsichtlich der ökonomischen Daten berücksichtigt werden. Ansonsten folgt dieser Schritt analog zur ELCA. Bei der Wirkungsabschätzung im Kontext vom ELCC gibt es hingegen unterschiedliche Sichtweisen. Während Swarr et al. (2011) beschreiben, dass dieser Schritt nicht benötigt wird, da sich alle Daten der Sachbilanz bereits in einer Währung befinden, vertreten Popien et al. (2024a) und Neugebauer et al. (2016) die Meinung, dass eine Wirkungsabschätzung und die Einführung von entsprechenden Wirkungskategorien und Wirkungsabschätzungsmethoden auch im Rahmen der ökonomischen Bewertung benötigt werden. Auf

---

148 Vgl. Popien et al. (2024a); Thies et al. (2021).

149 Vgl. Popien et al. (2024a).

150 Vgl. Cadena & Thomassen (2024), S. 83–84; Rebitzer & Nakamura (2008), S. 35–40; Rödger et al. (2018), S. 382–383; Swarr (2011), S. 54–58; Wood & Hertwich (2013).

diesen Aspekt wird in Abschnitt 2.4 näher eingegangen. Die Auswertung entspricht der Vorgehensweise der ELCA.[151]

Lebenszyklusbasierte Sozialbilanz

Das SLCA ist die jüngste der drei Methoden und orientiert sich ebenfalls an der Vorgehensweise des ELCA. Allerdings weist auch diese Methode einige Besonderheiten im Vergleich zur ELCA auf. So muss in der Zieldefinition die sozialen Aspekte berücksichtigt werden. Im Vergleich zur ELCC und ELCA gibt es zudem die Besonderheit, dass im Zuge der Definition des Untersuchungsrahmens eine sogenannte Aktivitätsvariable eingeführt wird. Die Aktivitätsvariable soll dafür genutzt werden, die sozialen Auswirkungen eines Prozessmoduls in Abhängigkeit seines Outputs anzugeben. Eine typische Aktivitätsvariable ist die Anzahl der Arbeitsstunden, die beschreibt, wie viele Stunden ein Prozessmodul benötigt, um das Endprodukt des betrachteten Produktionssystems herzustellen. Die Aktivitätsvariable wird eingeführt, da die Daten im Vergleich zu den beiden anderen Methoden auch qualitativ oder semi-quantitativ sein können und daher nicht direkt zugeordnet werden können. Darüber hinaus müssen die Systemgrenzen um eine weitere Sphäre erweitert werden, die an dieser Stelle Soziosphäre genannt werden soll, die nach Thies et al. (2021) die Stakeholder in einer Gesellschaft umfasst. Entsprechend werden die Elementarflüsse Soziosphärenflüsse genannt, um die Auswirkungen bzw. Risiken auf die Stakeholder zu bestimmen.[152] Sie können somit als Teil der sozio-kulturellen Umwelt betrachtet werden. Darüber hinaus müssen die Annahmen und Einschränkungen in Bezug auf die soziale Bewertung in dem ersten Schritt beschrieben werden. Der zweite Schritt, die Erstellung der Sachbilanz, folgt der beschriebenen Vorgehensweise. Allerdings werden neben quantitativen Daten auch qualitative und semi-quantitative Daten gesammelt. Zudem werden die Daten häufig auf einer Organisationsebene und nicht auf Fabrik- oder Prozessebene erhoben, was bei der Konsistenzprüfung der Ergebnisse berücksichtigt werden sollte. Die Wirkungsabschätzung folgt an sich wieder den beschriebenen Teilschritten und es gibt vordefinierte Wirkungsabschätzungsmethoden, die für die Durchführung genutzt werden können. Allerdings kann sich die Berechnung im Vergleich zur ELCC und ELCA unterscheiden. Bei den beiden letzteren werden die Wirkungsindikatorwerte in der Regel über Multiplikationen der Sachbilanzergebnisse mit den Charakterisierungsfaktoren berechnet. Im Falle des SLCA werden hingegen oft Punktesysteme

---

[151] Vgl. Cadena & Thomassen (2024), S. 84–85; Neugebauer et al. (2016); Popien et al. (2024a); Rödger et al. (2018), S. 383–387; Swarr (2011), S. 59–70; Swarr et al. (2011).

[152] Vgl. Thies et al. (2021), S. 224.

verwendet, die bei der Bewertung der Sachbilanzdaten unterstützen. Bei Verwendung externer Datenbanken werden dabei meist die Risiken für Prozessmodule bestimmt. Diese dienen als erster Schritt, um weiterführend die sozialen Auswirkungen im Detail zu untersuchen. Die Auswertung folgt der Logik des ELCA, wobei die Bedeutung der Stakeholder für die sozialen Auswirkungen oder Risiken hervorgehoben werden sollten.[153]

2.4 Anforderungen an ein entscheidungsorientiertes Life Cycle Sustainability Assessment (eoLCSA)

Ein Teilziel dieser Arbeit ist die ganzheitliche Bewertung von Produktionssystemen unter der Berücksichtigung von Umwelteinflüssen. Abschnitt 2.3 hat gezeigt, dass der LCSA-Ansatz eine geeignete Methode für diese Bewertungen darstellt, wobei eine gemeinsame Bewertungsbasis als essenziell hervorgehoben wurde. Aktuelle Studien zeigen jedoch, dass in der Praxis oft unterschiedliche Systemgrenzen berücksichtigt werden, was zu Verzerrungen in den Ergebnissen führen kann.[154] So gibt es Beispiele, bei denen die ökonomische Bewertung lediglich den Lebenszyklus „von der Wiege bis zum Tor" abdeckt, während die ökologische und soziale Bewertung „von der Wiege bis zur Bahre" reicht. Dies birgt das Risiko, dass ökonomische Kriterien nach der Produktion nicht mehr einfließen, was die Entscheidungsfindung beeinträchtigen kann. Eine weitere Herausforderung ist die Verwendung verschiedener Bewertungstools für die ökologischen, ökonomischen und sozialen Bewertungen, was zu inkonsistenten Darstellungen der Systemgrenzen führt und Synergien bei der Erstellung der Bewertungen ungenutzt lässt. Durch den Einsatz eines gemeinsamen Bewertungstools wie SimaPro, openLCA oder Brightway2 für die ganzheitliche Bewertung können konsistente Sachbilanzen erstellt und Doppelarbeit vermieden werden. So könnte bspw. ein Prozessmodul zur Stromerzeugung direkt mit Strompreisen und sozialen Bewertungsfaktoren verknüpft werden, was eine integrierte Analyse ermöglicht. Dieses Prozessmodul kann anschließend als Input in andere Prozessmodule einfließen, wodurch Energieflüsse nur einmal zugeordnet werden müssen. Dies kann auch bei der Fehlervermeidung unterstützen. Die Nutzung eines gemeinsamen Bewertungstools könnte darüber hinaus die Kopplung mit

[153] Vgl. Ciroth et al. (2011), S. 37–42; Norris & Norris (2015), S. 59; Roche et al. (2024), S. 89–104; United Nations Environmental Program (UNEP) (2020), S. 41–115.

[154] Vgl. Costa et al. (2019); Padilla-Rivera et al. (2023); Popien et al. (2024a); Rodrigues & da Silva (2024).

Entscheidungsunterstützungsmodellen vereinfachen, da für jedes Prozessmodul bzw. für jede Aktivität alle Informationen zur Technosphäre sowie zur Biosphäre, Marktsphäre und Soziosphäre bereitstehen. Eine gemeinsame Bewertung der Nachhaltigkeitsdimensionen in einem Bewertungstool ist allerdings nicht immer der Fall, wie Popien et al. (2024a) und Rodrigues & da Silva (2024) gezeigt haben. Anstelle dessen wird für die ökonomische Bewertung häufig Excel als Bewertungstool angegeben[155], während für die ökologische und soziale Bewertung auf genannte Bewertungstools zurückgegriffen wurde, obwohl die gemeinsame Anwendung praktisch möglich ist, wie bspw. Giusti et al. (2022), De Luca et al. (2018) und Popien et al. (2023b) gezeigt haben.[156] Infolgedessen ergibt sich die erste Anforderung an das eoLCSA:

> ***Anforderung 1**: Aufbau des eoLCSA derart, dass eine ganzheitliche Bewertung von Produktionssystemen unter Berücksichtigung der Umwelten möglich ist. Hierbei sind äquivalente Systemgrenzen, einheitliche Sachbilanzen und die Nutzung eines gemeinsamen Bewertungstools für die Durchführung zu berücksichtigen.*

Eine weitere Limitation, die für eine ganzheitliche Bewertung und damit für das eoLCSA besteht, bezieht sich auf die Verwendung der LCC-Methode. So folgen alle drei Methoden des LCSA grundsätzlich der Vorgehensweise der DIN EN ISO 14040. Allerdings wurde in Abschnitt 2.3.2 bereits aufgeführt, dass bei der LCC der Schritt der Wirkungsabschätzung häufig nicht durchgeführt wird. Dies lässt sich darauf zurückführen, dass in dem „Code of Practice" beschrieben wurde, dass der Schritt der Wirkungsabschätzung nicht notwendig ist, da in dem Schritt der Sachbilanz alle Kosten bereits in einer Währung vorliegen und es sich nur um eine Aggregation zu einem Wert handelt.[157] In der Literatur wird daher auf den „Code of Practice" verwiesen, um zu begründen, warum in den Studien keine Wirkungsabschätzung vorgenommen wird.[158] Allerdings wird dieser Sichtweise aus unterschiedlichen Gründen widersprochen. So haben Popien et al. (2024a) und Pergola et al. (2018) gezeigt, dass die Daten in der Sachbilanz nicht zwingend als ökonomischer Wert in einer Einheit vorliegen müssen. Stattdessen können die Werte bspw. in physikalischen Einheiten (kg, m^3) angegeben und anschließend

---

[155] Excel als Tool für das LCC wurde u. a. verwendet von: Foolmaun & Ramjeawon (2013); Rasines et al. (2023); Zira et al. (2021).

[156] Beschreibungen zur Durchführung vom LCC in SimaPro und openLCA finden sich unter: Ciroth et al. (2009); Duyan & Ciroth (2013).

[157] Vgl. Swarr (2011), S. 59–70; Swarr et al. (2011).

[158] Vgl. Hosseini et al. (2023); Omran et al. (2021).

mit Charakterisierungsfaktoren multipliziert werden, um einen Wirkungsindikatorwert zu bestimmen. Es können somit auch bei der ökonomischen Bewertung Wirkungspfade vorliegen. Zudem kann durch die Nutzung solcher Werte in der Sachbilanz eine höhere Flexibilität bei der Bewertung sowie vielfältigere Analysemöglichkeiten, insbesondere bei regionsspezifischen Analysen, bereitgestellt werden. Darüber hinaus können im Rahmen einer LCSA Synergien bei der Erstellung von Sachbilanzen genutzt werden, indem Energie- und Stoffströme direkt für die ökonomische Bewertung verwendet werden. Diesen Aspekt zeigen bspw. auch Bachmann et al. (2024) auf. Ein weiterer Grund für die Einführung von ökonomischen Wirkungsabschätzungsmethoden und die gegen die Argumentation von Swarr (2011) sprechen, werden u. a. von Neugebauer et al. (2016), Arulnathan et al. (2022) Padilla-Rivera et al. (2023) und Schau et al. (2011) aufgeführt. Diese beschreiben, dass die ökonomische Nachhaltigkeitsdimension nicht nur auf monetäre Werte beschränkt werden sollte, sondern auch Midpoint- und Endpoint-Kategorien wie Produktivität, Resilienz, Prosperität oder Profitabilität berücksichtigt werden sollten, um diese Dimension adäquat abzubilden. Es sollen ökonomische AoPs eingeführt werden, die entsprechend der ELCA-Methode bewertet werden können.[159] Dies könnte insgesamt die Entscheidungsfindung bei der Gestaltung von Produktionssystemen verbessern. Daher resultiert hieraus die zweite Anforderung an das eoLCSA:

> ***Anforderung 2****: Nutzung einer ökonomischen Wirkungsabschätzungsmethode innerhalb des eoLCSA zur Vereinheitlichung der Vorgehensweise.*

Ökonomische Wirkungsabschätzungsmethoden müssen hierbei unterschiedliche Kriterien erfüllen. Diese lassen sich u. a. aus den Grundlagen des betrieblichen Rechnungswesens sowie des LCM ableiten. Das **erste Kriterium** bezieht sich darauf, ob sich die ökonomische Wirkungsabschätzungsmethode für die Bewertung von Produktionssystemen unter betrieblichen Aspekten eignet. Dies bedeutet, dass die ökonomischen Wirkungsabschätzungsmethoden geeignet sein müssen, um betriebswirtschaftliche Fragestellungen beantworten zu können. Dies ist notwendig, um das Ziel dieser Arbeit und des eoLCSA zu erfüllen.

Daran anschließend folgt das **zweite Kriterium**, bei dem gezeigt werden muss, dass eine ökonomische Wirkungsabschätzungsmethode eine betriebswirtschaftliche Fundierung aufweist. Dies ist wichtig, um die Glaubwürdigkeit der

---

[159] Vgl. Arulnathan et al. (2022); Neugebauer et al. (2015), (2016); Padilla-Rivera et al. (2023); Wood & Hertwich (2013).

Ergebnisse sicherzustellen. Dieses Kriterium ist darauf zurückzuführen, dass Studien in der Literatur eine solche Fundierung häufig nicht aufweisen. Ein Beispiel ist die Auswahl von ökonomischen Wirkungsindikatoren und Wirkungskategorien, die weder begründet noch erläutert wird. Dies steht weder im Einklang mit den Grundsätzen der Auswahl von Kostenarten noch mit den Anforderungen, die im Rahmen des LCM dargelegt wurden.[160] Um dies weiter zu veranschaulichen, wurden die von Popien et al. (2024a) untersuchten Studien im Hinblick auf die Berücksichtigung der Grundsätze und Anforderungen der Kostenrechnung näher betrachtet. Für den Grundsatz der Reinheit hat die Analyse ergeben, dass etwa die Hälfte der Studien eine eindeutige Abgrenzung zwischen den entstehenden Kosten und Kostenarten ermöglicht.[161] Dies liegt allerdings daran, dass in vielen Fällen die Kostenarten bzw. gewählten Kostenkategorien stark aggregiert, bspw. in der Form von Gesamtkosten oder Lebenszykluskosten vorliegen, sodass keine Differenzierung möglich ist.[162] Die Analyse zeigt zudem, dass bei der Beschreibung der Methode häufig mehr Kostenarten genannt werden, als am Ende bei den Ergebnissen präsentiert werden. Darüber hinaus werden Begriffe inkonsistent verwendet.[163] Dies spricht gegen den Grundsatz der Reinheit. Es werden Kostenarten/-kategorien eingeführt, die nicht trennscharf zu unterscheiden sind, was auch daran liegt, dass der Grundsatz der Einheitlichkeit nicht eingehalten wird.[164] Nur in wenigen Fällen wird angegeben, wie sich die berücksichtigten Kostenkategorien zusammensetzen.[165] Häufig beschränkt sich die Angabe auf eine allgemeine Formel, die aufzeigt, aus welchen Bestandteilen sich die Gesamtkosten zusammensetzen.[166] Kontierungsvorschriften oder Charakterisierungsmodelle ließen sich in keiner der untersuchten Studien identifizieren. Auch der Grundsatz der Vollständigkeit wird nicht eingehalten. In wenigen Ausnahmen wird erklärt, dass einige Kostenkategorien nicht berücksichtigt werden.[167] In dem Großteil der Studien werden allerdings nur die Kostenkategorien genannt, die berücksichtigt werden, ohne zu begründen, warum diese ausgewählt werden oder warum diese

---

160 Vgl. Neugebauer et al. (2015); Popien et al. (2024a); Rodrigues & da Silva (2024); Swarr (2011), S. 66.

161 Siehe z. B.: Cacace et al. (2020); Iodice et al. (2021); Omran et al. (2021).

162 Siehe z. B.: Angelis-Dimakis et al. (2022); Babí Almenar et al. (2023); Fathollahi & Coupe (2021).

163 Siehe z. B.: Balcioglu et al. (2023); San Miguel et al. (2023); Zhou et al. (2021).

164 Siehe z. B.: García-Herrero et al. (2019); Ma et al. (2019); Wichaiutcha et al. (2023).

165 Siehe z. B.: Celauro et al. (2023); Deng et al. (2016); Iodice et al. (2021).

166 Siehe z. B.: Amienyo & Azapagic (2016); Ben et al. (2022); Yeung et al. (2017).

167 Siehe z. B.: Cacace et al. (2020); Iodice et al. (2021); Roh et al. (2018).

zu Kosten führen. Bei dem Grundsatz der Wirtschaftlichkeit wird es im Rahmen der untersuchten Studien wahrscheinlich keine Herausforderungen geben. Die Studie mit den meisten Kostenkategorien ist die Studie von Kim et al. (2011) mit 23 berücksichtigen Kostenkategorien. Insgesamt zeigen sich aber bei der Gliederung starke Unterschiede, auch bei gleichen Betrachtungsgegenständen.[168] Zusammenfassend zeigt die Analyse, dass die Grundsätze und Anforderungen an die Kostenrechnung in vielen Fällen nicht oder nur teilweise berücksichtigt werden, was die Nachvollziehbarkeit, die Transparenz, Vergleichbarkeit und Glaubwürdigkeit von Studien einschränkt. Damit einhergehend werden auch die Grundlagen für die Entscheidungsunterstützung von Stakeholdern oder der Einsatz der LCC-Methode eingeschränkt und bestärkt die Berücksichtigung dieses Kriteriums.

Hieraus folgt zudem das **dritte Kriterium**. Für die ökonomischen Wirkungsabschätzungsmethoden müssen eindeutige Zuweisungen der Sachbilanzergebnisse zu den Wirkungsindikatoren der Methode vorhanden sein. Dies kann im Rahmen des LCM über die Angabe eindeutiger Wirkungspfade sowie Charakterisierungsmodelle sichergestellt werden (Abschnitt 2.3.2). Es ist daher sicherzustellen, dass entsprechende Wirkungspfade und Charakterisierungsmodelle in der Dokumentation der Wirkungsabschätzungsmethoden angegeben werden.

Der Abschnitt 2.2 hat zudem gezeigt, dass innerhalb des betrieblichen Rechnungswesens unterschiedliche Ziele verfolgt werden können. So kann bspw. die Beeinflussung der Kostenstruktur, des Kostenverlaufs und des Kostenniveaus, aber auch eine Investitionsentscheidung ein Ziel sein. Darüber hinaus können Entscheidungen über Preise für Güter oder die Nutzung der Ergebnisse für die Maximierung des Profits von Interesse sein. Um die unterschiedlichen Ziele erreichen zu können, müssen die ökonomischen Wirkungsabschätzungsmethoden eine Berechnung mit unterschiedlichen Rechnungsgrößen ermöglichen. Zudem können je nach Ziel unterschiedliche Wirkungskategorien oder Aggregationsebenen bei der Ergebnisdarstellung benötigt werden. Im Rahmen der Gestaltung könnten so bei einer differenzierten Darstellung der Wirkungskategorien diejenigen Wirkungskategorien mit entscheidungsrelevantem Charakter ausgewählt werden, wodurch je nach Fragestellung bessere Empfehlungen abgeleitet werden könnten. Daraus folgt für das **vierte Kriterium**, dass mit den Wirkungsabschätzungsmethoden differenzierte Analysen für unterschiedliche betriebswirtschaftliche Zielsetzungen durchgeführt werden können.

---

[168] Resende et al. (2019) und Lorenzo-Toja et al. (2016) bewerten bspw. Abwasserbehandlungssysteme, berücksichtigen allerdings unterschiedliche Kostenkategorien, wodurch ein genauer Vergleich der Ergebnisse nicht möglich ist.

Als **fünftes Kriterium** folgt zudem, dass es einen detaillierten Leitfaden für die Anwendung der Wirkungsabschätzungsmethode geben muss. Dieser ist notwendig, damit diese im eoLCSA angewendet werden kann. Darüber hinaus kann ein solcher Leitfaden die Qualität der Studien sichern, indem er ein einheitliches Vorgehen und die einzelnen Schritte detailliert festlegt und damit die Transparenz, Vergleichbarkeit und Nachvollziehbarkeit der Studien erhöht. Zudem hilft ein solcher Leitfaden bei der interdisziplinären Zusammenarbeit sowie der Durchführung von fachfremden Personen. Diese Aspekte sind in aktuellen Studien eingeschränkt, da es u. a. keine allgemeinen Standards gibt (siehe Abschnitt 2.1). Dieses Fehlen kann die Anwendung erschweren, da unklar bleibt, wie die Methode genau angewendet werden soll, was dazu führt, dass eigene Ansätze entwickelt und verwendet werden, die die Vergleichbarkeit zwischen Studien erschweren und auch die Glaubwürdigkeit einschränken.[169]

In der Literatur wurden bereits erste Ansätze bzw. Empfehlungen für ökonomische Wirkungsabschätzungsmethoden eingeführt. Diese sind in Tabelle 2.7 aufgelistet und entsprechend ihrer Erfüllung der fünf genannten Kriterien sowie der beiden vorangegangenen Anforderungen eingestuft.

Tabelle 2.7 Übersicht zu ökonomischen Wirkungsabschätzungsmethoden in der Literatur

Studie	LCSA-Perspektive	Implementierung in gemeinsamer Software	Betriebswirtschaftliche Perspektive und Fundierung	Charakterisierungsmodell	Wirkungspfad	Differenzierte Darstellung monetärer Größen	Leitfaden
Schneider et al. (2014)	●	○	○	◐	○	○	○
Gemechu et al. (2016)	●	○	○	○	○	○	○
Helbig et al. (2016)	●	○	○	○	○	○	○
Cimprich et al. (2017)	●	○	○	●	●	○	○
Wood & Hertwich (2013)	●	○	○	○	○	○	○
Neugebauer et al. (2016)	●	○	◐	○	○	○	○
Arulnathan et al. (2022)	●	○	◐	○	○	○	○
Gaasbeek & Meijer (2013)	○	○	◐	○	◐	○	○
Taelman et al. (2020)	●	○	◐	○	◐	○	○
Bachmann et al. (2024)	●	○	◐	◐	○	◐	◐
Popien et al. (2024a)	●	●	●	●	◐	◐	◐

● erfüllt ◐ teilweise erfüllt ○ nicht erfüllt

[169] Vgl. Ahmad et al. (2019); Costa et al. (2019); Kambanou (2020); Padilla-Rivera et al. (2023); Popien et al. (2024a). Rodrigues & da Silva (2024).

Bei der Analyse der Studien zeigt sich, dass zehn der elf Studien eine direkte LCSA-Perspektive haben. Einzig die Studie von Gaasbeek & Meijer (2013) nennt den LCSA-Kontext nicht direkt. Anforderung 1 verlangt neben der gemeinsamen Bewertung der Auswirkungen der drei Nachhaltigkeitsdimensionen zudem, dass diese gemeinsam über ein Bewertungstool berechnet werden können. Hierbei zeigt Tabelle 2.7, dass dies nur bei Popien et al. (2024a) der Fall ist. Diese führen in ihrer Studie die ökonomische Wirkungsabschätzungsmethode DEALA (Differentiated Ecomomic Assessment in a Life Cycle-oriented Analysis) ein. Diese wurde in Python implementiert und mit dem Bewertungstool Brightway2 gekoppelt.[170] In einer Fallstudie wurde dabei aufgezeigt, dass die drei Nachhaltigkeitsdimensionen gemeinsam mithilfe des Bewertungstools bewertet werden konnten. Die übrigen gelisteten Studien wurden nicht implementiert und stellen eher allgemeine Vorschläge dar, sodass dieser Punkt von diesen nicht erfüllt wird.

Auch bei den ersten beiden Kriterien an ökonomische Wirkungsabschätzungsmethoden zeigt sich, dass vor allem die Wirkungsabschätzungsmethode von Popien et al. (2024a) eine betriebswirtschaftliche Perspektive und Fundierung aufweist. Diese haben 43 Wirkungskategorien mit unterschiedlichen Rechnungsgrößen entwickelt, sodass Fragestellungen der Kosten- und Investitionsrechnung beantwortet werden können. Die Studien von Schneider et al. (2014), Gemechu et al. (2016), Helbig et al. (2016) und Cimprich et al. (2017) fokussieren sich hingegen auf die Entwicklung von Wirkungskategorien zur Bestimmung der ökonomischen Ressourcenknappheit und sind daher nicht geeignet, die betriebswirtschaftlichen Fragestellungen aus Abschnitt 2.2 zu beantworten. Dies gilt ebenso für die Wirkungskategorien, die von Wood & Hertwich (2013) eingeführt werden. Diese beziehen sich auf eine makroökonomische Perspektive und sind nicht dafür ausgelegt, betriebswirtschaftliche Fragestellungen zu beantworten. Dies gilt zudem teilweise für die Studien von Neugebauer et al. (2016) und Arulnathan et al. (2022). Die Ansätze weisen zwar Wirkungskategorien wie Profitabilität auf, die auch für betriebswirtschaftliche Fragestellungen verwendet werden könnten, der Fokus liegt jedoch auf makroökonomischen Effekten. Zudem fehlt eine betriebswirtschaftliche Fundierung. Diese fehlt ebenfalls bei Gaasbeek & Meijer (2013) und Bachmann et al. (2024), die verschiedene Wirkungskategorien in ihren Ansätzen einführen, die für betriebswirtschaftliche Fragestellungen geeignet sind.

In Bezug auf das Kriterium „Charakterisierungsmodell“ zeigt sich, dass nur vier Studien dieses ganz bzw. teilweise erfüllen. Bei Schneider et al. (2014) werden neun Wirkungskategorien vorgestellt, die zu einem einzelnen Wert (economic

[170] Vgl. Mutel (2017).

resource scarcity potential) zusammengefasst werden. Die Autoren gehen dabei allgemein auf die Charakterisierung ein, Werte für die Charakterisierungsfaktoren werden aber nicht genannt. Dies gilt ebenso für Bachmann et al. (2024). Diese geben eine detaillierte Beschreibung der Bestandteile ihrer vorgeschlagenen Wirkungsindikatoren an, zeigen aber keinen mathematischen Zusammenhang zwischen der Sachbilanz und den Wirkungsindikatoren auf. Bei Popien et al. (2024a) sowie Cimprich et al. (2017) werden hingegen Charakterisierungsmodelle sowie Charakterisierungsfaktoren vorgestellt.

Die Studie von letzteren erfüllen zudem als einzige das Kriterium „Wirkungspfad“ vollständig, indem sie aufzeigen, wie geopolitische Faktoren über Midpoint-Kategorien zu den Endpoint-Kategorien und damit zu dem AoP der natürlichen Ressourcen führen, der in dieser Studie zusätzlich sozioökonomisch berücksichtigt wird. Bei Popien et al. (2024a) werden die Zusammenhänge zwischen der Sachbilanz und den Wirkungskategorien aufgezeigt. Es wird allerdings nicht detailliert dargestellt, wie diese Wirkung zustande kommt. In den Studien von Gaasbeek & Meijer (2013) und Taelman et al. (2020) werden hingegen die Wirkungszusammenhänge zwischen den Wirkungskategorien zur AoP „Prosperität“ aufgezeigt. Allerdings wird die Verknüpfung zu den Sachbilanzdaten nicht deutlich.

Im Hinblick auf das Kriterium der differenzierten Analyse zeigt sich, dass nur die vorgeschlagenen Vorgehensweisen von Bachmann et al. (2024) und Popien et al. (2024a) eine differenzierte Analyse monetärer Größen auf unterschiedlichen Aggregationsebenen erlauben. Popien et al. (2024a) unterscheiden bspw. drei Aggregationsebenen bei ihrer ökonomischen Wirkungsabschätzungsmethode. Bei den verbleibenden Studien werden hingegen stark aggregierte Wirkungskategorien eingeführt bzw. es werden unvollständige Vorschläge für Wirkungskategorien und -indikatoren geliefert, weshalb das Kriterium nicht erfüllt wird.[171] Es zeigt sich bei Popien et al. (2024a) im Vergleich zu Bachmann et al. (2024) und Taelman et al. (2020) bzw. Arulnathan et al. (2022) allerdings auch, dass keine Wirkungskategorien berücksichtigt werden, die genutzt werden können, um weitere Erlöse/Einnahmen neben den Erlösen/Einnahmen durch den Verkauf von Kuppelprodukten zu berücksichtigen bzw. um die Profitabilität eines Produktsystems zu bestimmen. Hierdurch können nicht alle betriebswirtschaftlichen Fragestellung mit der ökonomischen Wirkungsabschätzungsmethode beantwortet werden und die Verknüpfung mit Entscheidungsunterstützungsmodellen ist eingeschränkt.

[171] Vgl. Bachmann et al. (2024); Gaasbeek & Meijer (2013); Taelman et al. (2020); Wood & Hertwich (2013).

Das letzte Kriterium wird von Popien et al. (2024a) und Bachmann et al. (2024) teilweise erfüllt. Erstere beschreiben allgemein, wie die Wirkungsabschätzungsmethode angewendet wird und was allgemein zu beachten ist. Es wird jedoch nicht im Detail dargestellt, welche Handlungsoptionen in den einzelnen Schritten zu befolgen sind. Bachmann et al. (2024) stellen hingegen eine Fließschemadarstellung mit wichtigen Fragen bei der Erstellung des Ziels und Untersuchungsrahmens zur Verfügung. Sie geben allerdings nicht alle Details zur Durchführung an. Um eine genaue Orientierung bieten zu können, müssen diese Aspekte entsprechend detaillierter dargestellt werden. Dies würde zudem die Vergleichbarkeit und Verlässlichkeit der Ergebnisse unterstützen, die bei einer Entscheidungsunterstützung von hoher Bedeutung sind.

Insgesamt zeigt die Einordnung in Tabelle 2.7, dass die ökonomische Wirkungsabschätzungsmethode DEALA von Popien et al. (2024a) die meisten Kriterien bereits vollständig bzw. teilweise erfüllt. Allerdings weist sie insbesondere hinsichtlich ihrer Anwendung sowie im Hinblick auf die Entscheidungsorientierung Lücken auf, die für den Einsatz in dem eoLCSA geschlossen werden müssen. Hierdurch resultiert die folgende Anforderung:

> ***Anforderung 3****: Weiterentwicklung der ökonomischen Wirkungsabschätzungsmethode DEALA unter Berücksichtigung der definierten Kriterien für den Einsatz in einem eoLCSA.*

Die genannten Anforderungen zielen vor allem auf die ganzheitliche Bewertung von Produktionssystemen im Rahmen des eoLCSA ab. Diese Bewertungen sollen als Grundlage für Entscheidungen dienen. Hierbei müssen auch weitere Einflüsse, wie bspw. Vorgaben durch Gesetzgebungen und damit von der politisch-rechtlichen Umwelt berücksichtigt werden. So können bestimmte Grenzwerte den Gestaltungsspielraum von Unternehmen einschränken. Derartige Aspekte können mithilfe von Entscheidungsunterstützungsmodellen aus dem Operations Research berücksichtigt werden.[172] Eine Verknüpfung des eoLCSA sowie der Wirkungsabschätzungsmethoden DEALA mit derartigen Modellen wurde bisher nicht vorgenommen, sodass ihre Eignung sowie Vorteilhaftigkeit aufgezeigt werden muss. Hieraus folgt die vierte Anforderung dieser Arbeit:

> ***Anforderung 4****: Integration von DEALA und des eoLCSA in ein Entscheidungsunterstützungsmodell.*

[172] Vgl. Thies et al. (2019b).

Zusammenfassend werden in dieser Arbeit vier Anforderungen für die Entwicklung des eoLCSA im Kontext der Nachhaltigkeitsbewertung berücksichtigt. Diese Anforderungen sind in Abbildung 2.12 grafisch zusammengefasst und werden in den folgenden Kapiteln entsprechend den Angaben behandelt.

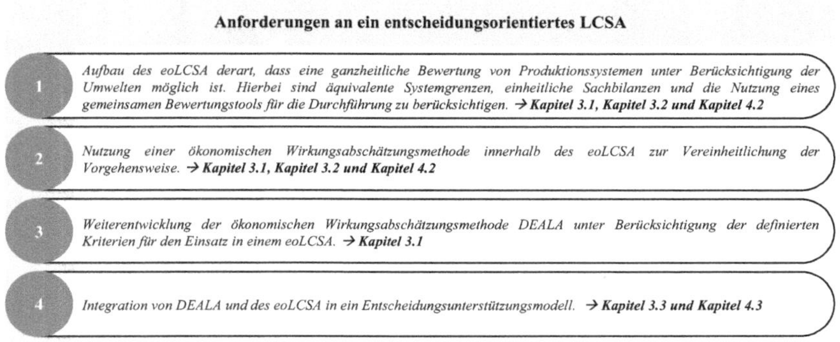

Abbildung 2.12 Zusammenfassung der Anforderungen an das eoLCSA

3 Konzeption und Entwicklung des eoLCSA

Abschnitt 2.4 hat aufgezeigt, dass die Wirkungsabschätzungsmethode DEALA von Popien et al. (2024a) viele der Kriterien an ökonomische Wirkungskategorien für den Einsatz im eoLCSA bereits erfüllt. Daher wird in diesem Kapitel auf der Wirkungsabschätzungsmethode aufgebaut, um die verbleibenden Lücken zu schließen. Im Abschnitt 3.1 wird die erweiterte DEALA-Methode hinsichtlich ihres Aufbaus und der Funktionsweise vorgestellt. Aufbauend darauf wird in Abschnitt 3.2 ein Leitfaden entwickelt, der als Anleitung für die Anwendung der DEALA-Methode im Rahmen des eoLCSA dient. Abschließend wird in Abschnitt 3.3 gezeigt, wie die DEALA-Methode und das eoLCSA in Optimierungsmodelle integriert werden können. Hierfür wird zunächst allgemein auf die Lösung von Optimierungsmodellen mit mehreren Zielfunktionen eingegangen, bevor ein Framework für die Integration eingeführt wird.

3.1 Aufbau und Funktionsweise der DEALA-Methode

Für eine softwareseitige Umsetzung der ökonomischen Wirkungsabschätzungsmethode orientiert sich die DEALA-Methode an einer logischen Berechnungsstruktur. Hierfür wird auf den Vorarbeiten von Heijungs & Suh (2002), Heijungs et al. (2013), Moreau & Weidema (2015) und Thies et al. (2021) aufgebaut. Erstere haben die Berechnungsstruktur für den ELCA-Ansatz beschrieben, auf denen viele der ELCA-Berechnungstools aufbauen. Die beiden folgenden Studien haben die Berechnungsstruktur genutzt, um eine ökonomische Perspektive zu integrieren, während Thies et al. (2021) die soziale Dimension sowie eine räumlich-differenzierte Sichtweise ergänzt haben.

J.-L. Popien, *Entscheidungsorientiertes Life Cycle Sustainability Assessment*, Produktion und Logistik, https://doi.org/10.1007/978-3-658-50001-6_3

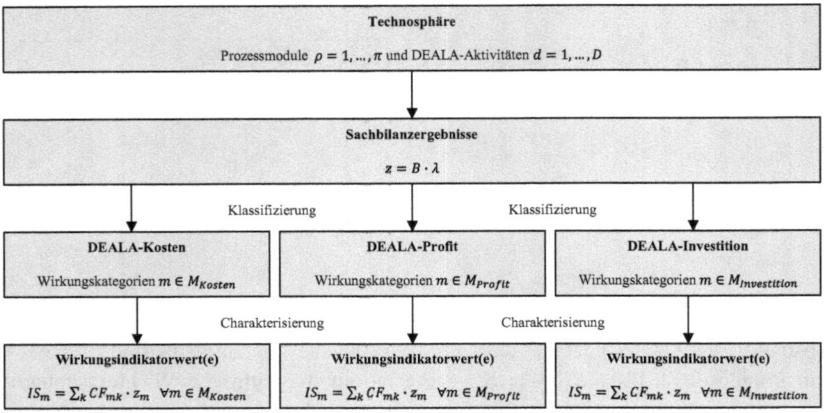

Abbildung 3.1 Darstellung der Berechnungslogik der DEALA-Methode

Die beschriebenen Berechnungsstrukturen wurden von Popien et al. (2024a) aufgegriffen und für die DEALA-Methode angepasst. Allgemein ist die Berechnungslogik der DEALA-Methode in Abbildung 3.1 dargestellt. Die Abbildung illustriert, in Analogie zum Schritt der Wirkungsabschätzung beim ELCA (siehe Abbildung 2.11), einen Wirkungspfad zur Berechnung ökonomischer Auswirkungen. Die dargestellte Berechnungslogik der DEALA-Methode wird im Folgenden anhand eines exemplarischen Beispiels verdeutlicht. Hierbei wird insbesondere auf die unterschiedlichen Charakterisierungsmodelle verwiesen, die innerhalb der DEALA-Methode ausgewählt werden können.

In Abbildung 3.2 sind die Systemgrenzen für das illustrative Beispiel dargestellt. Dabei fokussiert sich die Erläuterung der DEALA-Methode rein auf die ökonomische Dimension, sodass neben der Technosphäre nur die Marktsphäre abgebildet ist. Innerhalb der Technosphäre befinden sich zwei Prozessmodule als Vordergrundaktivitäten ($\rho = 1, 2$), die Prozesse zur Batteriezell- und Batteriepackproduktion darstellen. Aus diesen Prozessmodulen folgen zwei Objektarten als Output: eine Batteriezelle ($k = 1$) und ein Batteriepack ($k = 2$). Daneben beinhaltet die Technosphäre vier DEALA-Aktivitäten ($d = 1, \ldots, 4$). Diese beschreiben ökonomische Aktivitäten und dienen als Inputs in die Prozessmodule. DEALA-Aktivitäten wurden eingeführt, um regionen- und typenspezifische ökonomische Unterschiede flexibler abbilden zu können. In diesem Beispiel wurden vier DEALA-Aktivitäten eingeführt. Diese beschreiben zum einen die Nutzung von 1 kWh Elektrizität und den Einsatz von 1 h Personal. Zum anderen repräsentieren sie den Bau von 1 m^2 eines Industriegebäudes und den Verkauf eines Batteriepacks.

Auf Basis der Beschreibungen der Technosphäre können die Schritte der Berechnungslogik von DEALA durchlaufen werden. Hierfür wird zunächst die Prozessmatrix P aufgestellt:

$$P = \begin{pmatrix} 1 & -400 & 0 & 0 & 0 & 0 \\ 0 & 1 & 0 & 0 & 0 & 0 \\ -20 & -5 & 1 & 0 & 0 & 0 \\ -0,2 & -0,5 & 0 & 1 & 0 & 0 \\ -0,000005 & -0,001 & 0 & 0 & 1 & 0 \\ 0 & -1 & 0 & 0 & 0 & 1 \\ 0 & 0 & 0,2 & 0 & 0 & 0 \\ 0 & 0 & 0 & 50 & 0 & 0 \\ 0 & 0 & 0 & 0 & 3.500 & 0 \\ 0 & 0 & 0 & 0 & 3.500 & 0 \\ 0 & 0 & 0 & 0 & 0 & 10.000 \end{pmatrix} \tag{3.1}$$

Die Zeilen der Prozessmatrix P repräsentieren die Objektarten $k = 1, \ldots, 11$, während die Spalten die Prozessmodule $\rho = 1, 2$ und DEALA-Aktivitäten $d = 1, \ldots, 4$ repräsentieren. Insgesamt unterteilt sich die Prozessmatrix P in zwei Untermatrizen:

$$P = \begin{pmatrix} A \\ B \end{pmatrix} \tag{3.2}$$

Die Objektarten, die der Untermatrix A zugeordnet sind, sind Objektarten, die der Technosphäre angehören, weshalb diese Matrix auch als Technosphärenmatrix bezeichnet wird. In dem Beispiel gilt dies für die Objektarten $k = 1, \ldots, 6$. Die verbleibenden Objektarten befinden sich in der Marktsphäre, sodass die Untermatrix B Marktsphärenmatrix genannt wird. Hierbei sei darauf verwiesen, dass nur den DEALA-Aktivitäten $d = 1, \ldots, 4$ ein ökonomischer Wert als Output zugewiesen wird, da diese die ökonomischen Aktivitäten repräsentieren. Bei den Prozessmodulen $\rho = 1, 2$ wird für alle entsprechenden Objektarten ein Wert von Null eingetragen. Mithilfe dieser Definitionen lassen sich die Sachbilanzergebnisse z bestimmen. Hierfür muss das Aktivitätsniveau bzw. der Skalierungsvektor

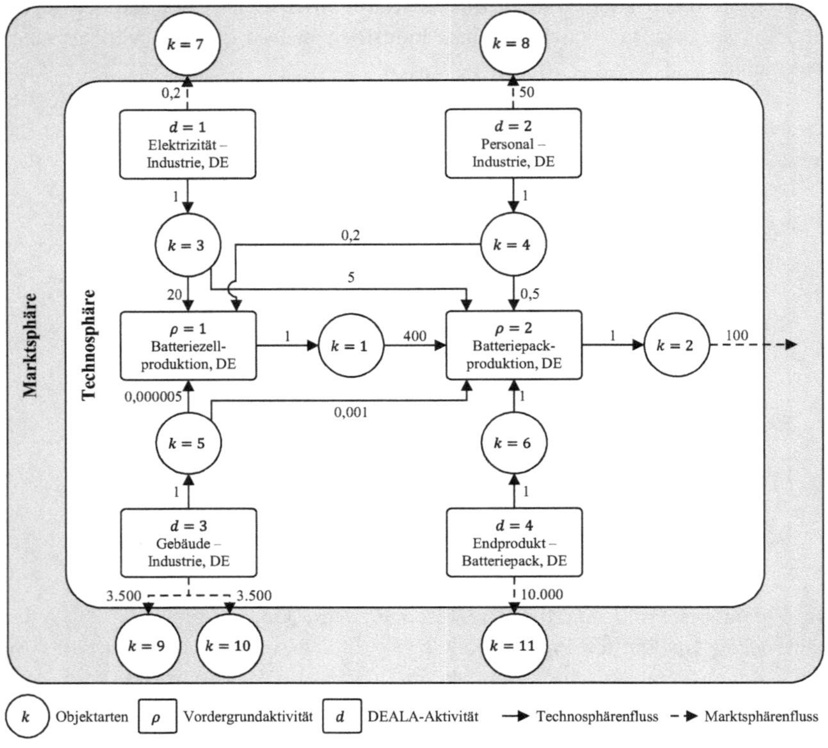

Abbildung 3.2 Systemgrenzen für ein exemplarisches Beispiel zur Illustration der DEALA-Methode

λ aller Aktivitäten in der Technosphäre berechnet werden. Es gilt folgender Zusammenhang zwischen der Technosphärenmatrix A, dem Aktivitätsniveau λ und dem Nachfragevektor f:

$$A \cdot \lambda = f \tag{3.3}$$

Der Nachfragevektor f wird dabei über den Referenzfluss berechnet, der sich durch die Definition der funktionellen Einheit ergibt. Im Beispiel wird das Batteriepack ($k = 2$) vom Markt einhundert Mal nachgefragt, wodurch der Nachfragevektor f folgendermaßen definiert wird:

$$f = \begin{pmatrix} 0 \\ 100 \\ 0 \\ 0 \\ 0 \\ 0 \end{pmatrix} \tag{3.4}$$

Wenn die Bedingung erfüllt ist, dass die Technosphärenmatrix A nicht-singulär ist, kann über die Inverse A^{-1} das Aktivitätsniveau λ bestimmt werden[1]:

$$\lambda = A^{-1} \cdot f = \begin{pmatrix} 1 & 400 & 0\,0\,0\,0 \\ 0 & 1 & 0\,0\,0\,0 \\ 20 & 8.005 & 1\,0\,0\,0 \\ 0,2 & 80,5 & 0\,1\,0\,0 \\ 0,000005 & 0,003 & 0\,0\,1\,0 \\ 0 & 1 & 0\,0\,0\,1 \end{pmatrix} \cdot \begin{pmatrix} 0 \\ 100 \\ 0 \\ 0 \\ 0 \\ 0 \end{pmatrix} = \begin{pmatrix} 40.000 \\ 100 \\ 800.500 \\ 8.050 \\ 0,3 \\ 100 \end{pmatrix} \tag{3.5}$$

Die Sachbilanzergebnisse z können entsprechend über die Matrixmultiplikation der Marktsphärenmatrix B und des Aktivitätsniveaus λ berechnet werden:

$$z = B \cdot \lambda = \begin{pmatrix} 0 & 0 & 0,2 & 0 & 0 & 0 \\ 0 & 0 & 0 & 50 & 0 & 0 \\ 0 & 0 & 0 & 0 & 3.500 & 0 \\ 0 & 0 & 0 & 0 & 3.500 & 0 \\ 0 & 0 & 0 & 0 & 0 & 10.000 \end{pmatrix} \cdot \begin{pmatrix} 40.000 \\ 100 \\ 800.500 \\ 8.050 \\ 0,3 \\ 100 \end{pmatrix} = \begin{pmatrix} 160.100 \\ 402.500 \\ 1.050 \\ 1.050 \\ 1.000.000 \end{pmatrix} \tag{3.6}$$

Wie Abbildung 3.1 zeigt, dienen die Sachbilanzergebnisse als Grundlage für die weitere Berechnung der Wirkungsindikatorwerte IS_m der Wirkungskategorien $m \in M$. Hierfür muss die Klassifizierung der Sachbilanzergebnisse zu den Wirkungskategorien der ausgewählten Wirkungsabschätzungsmethoden erfolgen. Dies erfolgt über die Definition der Matrix der Charakterisierungsfaktoren CF:

[1] Vgl. Heijungs & Suh (2002), S. 21 f.

$$CF = \begin{pmatrix} 1 & 0 & 0 & 0 & 0 \\ 0 & 1 & 0 & 0 & 0 \\ 0 & 0 & 1/30 & 0 & 0 \\ 0 & 0 & 0 & 0 & -1 \\ 1 & 0 & 0 & 0 & 0 \\ 0 & 1 & 0 & 0 & 0 \\ 0 & 0 & 0 & 1 & 0 \\ 0 & 0 & 0 & 0 & -1 \\ 1 & 1 & 1/30 & 0 & 0 \\ 1 & 1 & 1/30 & 0 & -1 \\ 1 & 1 & 0 & 1 & 0 \end{pmatrix} \begin{matrix} m = 1\,\text{Energiekosten} \\ m = 2\,\text{Personalkosten} \\ m = 3\,\text{Abschreibungen} \\ m = 4\,\text{Erlöse für Endprodukte} \\ m = 5\,\text{Ausgaben für Energie} \\ m = 6\,\text{Ausgaben für Personal} \\ m = 7\,\text{Investitionsausgaben} \\ m = 8\,\text{Einnahmen durch Endprodukte} \\ m = 9\,\text{Gesamtkosten} \\ m = 10\,\text{Profit} \\ m = 11\,\text{Gesamtausgaben} \end{matrix} \tag{3.7}$$

Mithilfe der Definition der Charakterisierungsfaktoren können zwei Spezifika der DEALA-Methode beschrieben werden. Erstens können die Charakterisierungsfaktoren auf drei Arten definiert werden. Wenn der Charakterisierungsfaktor einen Wert von Null hat, hat die Objektart keine Auswirkung auf den Wirkungsindikator der Wirkungskategorie. Bei einem positiven Wert bedeutet es, dass es eine Verbindung zwischen der Objektart und der Wirkungskategorie gibt, die zu einer Zunahme von Kosten oder Ausgaben führt. Ein negativer Wert bedeutet, dass eine Zunahme an Erlösen oder Einnahmen erfolgt. Zweitens wird ersichtlich, wie Aggregationsebenen sowie Typen bei den Wirkungskategorien unterschieden werden können. So handelt es sich bei den Methoden $m = 1, \ldots, 8$ um weniger stark aggregierte Wirkungskategorien, während die verbleibenden Methoden $m = 9, 10, 11$ stark aggregierte Wirkungskategorien repräsentieren. Dies zeigt sich im Beispiel daran, dass die Objekttypen der weniger stark aggregierten Wirkungskategorien auch für die Klassifizierung in den stark aggregierten Wirkungskategorien verwendet werden. Zudem wird ersichtlich, dass zwischen Wirkungskategorien unterschieden werden kann, die Kosten/Erlöse sowie Ausgaben/Einnahmen repräsentieren. Hiermit können unterschiedliche Ziele verfolgt werden, wie im Anschluss des Beispiels weiter geschildert wird. Die unterschiedlichen Rechnungsgrößen haben auch einen Einfluss auf die Art der Verrechnung. Dies wird in dem Beispiel an der DEALA-Aktivität $d = 3$ deutlich. Die DEALA-Aktivität hat zwei Objektarten ($k = 9, 10$) als Output in die Marktsphäre. Die Objektart $k = 9$ wird dabei genutzt, um den Verzehr des Gebäudes durch dessen Nutzung widerzuspiegeln und wird daher verwendet, um die Abschreibungskosten pro Periode über einen Nutzungszeitraum von 30 Jahren zu bestimmen. Hieraus resultiert die Verbindung mit dem Charakterisierungsfaktor von 1/30 zu der Wirkungskategorie Abschreibung, Profit und Gesamtkosten. Die Objektart

$k = 10$ repräsentiert hingegen die Zahlungen, die mit der Errichtung des Gebäudes in Verbindung stehen. Diese fallen entsprechend einmalig an und werden daher mit einem Wert von 1 den Wirkungskategorien Investitionsausgaben und Gesamtausgaben zugeordnet. Mithilfe der Charakterisierungsfaktoren können die Wirkungsindikatorwerte der Wirkungskategorien berechnet werden, die die Höhe der Auswirkung repräsentieren:

$$IS = CF \cdot z = \begin{pmatrix} 1 & 0 & 0 & 0 & 0 \\ 0 & 1 & 0 & 0 & 0 \\ 0 & 0 & \frac{1}{30} & 0 & 0 \\ 0 & 0 & 0 & 0 & -1 \\ 1 & 0 & 0 & 0 & 0 \\ 0 & 1 & 0 & 0 & 0 \\ 0 & 0 & 0 & 1 & 0 \\ 0 & 0 & 0 & 0 & -1 \\ 1 & 1 & \frac{1}{30} & 0 & 0 \\ 1 & 1 & \frac{1}{30} & 0 & -1 \\ 1 & 1 & 0 & 1 & 0 \end{pmatrix} \cdot \begin{pmatrix} 160.100 \\ 402.500 \\ 1.050 \\ 1.050 \\ 1.000.000 \end{pmatrix}$$
$$= \begin{pmatrix} 160.100 \\ 402.500 \\ 35 \\ -1.000.000 \\ 161.100 \\ 402.500 \\ 1.050 \\ -1.000.000 \\ 562.635 \\ -437.365 \\ 563.650 \end{pmatrix} \begin{array}{l} m = 1 \text{ Energiekosten} \\ m = 2 \text{ Personalkosten} \\ m = 3 \text{ Abschreibungen} \\ m = 4 \text{ Erlöse für Endprodukte} \\ m = 5 \text{ Ausgaben für Energie} \\ m = 6 \text{ Ausgaben für Personal} \\ m = 7 \text{ Investitionsausgaben} \\ m = 8 \text{ Einnahmen durch Endprodukte} \\ m = 9 \text{ Gesamtkosten} \\ m = 10 \text{ Profit} \\ m = 11 \text{ Gesamtausgaben} \end{array} \qquad (3.8)$$

Über die Ausprägung der Wirkungsindikatorwerte kann abschließend beurteilt werden, durch welche Wirkungskategorien die Ergebnisse besonders beeinflusst werden. So ist im Kontext der Rechnungsgrößen Kosten/Erlöse ersichtlich, dass die Personalkosten den größten Einfluss auf die Gesamtkosten haben, während die Abschreibungen eine untergeordnete Rolle einnehmen. Zudem werden die

Unterschiede zwischen den Rechnungsgrößen ersichtlich. So führen die unterschiedlichen Verrechnungen der Investition in das Gebäude zu Unterschieden in den aggregierten Wirkungskategorien Gesamtkosten und Gesamtausgaben, die sich mithilfe der Wirkungskategorien Abschreibungen und Investitionsausgaben begründen lassen. Darüber hinaus kann die Berücksichtigung von Erlösen oder Einnahmen bei den stärker aggregierten Wirkungskategorien genutzt werden, um Aussagen über den Erfolg oder den Profit der berücksichtigten Stakeholder abzuleiten. Mithilfe des Wirkungsindikatorwertes kann über den negativen Wert die Zunahme des Profits des Stakeholders berichtet werden.

Das Beispiel zur Illustration der Berechnungslogik zeigt somit, dass bei der ökonomischen Bewertung eine Vielzahl an Möglichkeiten zur Modellierung und Auswertung vorliegen können. Um hierbei zwischen den Möglichkeiten differenzieren zu können, bietet die DEALA-Methode drei unterschiedliche Charakterisierungsmodelle (Abbildung 3.1), die in Tabelle 3.1 gegenübergestellt sind.

Tabelle 3.1 Gegenüberstellung der Charakterisierungsmodelle der DEALA-Methode

Merkmale	DEALA–Kosten	DEALA–Profit	DEALA–Investition
Ziel(e)	Aufzeigen von Kostenstruktur, -verlauf und -niveau	Aufzeigen der Profitabilität	Aufzeigen des Erfolgs über mehrere Perioden
Anzahl Wirkungskategorien	BEIC 1: 1 BEIC 2: 4 BEIC 3: 18	BEIC 1: 1 BEIC 2: 4 BEIC 3: 20	BEIC 1: 2 BEIC 2: 4 BEIC 3: 19
Rechnungsgrößen	Erlöse/Kosten	Erlöse/Kosten	Ein-/Auszahlungen Einnahmen/Ausgaben
Verknüpfung mit dem betrieblichen Rechnungswesen	Kostenrechnung Kostenmanagement	Kostenrechnung Kostenmanagement	Investitionsrechnung
Entscheidungsorientierung	Beeinflussung der Kostenstruktur, des Kostenverlaufs und -niveaus	Beeinflussung der Profitabilität	Beeinflussung des Erfolgs

Das Charakterisierungsmodell DEALA-Kosten wurde in der Form in Popien et al. (2024a) eingeführt und beinhaltet 23 Wirkungskategorien $m \in M_{Kosten}$[2] auf drei unterschiedlichen Aggregationsebenen (Abbildung 3.3). Die unterschiedlichen Aggregationsebenen werden dabei als BEIC (Business Economic Impact Category) eingeführt, wobei der Wert 1 für das höchste Aggregationslevel und der Wert 3 für das niedrigste Aggregationslevel steht. Auf dem BEIC 3 Level sind die Wirkungskategorien nach Art der Produktionsfaktoren gegliedert, was somit einer Gliederungsart der Kostenartenrechnung entspricht. Die Form wurde

[2] M_{Kosten} bezieht sich auf eine Teilmenge aller Wirkungskategorien M im Rahmen der DEALA-Methode, die sich auf das Charakterisierungsmodell DEALA-Kosten beziehen.

gewählt, da es sich hierbei um eine gängige Aufteilung handelt und in der Form häufig in der Literatur wiederzufinden ist. Die Aggregation auf dem BEIC 2 Level basiert auf dem Standard VDI MT 3800. Dieser Standard wurde für die ökonomische Bewertung von Umweltschutzmaßnahmen veröffentlicht. Es sei hierbei darauf hinzuweisen, dass in der Aggregation auch die Erlöse für Kuppelprodukte sowie Subventionen verrechnet werden, wenn diese berücksichtigt werden sollen. Dies kann bspw. sinnvoll sein, wenn auf Basis der Ergebnisse der Preis für ein Produkt bestimmt werden soll. Schlussendlich werden die Werte auf dem BEIC 1 Level zu der Wirkungskategorie Gesamtkosten zusammengefasst. Insgesamt zielt dieses Charakterisierungsmodell somit darauf ab, die Kostenstruktur, den Kostenverlauf sowie das Kostenniveau des untersuchten Produktionssystems aufzudecken, um diese anschließend in der Entscheidungsunterstützung für die Stakeholder positiv zu beeinflussen. Hierbei wird auf Kosten/Erlöse als Rechnungsgröße sowie Methoden der Kostenrechnung und des Kostenmanagements zurückgegriffen. Beispielsweise bietet sich die Kombination mit dem Target Costing an, um definierte Zielkosten zu erreichen.

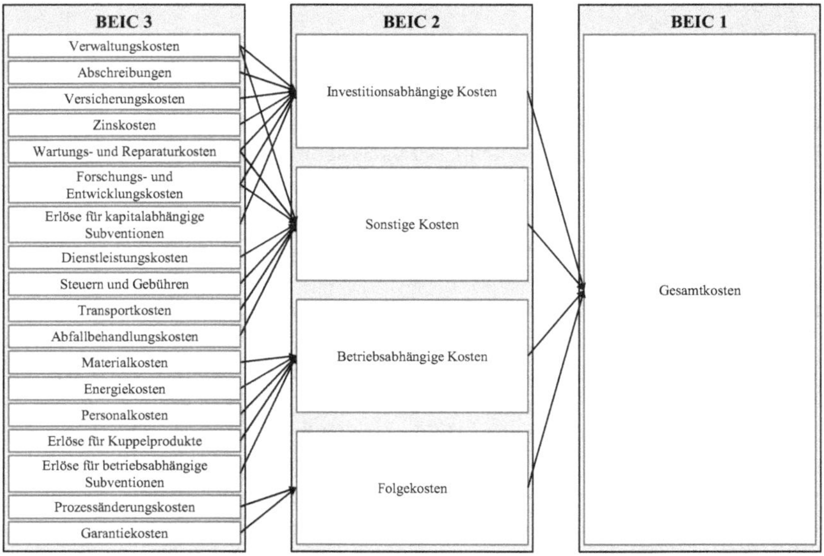

Abbildung 3.3 Wirkungskategorien des Charakterisierungsmodells DEALA-Kosten

Sollten bei der Entscheidungsunterstützung neben Kosten auch Erlöse eine Rolle spielen und der Fokus auf der Beeinflussung der Profitabilität liegen, müssen Wirkungskategorien ergänzt werden. Hierfür wird im Vergleich zu Popien et al. (2024a) das Charakterisierungsmodell DEALA-Profit eingeführt. Dieses greift im Wesentlichen auf die Wirkungskategorien des Charakterisierungsmodells DEALA-Kosten zurück. Entsprechend werden auch in diesem Charakterisierungsmodell die Rechnungsgrößen Kosten/Erlöse genutzt und es besteht eine enge Beziehung zur Kostenrechnung und dem Kostenmanagement. Allerdings wird dieses Charakterisierungsmodell um weitere Wirkungskategorien zur Beschreibung der Erlöse durch den Verkauf von Endprodukten, Anlagen oder Gebäuden sowie den Profit ergänzt (Abbildung 3.4). Aus diesem Grund gibt es auf den drei Aggregationslevel 25 Wirkungskategorien ($m \in M_{Profit}$). Hierbei sei darauf hinzuweisen, dass sich die Klassifizierung zu dem Charakterisierungsmodell DEALA-Kosten unterscheidet, da in diesem Kontext die Erlöse den Wirkungskategorien anderweitig zugewiesen werden, um diese abgegrenzt von den Kosten darstellen zu können. Details zu den Wirkungspfaden und den entsprechenden Charakterisierungsfaktoren der einzelnen Charakterisierungsmodelle werden durch Popien (2025) bzw. die softwareseitige Implementierung bereitgestellt.

Wird bei der Durchführung des eoLCSA hingegen auf die Bestimmung des Erfolgs eines Produktionssystems über mehrere Perioden abgezielt, sollte das dritte Charakterisierungsmodell DEALA-Investition gewählt werden, welches eine Erweiterung des zweiten Charakterisierungsmodells von Popien et al. (2024a) darstellt (Abbildung 3.5). Wie der Name andeutet, hat dieses Charakterisierungsmodell eine enge Verknüpfung mit den Methoden der Investitionsrechnung und greift auf die Rechnungsgrößen Ausgaben/Einnahmen zurück. Aufgrund dessen unterscheiden sich die Wirkungskategorien $m \in M_{Investition}$ auch in ihren Bezeichnungen im Vergleich zu den beiden vorherigen Charakterisierungsmodellen. Die Bezeichnungen der Wirkungskategorien auf BEIC 3 Level folgt allerdings der Logik, die im Zusammenhang mit DEALA-Profit beschrieben worden ist. Allerdings werden nur Wirkungskategorien berücksichtigt, bei denen die Auswirkungen direkt zu Zahlungen führen. Daher werden keine kalkulatorischen Größen, die über Wirkungskategorien wie Abschreibungen oder Garantiekosten abgebildet werden, berücksichtigt. Stattdessen werden Wirkungskategorien wie Investitionsausgaben auf dem BEIC 3 Level eingeführt.

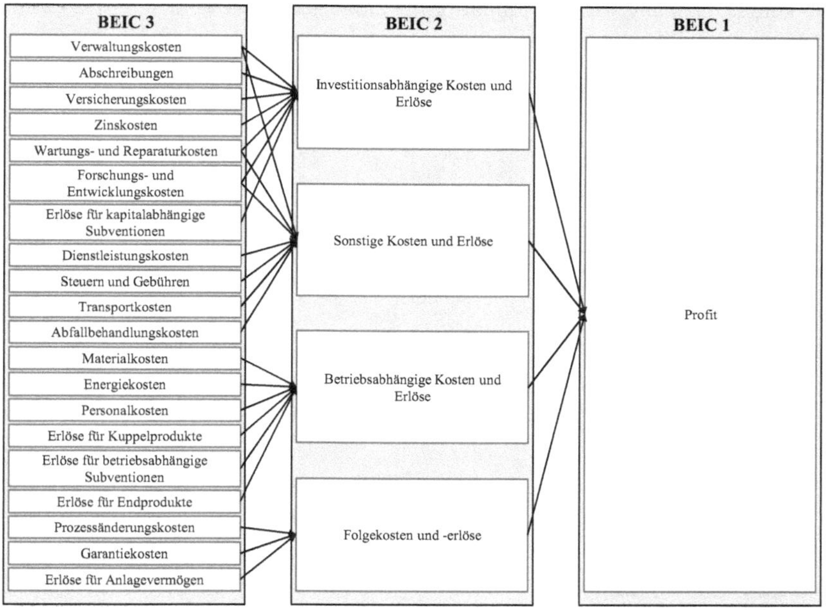

Abbildung 3.4 Wirkungskategorien des Charakterisierungsmodells DEALA-Profit

Zusatzkosten werden auf allen drei Ebenen bei diesem Charakterisierungsmodell nicht berücksichtigt. Insgesamt zeigt Abbildung 3.5, dass auf dem BEIC 3 Level 19 Wirkungskategorien unterschieden werden können. Auf dem BEIC 2 Level werden vier Wirkungskategorien unterschieden. In diesem Fall wird aber nicht die Struktur der VDI MT 3800 genutzt. Stattdessen werden mit den Wirkungskategorien Kapitalausgaben (CAPEX) und Betriebsausgaben (OPEX) zwei Wirkungskategorien eingeführt, die häufig in der Industrie eingesetzt werden und bspw. bei der Methode von Gaasbeek & Meijer (2013) bereits eingeführt worden sind.[3] Darüber hinaus können mit den Wirkungskategorien Kapitaleinnahmen (CAPI) und Betriebseinnahmen (OPI) die positiven Auswirkungen bestimmt werden. Diese Werte können auf dem BEIC 1 Level weiter aggregiert werden, wobei zwei Wirkungskategorien unterschieden werden: Gesamtausgaben (TOTEX) und Gesamteinnahmen (TOTI). Die resultierenden Wirkungsindikatorwerte dieses Charakterisierungsmodells können anschließend mit Methoden der

[3] Vgl. Volkswagen Group (2024), S. 209–212.

Investitionsrechnung wie der Kapitalwertmethode gekoppelt werden, um in einem Entscheidungsunterstützungsmodell eingesetzt zu werden.

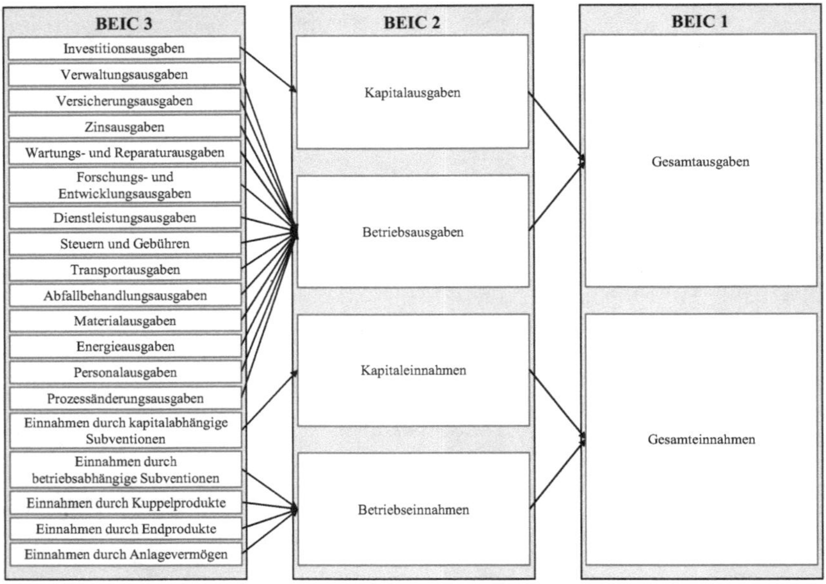

Abbildung 3.5 Wirkungskategorien des Charakterisierungsmodells DEALA-Investition

3.2 Entwicklung eines Leitfadens zur Anwendung des eoLCSA

Aufbauend auf den Beschreibungen des vorherigen Abschnittes wird in diesem Abschnitt ein Leitfaden zur Anwendung des eoLCSA mit einem Fokus auf die DEALA-Methode vorgestellt. Der Leitfaden soll eine einheitliche Vorgehensweise und damit die Transparenz bei der Durchführung sicherstellen. Zudem soll er bei der Durchführung derartiger Studien unterstützen. Hierfür orientiert sich der Leitfaden an dem Aufbau und Schritten der ELCA (siehe Abbildung 2.9). Zudem wird auf die Grundlagen des betrieblichen Rechnungswesens und LCM zurückgegriffen. Der Aufbau und die beschriebenen Schritte werden für die

Beschreibung des Leitfadens zur weiteren Veranschaulichung in zwölf Blöcke unterteilt, die im Folgenden näher erläutert werden (Abbildung 3.6).

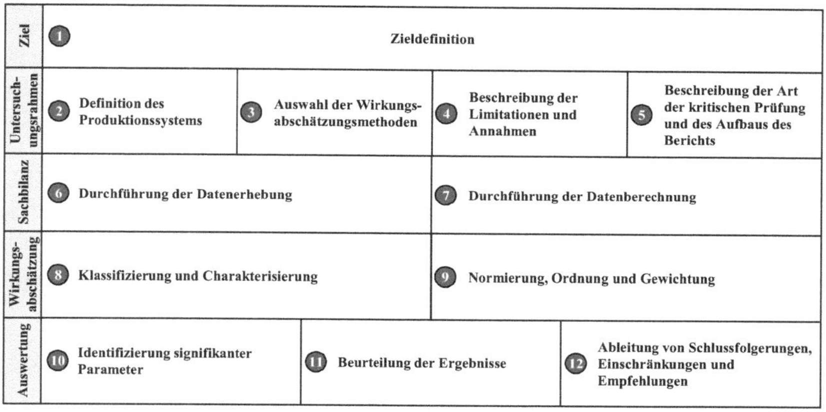

Abbildung 3.6 Blöcke für die Durchführung der DEALA-Methode

Der erste Block fokussiert sich auf die Zieldefinition der Studie. Hierbei müssen Angaben zu fünf Parametern gegeben werden. Die fünf Parameter mitsamt möglichen Ausprägungen sind in dem folgenden morphologischen Kasten abgebildet (Abbildung 3.7). Zunächst muss angegeben werden, ob sich die Studie auf eine ökonomische Bewertung beschränkt oder weitere Nachhaltigkeitsdimensionen berücksichtigt werden (*Parameter 1.1*). Diese Definition hat einen wesentlichen Einfluss auf die nachfolgenden Parameter, da bspw. die Beschreibung der Systemgrenzen oder auch die Datenerhebung hierdurch beeinflusst werden. Auch auf die Definition des Ziels der Studie (*Parameter 1.2*) hat die Festlegung einen Einfluss, da hierbei entweder nur ökonomische Ziele oder auch ökologische und/oder soziale Ziele berücksichtigt werden müssen. Bei der Durchführung können dabei unterschiedliche Ziele gewählt werden.[4] So können unterschiedliche Produktionssysteme hinsichtlich ihrer ökonomischen Auswirkungen bzw. aller Nachhaltigkeitsdimensionen verglichen werden. Die Studien können genutzt werden, um Hotspots (z. B. Kostentreiber), Trade-Offs zwischen den Wirkungskategorien oder Verbesserungspotenziale innerhalb der Produktionssysteme zu identifizieren. Darüber hinaus kann es ein Ziel sein, die

[4] Ziele werden u. a. von Bjørn et al. (2018a), S. 68–69 und Swarr (2011), S. 55–56 genannt.

entsprechenden Auswirkungen des Produktionssystems zu dokumentieren. Insgesamt sei an dieser Stelle erwähnt, dass noch weitere Ziele bzw. Kombinationen der Ziele verfolgt werden können. Die Definition des Ziels der Studie steht im direkten Zusammenhang mit der Definition der Gründe für die Studie (*Parameter 1.3*). Einer der Gründe für die Durchführung kann die Nutzung der Ergebnisse als Input für die Entscheidungsunterstützung sein. So kann im Falle eines ökonomischen Ziels der Grund für die Durchführung eine Investitionsentscheidung oder die kostenminimale Gestaltung eines Netzwerkes sein. Darüber hinaus können die Ergebnisse im Rahmen des Marketings oder als Teil des Berichtswesens (z. B. im Zuge von Nachhaltigkeitsberichten von Unternehmen) genutzt werden. Aber auch die Ableitung von politischen Maßnahmen kann ein Grund für die Durchführung sein. In diesem Zusammenhang muss die Zielgruppe der Studie definiert werden (*Parameter 1.4*). Wenn als Grund die Entscheidungsunterstützung oder die Ableitung politischer Maßnahmen angegeben werden, sind typischerweise die Entscheidungsträger im Unternehmen bzw. in der Politik die Hauptzielgruppe. Im Rahmen des Berichtswesens oder Marketings können hingegen Nichtregierungsorganisationen (NGOs) oder die Öffentlichkeit die Zielgruppen sein. Aber auch die Wissenschaft stellt in vielen Fällen eine wichtige Zielgruppe dar. Es gilt auch an dieser Stelle, dass mehr als eine Zielgruppe angesprochen werden und es weitere Zielgruppen geben kann. Abschließend muss für den ersten Block angegeben werden, ob die Studie für vergleichende Studien in der Öffentlichkeit verwendet werden soll (*Parameter 1.5*).[5]

Anschließend an die Zieldefinition folgt die Definition des Untersuchungsrahmens. Dieser Schritt ist in vier Blöcke unterteilt. Hierbei folgt zunächst der Block zur Definition des Produktionssystems (Abbildung 3.8). Hierfür muss das Produktionssystem beschrieben werden, wobei bspw. unterschiedliche Aggregationsebenen unterschieden werden können (*Parameter 2.1*). So kann der Fokus im Produktionssystem z. B. auf der Analyse auf Prozess-, Produkt-, Fabrik- oder Supply-Chain-Ebene liegen. Ein weiterer wichtiger Bestandteil der Definition des Produktionssystems liegt auf der Definition der funktionellen Einheit. Diese kann mithilfe der *Parameter 2.2–2.5* definiert werden. Zunächst muss die Funktion des Produktionssystem beschrieben werden. Dies beinhaltet auch, inwiefern die Funktion quantifiziert werden kann (*Parameter 2.2*). So kann die Funktion über die Menge, das Volumen oder die Masse, aber auch über den Verbrauch oder die Bereitstellung von Ressourcen (z. B. Energie) quantifiziert werden. Ein

[5] Vgl. Bjørn et al. (2018a), S. 67–73; Ciroth et al. (2011), S. 34; Rebitzer & Nakamura (2008), S. 35–36; Swarr (2011), S. 51–57.

1 **Zieldefinition**						
Parameter	**Ausprägung**					
1.1) Berücksichtigte Nachhaltigkeits-dimensionen	Ökonomisch		Ökologisch		Sozial	
1.2) Ziel der Studie	Vergleich von Produktions-systemen	Identifikation von Hotspots	Dokumentation von Auswirkungen	Identifikation von Trade-Offs	Identifikation von Verbesserungs-potenzialen	Weitere Ziele
1.3) Gründe für die Studie	Input für die Entscheidungs-unterstützung	Input für das Marketing	Input für das Berichtswesen	Entwicklung politischer Maßnahmen	Weitere Gründe	
1.4) Zielgruppe der Studie	Entscheidungs-träger Unternehmen	Entscheidungs-träger Politik	NGOs	Wissenschaft	Öffentlichkeit	Weitere
1.5) Öffentlich vergleichende Studie	Ja			Nein		

Abbildung 3.7 Morphologischer Kasten für die Zieldefinition

weiterer wichtiger Punkt stellt die Definition des Zeithorizonts bzw. der Wiederholungsrate für die Definition der funktionellen Einheit dar (*Parameter 2.3*). So kann sich die Studie auf die Bewertung des Produktionssystems auf eine Periode (z. B. ein Jahr) oder mehrere Perioden (z. B. 10 Jahre) beziehen. Diese Angabe hat einen starken Einfluss auf nachfolgende Parameter in den unterschiedlichen Blöcken, da es bspw. die Wahl der Wirkungsabschätzungsmethode oder die Definition von Annahmen beeinflusst. Darüber hinaus kann es für einige Produktionssysteme nicht sinnvoll sein, sich auf eine oder mehrere Perioden zu beziehen, da die berücksichtigten Produkte oder Prozesse nicht regelmäßig ausgeführt werden. In diesem Fall würde sich eine Angabe der Nutzungsintensität z. B in Form der Gesamtnutzungsdauer (z. B. 10.000 Stunden) oder Häufigkeit anbieten (z. B 100 Wiederholungen).[6] Auch die Definition des Standorts/der Standorte für das Produktionssystem ist relevant (*Parameter 2.4*). Es kann ein Vergleich auf regionaler Ebene (z. B. Niedersachsen vs. Bremen), nationaler Ebene (z. B. Deutschland vs. China), Marktebene (z. B. EU vs. China) oder auf globaler Ebene erfolgen. Dies hat einen erheblichen Einfluss auf die Datenerhebung und -berechnung sowie den Aufwand. Darüber hinaus kann die Definition der funktionellen Einheit über die Angabe der Leistungsfähigkeit der Funktion

[6] Vgl. Bjørn et al. (2018c), S. 85.

ergänzt werden (*Parameter 2.5*). Diese Angabe kann sich bspw. an den rechtlichen Rahmenbedingungen oder gesetzten Zielen der Zielgruppen orientieren. So kann die funktionelle Einheit durch die Ergänzung einer Angabe zur Recyclingeffizienz oder Kundenzufriedenheit erweitert werden. Es sei an dieser Stelle allerdings zu erwähnen, dass die Angabe nicht zwingend notwendig ist und von der Funktion und dem Produktionssystem abhängt. Im Zusammenhang mit der Definition des Produktionssystems sollte zudem angegeben werden, wie die Systemgrenzen definiert sind (*Parameter 2.6*). Das bedeutet, dass angegeben werden sollte, ob es sich bspw. um einen „Von der Wiege bis zur Bahre" oder einen „Von der Wiege bis zum Tor" Ansatz handelt. Hierbei sollten die entsprechenden Definitionen begründet werden, um die Vorgehensweise und etwaige Einschränkungen transparent zu machen. Abschließend müssen für den zweiten Block die berücksichtigten Stakeholder definiert werden, wie bei der Einführung des ELCC-Ansatzes beschrieben (*Parameter 2.7*). Dies bedeutet, dass für die ökonomische Bewertung mindestens ein Stakeholder definiert werden muss, wobei üblicherweise mehr als ein Stakeholder innerhalb des Produktionssystems berücksichtigt wird. Typische Stakeholder sind in Abbildung 3.8 dargestellt. Die Definition der Stakeholder hat einen Einfluss darauf, wie detailliert die späteren Prozessmodule bei der Erstellung der Sachbilanz erstellt werden müssen. Es muss darauf geachtet werden, dass die Daten einheitlich für die berücksichtigten Stakeholder erfasst werden, da ansonsten ein fairer Vergleich der Ergebnisse unter den Stakeholdern erschwert wird. Dies bedeutet, dass es nicht erlaubt ist, bei einem Stakeholder die ökonomischen Werte stark aggregiert als einen Input in die Prozessmodule und bei einem weiteren Stakeholder die ökonomischen Werte als unterschiedliche Inputs darzustellen.[7]

Auf Basis dieser Definitionen können im nächsten Block die Wirkungsabschätzungsmethoden für die Studie ausgewählt werden. Hierbei hängt von der Ausprägung des *Parameters 1.1* ab, für welche Nachhaltigkeitsdimension Wirkungsabschätzungsmethoden ausgewählt werden müssen. Unterschiedliche Ausprägungen von Wirkungsabschätzungsmethoden für die drei Nachhaltigkeitsdimensionen sind in Abbildung 3.9 dargestellt.

[7] Vgl. Bjørn et al. (2018c), S. 75–115; Ciroth et al. (2011), S. 35–36; Rebitzer & Nakamura (2008), S. 36–40; Swarr (2011), S. 57–59.

2	Definition des Produktionssystems							
Parameter	**Ausprägung**							
2.1) Aggregation des Produktionssystems	Prozesse	Produkte	Fabriken	Supply-Chains	Weitere Perspektiven			
2.2) Quantifizierung der Funktion	Menge (z. B. in Stück)	Volumen (z. B. in m³)	Masse (z. B. in kg)	Ressourcen-verbrauch (z. B. in kWh)	Ressourcen-bereitstellung (z. B. in kWh)	Weitere		
2.3) Definition des Zeithorizonts/ der Wiederholungsrate	Eine Periode	Mehrere Perioden	Nutzungsintensität als Gesamtdauer	Nutzungsintensität als Häufigkeit	Weitere			
2.4) Definition des Standorts	Regional	National	Markt	Global	Weitere			
2.5) Definition der Leistungsfähigkeit	Effizienz von x %	Qualität von x %	Zufriedenheit von x %	Weitere				
2.6) Definition der Systemgrenzen	Von der Wiege bis zum Tor	Von der Wiege bis zur Bahre	Von der Wiege zur Wiege	Von Tor zu Tor	Von Tor zur Bahre	Von der Wiege zum Kunden	Vom Kunden zur Bahre	Weitere
2.7) Berücksichtigte Stakeholder	Anwender	Produzenten	Lieferanten	Recycler	Entsorger	Weitere Stakeholder		

Abbildung 3.8 Morphologischer Kasten für die Definition des Produktionssystems

3	Auswahl der Wirkungsabschätzungsmethoden					
Parameter	**Ausprägung**					
3.1) Auswahl ökonomischer LCIA-Methode	DEALA-Kosten	DEALA-Profit	DEALA-Investition	Andere LCIA-Methode		
3.2) Auswahl ökologischer LCIA-Methode	CML v4.8 2016	EF v3.1	IPCC 2021	ReCiPe 2016 v1.03 midpoint (H)	ReCiPe 2016 v1.03 midpoint (E)	Andere LCIA-Methode
3.3) Auswahl sozialer LCIA-Methode	LCIA-Methode der SHDB	LCIA-Methode der PSILCA-Datenbank	Andere LCIA-Methode			

Abbildung 3.9 Morphologischer Kasten für die Auswahl der Wirkungsabschätzungsmethoden

An dieser Stelle wird sich auf die Ausprägung von *Parameter 3.1* fokussiert, da dieser die ökonomischen Wirkungsabschätzungsmethoden repräsentiert. Im Falle dieses Parameters kann aktuell zwischen den drei vorgestellten Charakterisierungsmodellen der DEALA-Methode gewählt werden. Die Wahl hängt hierbei insbesondere von den vorherigen Parametern ab. Sind die Ziele, Gründe sowie der Zeithorizont der Studie derart gewählt, dass die Ergebnisse für die Verbesserung der Kostenstruktur des Produktionssystems innerhalb einer Periode genutzt werden sollen, sollte DEALA-Kosten ausgewählt werden. Soll eine Investitionsentscheidung über einen längeren Zeitraum erfolgen, sollte DEALA-Investition gewählt werden. Steht hingegen die Analyse des Profits im Vordergrund, sollte DEALA-Profit eingesetzt werden. Diese Auswahl muss begründet und im Hinblick auf die vorherigen Parameter getroffen werden, da die Wahl einen Einfluss auf die Rechengrößen (Kosten/Erlöse vs. Ausgaben/Einnahmen) und die Erstellung der Sachbilanz sowie die nachfolgenden Berechnungen haben. Eignet sich keine der bestehenden Wirkungsabschätzungsmethoden, müssen auf Grundlage des betrieblichen Rechnungswesens und des LCM neue Wirkungsabschätzungsmethoden erstellt werden. Darüber hinaus hat die Wahl einen Einfluss auf die Limitationen und Annahmen, die im Zusammenhang mit der ökonomischen Bewertung getroffen werden müssen und Teil des vierten Blocks des Leitfadens sind.

Im vierten Block geht es um die Beschreibung der Limitationen und Annahmen. Hierbei müssen unterschiedliche Parameter definiert werden, wobei Abbildung 3.10 auf ökonomische Parameter fokussiert. Zunächst wird angegeben, welche Bezugsgrößen für Kosten/Erlöse bzw. Ausgaben/Einnahmen verwendet werden (*Parameter 4.1*). Hierbei hängt die Auswahl stark von den Ausprägungen der vorherigen Parameter ab. Wenn eine Periode aus der Vergangenheit bewertet wird, bieten sich Istwerte an, während bei Bewertungen einer Durchschnittsperiode oder Bewertungen, die die Zukunft beinhalten, eher auf Normal- und Planwerte zurückgegriffen wird. In diesem Zusammenhang muss definiert werden, ob nominale bzw. reale Werte genutzt werden (*Parameter 4.2*). Dies hat einen Einfluss darauf, wie die Preise, die den DEALA-Aktivitäten zugewiesen werden, berechnet werden. Die Entscheidung hängt im Wesentlichen davon ab, wie sich die Inflation in den angegebenen Standorten verhält und ob eine konstante Kaufkraft von hoher Bedeutung beim Treffen einer Entscheidung ist. Ist die Inflation in der Vergangenheit stark volatil und liegt eine hohe Bedeutung für die Kaufkraft vor, sollten reale Werte verwendet werden. Ansonsten empfehlen sich aufgrund der leichteren Berechnung nominale Werte.[8] Werden als Wirkungsabschätzungsmethode DEALA-Kosten oder DEALA-Profit ausgewählt, muss zudem der Umgang mit den Kapitalkosten angegeben werden (*Parameter 4.3* und *Parameter 4.4*). Wie beschrieben können für die Berechnungen der kalkulatorischen Abschreibungen und kalkulatorische Zinsen verschiedene Methoden bzw. Kombinationen hiervon gewählt werden. Die Auswahl kann von

[8] Vgl. Blohm et al. (2012), S. 115–121; Götze (2014), S. 99–100.

den Investitionsobjekten abhängen und muss entsprechend transparent dargestellt werden. Es sei hierbei anzumerken, dass die Ausprägungen für die kalkulatorischen Abschreibungen auch für Subventionen für Investitionsobjekte angewendet werden sollten. Bei dem Modell DEALA-Investition werden die Angaben nicht benötigt, da die kalkulatorischen Größen hierbei nicht berücksichtigt werden. Ein weiterer wichtiger Punkt bei der Beschreibung von Annahmen für die ökonomische Bewertung ist die Angabe zur Behandlung der Gemeinkosten (*Parameter 4.5*). Hierbei kann auf unterschiedliche Vorgehensweisen aus der Kostenrechnung sowie des Kostenmanagements zurückgegriffen werden. Die Zuschlagskalkulation stellt eine einfache Methode dar, bei der die Gemeinkosten proportional zu Basiswerten den Prozessmodulen zugewiesen werden und kann entsprechend bei einfachen Abschätzungen verwendet werden. Für verursachungsgerechtere Zuweisungen sollte eher auf die Kostenstellen-/Kostenträgerrechnung, die Prozesskostenrechnung oder ABC-Methode zurückgegriffen werden. Unabhängig von der Auswahl der Ausprägung muss darauf geachtet werden, dass die Vorgehensweise und weitergehende Annahmen erläutert werden. So sollte bspw. bei der Kostenstellen-/Kostenträgerrechnung angegeben werden, wie die primären und sekundären Gemeinkosten auf die Kostenstellen verteilt werden und welche Methoden dabei verwendet werden. Ähnliches gilt für die Prozesskostenrechnung, bei der angegeben werden muss, welche Prozesse leistungsindiziert und leistungsneutral sind und wie die entsprechenden Kostentreiber definiert sind. Eine weitere Besonderheit, die innerhalb des definierten Produktionssystems auftreten kann, sind Prozessmodule, die mehrere Produkte als Output haben. Bei einer derartigen Kuppelproduktion muss angegeben werden, wie die ökonomischen und im Falle einer LCSA auch die ökologischen und sozialen Auswirkungen verteilt werden (*Parameter 4.6*). Aus dem Bereich der Kostenrechnung gibt es hierfür zwei Ausprägungen zur Auswahl. Können die Produkte in ein Hauptprodukt und mehrere Nebenprodukte unterteilt werden, kann die Restwertmethode verwendet werden. Für die Nebenprodukte werden dann Preise definiert, sodass die Erlöse bzw. Einnahmen aus dem Verkauf der Nebenprodukte von den Gesamtkosten bzw. vom TOTEX abgezogen werden. Entsprechend müssen DEALA-Aktivitäten bei der Sachbilanzerstellung erzeugt werden, die über Marktsphärenflüsse eine entsprechende Verbindung aufweisen. Im Falle der ökologischen und sozialen Auswirkungen wird in diesem Fall empfohlen, einen cut-off Ansatz zu verfolgen, bei dem die entsprechenden Auswirkungen nur dem Hauptprodukt zugewiesen werden. Die Verteilungsmethode wird verwendet, wenn nicht zwischen Haupt- und Nebenprodukten unterschieden werden kann. In diesem Fall wird auf klassische Allokationsregeln, wie sie auch in der DIN EN ISO 14044 definiert sind, zurückgegriffen. Die ökonomischen, ökologischen und sozialen Auswirkungen würden entweder über physikalische, monetäre oder weitere Größen auf die einzelnen Produkte verteilt. In diesem Fall dürfen für das Charakterisierungsmodell DEALA-Kosten keine DEALA-Aktivitäten erzeugt werden, die zu einer Zunahme der Erlöse durch Kuppelprodukte führen. Stattdessen werden diese bei DEALA-Profit zu einer Zunahme der Erlöse durch Endprodukte führen. Das Thema der Allokation der Auswirkungen am Lebensende eines Produktes spielt aus ökonomischer Sicht eine untergeordnete Rolle, da die ökonomischen Auswirkungen über den Verkauf bzw. Kauf von Sekundärmaterialien über entsprechende Preise abgebildet werden können. Nichtsdestotrotz muss eine Angabe gegeben werden, wie die ökologischen und sozialen Auswirkungen verteilt werden (*Parameter 4.7*). Eine Übersicht zu entsprechenden Allokationsverfahren bieten Allacker et al. (2017) und Ekvall et al. (2020). Zudem muss angegeben werden, wie die Investitionen in Anlagen der berücksichtigten Stakeholder bspw. in Maschinen oder Gebäude bestimmt werden (*Parameter 4.8*). Hierfür stehen unterschiedliche Methoden zur Verfügung. So können die Investitionen in Form detaillierter Einzelermittlungen bestimmt werden. Dies stellt die aufwendigste Methode der dargestellten Methode dar und wird vor allem in der Feinplanung eingesetzt. Weniger detailliert sind Faktormethoden wie die Modul-Vorkalkulation nach Guthrie. Für erste Abschätzungen eigenen sich die summarischen Verfahren. Hier können auf Basis bekannter Vergangenheitswerte bspw. länderspezifische Investitionen über standortabhängige Indizes berechnet werden. Um unterschiedliche Zeiten abzudecken, können Zeitindizes verwendet werden und um einen Eindruck über variierende Kapazitäten zu bekommen, kann auf den Größendegressionsansatz zurückgegriffen werden.[9] Die Auswahl hängt stark von der Datenverfügbarkeit ab und muss transparent dargestellt werden. Insgesamt hat diese Auswahl einen Einfluss auf die zugewiesenen Werte der Marktsphärenflüsse bei entsprechenden DEALA-Aktivitäten. Als letzter Parameter in diesem Zusammenhang sind die Methoden zur Bestimmung von Preisen anzugeben (*Parameter 4.9*). Es gibt verschiedene Methoden, die mit unterschiedlichem Detaillierungsgrad angewendet werden können. Die Auswahl sollte auch in diesem Fall gut begründet und transparent dargestellt werden und in einer kritischen Würdigung der Einfluss auf die Ergebnisse berücksichtigt werden.

[9] Vgl. Geldermann (2014), S. 115–131.

4	Beschreibung der Limitationen und Annahmen						
Parameter	**Ausprägung**						
4.1) Definition der Bezugsgrößen	Istwerte	Normalwerte	Planwerte				
4.2) Definition der Wertgrößen	Nominale Werte	Reale Werte					
4.3) Auswahl Methode kalkulatorische Abschreibungen	Linear	Linear mit Liquidations-erlös	Geometrisch-degressiv	Arithmetisch-degressiv	Variabel	Weitere Methoden	
4.4) Auswahl Methode kalkulatorische Zinsen	Methode der Restwertverzinsung	Methode der Durchschnittswertverzinsung					
4.5) Zuweisung von Gemeinkosten zu Prozessmodulen	Zuschlags-kalkulation	Kostenstellen-/Kostenträger-rechnung	Prozess-kostenrechnung	Activity-Based Costing	Weitere Methoden		
4.6) Umgang mit Kuppelprodukten	Restwertmethode	Verteilungsmethode	Weitere Methoden				
4.7) Umgang EoL-Allokation	Cut-off	Avoided burden	50:50 Methode	Circular footprint formula	APOS	Weitere	
4.8) Vorgehen zur Investitionsschätzung von Anlagen und Gebäuden	Detaillierte Einzelermittlung	Faktormethoden	Summarische Verfahren	Weitere Verfahren			
4.9) Methoden zur Preisbestimmung	Intuitive Schätzung	Analoge Schätzung	Regressions-analyse	Ökono-metrische Modelle	Preisindizes	DIN EN ISO 14008	Weitere Methoden

Abbildung 3.10 Morphologischer Kasten für die Beschreibung der Limitationen und Annahmen

Insgesamt zeigt der Baustein 4, dass die Annahmen und Limitationen für die ökonomische Bewertung einen erheblichen Einfluss auf die Ergebnisse haben können und dabei starke Unsicherheiten vorliegen können. Daher ist es wichtig, dass die Ergebnisse kritisch geprüft werden. Die Ausprägungen der kritischen Prüfung werden im Rahmen von Block 5 definiert. Dabei erfolgt eine kritische Prüfung entweder, wenn *Parameter 1.5* positiv beantwortet worden ist, eine weitere Richtlinie es vorsieht oder wenn die Qualität und Glaubwürdigkeit der Studie erhöht werden sollen. Hierbei kann sich die kritische Prüfung an der DIN EN ISO 14071 orientieren, die für die kritische Prüfung im Zusammenhang der ELCA veröffentlicht worden ist. Je nach Grund für die kritische Prüfung der Studie wird auch die Ausprägung des *Parameters 5.1* ausgewählt (Abbildung 3.11). In

Abhängigkeit des Grundes, kann das Ziel des Berichts für interne oder externe Zwecke dienen, die für die Öffentlichkeit verfügbar gemacht werden können oder intern gehalten werden.

<table>
<tr><th>5</th><th colspan="6">Beschreibung der Art der kritischen Prüfung und des Aufbaus des Berichts</th></tr>
<tr><th>Parameter</th><th colspan="6">Ausprägung</th></tr>
<tr><td>5.1) Zielbereich des Berichts</td><td colspan="2">Interne Nutzung des Berichts</td><td colspan="2">Externe Nutzung durch Dritte</td><td colspan="2">Externe Nutzung durch die Öffentlichkeit</td></tr>
<tr><td>5.2) Art der kritischen Prüfung</td><td colspan="3">Prüfung während der Durchführung</td><td colspan="3">Prüfung am Ende</td></tr>
<tr><td>5.3) Definition der Gutachter</td><td colspan="2">Interne (unabhängige) Gutachter</td><td colspan="2">Externe (unabhängige) Gutachter</td><td colspan="2">Ausschuss interessierter Kreise</td></tr>
<tr><td>5.4) Bewertung des Modells der Sachbilanz</td><td colspan="3">Ja</td><td colspan="3">Nein</td></tr>
<tr><td>5.5) Bewertung einzelner Datensätze</td><td colspan="3">Ja</td><td colspan="3">Nein</td></tr>
</table>

Abbildung 3.11 Morphologischer Kasten für die Beschreibung der Art der kritischen Prüfung

Ein weiterer Parameter, der definiert werden muss, beinhaltet die Art der kritischen Prüfung. So kann die Prüfung während der Durchführung oder am Ende der Studie erfolgen und hat somit einen Einfluss darauf, wann es ein Feedback zur Durchführung der Studie gibt (*Parameter 5.2*). In der DIN EN ISO 14071 wird zudem vorgegeben, dass eine Angabe gemacht werden muss, wer die Gutachten anfertigt. Dies können interne oder externe Gutachter sowie ein Ausschuss sein (*Parameter 5.3*). Hierbei ist insgesamt darauf zu achten, dass diese unabhängig sind und nicht direkt an der Erstellung der Studie beteiligt sind. Abschließend stellt die ISO-Norm den Durchführenden der Studie frei, ob innerhalb der kritischen Prüfung die Modelle der Sachbilanz (*Parameter 5.4*) sowie einzelne Datensätze (*Parameter 5.5*) bewertet werden. Eine entsprechende Angabe soll die Transparenz sicherstellen.[10]

Nach der Definition des Ziels und Untersuchungsrahmens folgen die beiden Blöcke zur Erstellung der Sachbilanzergebnisse. Die beiden Blöcke „Durchführung der Datenerhebung“ und „Durchführung der Datenberechnung“ sind dabei in weitere Schritte unterteilt (Abbildung 3.12).

[10] Vgl. Rosenbaum & Olsen (2018), S. 335–347.

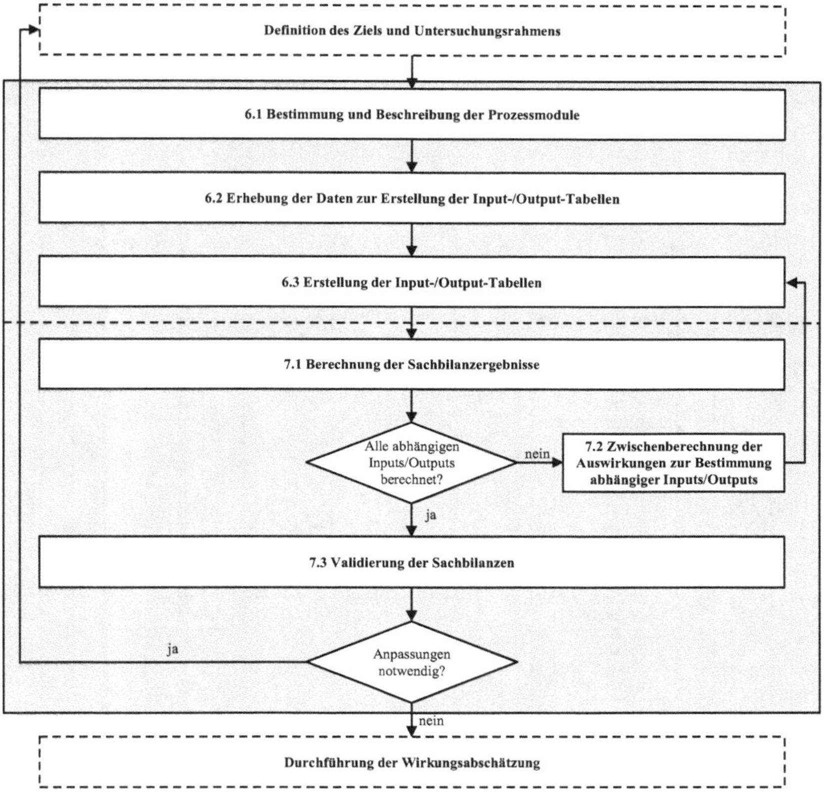

Abbildung 3.12 Ablaufdiagramm zur Berechnung der Sachbilanzergebnisse

Zunächst werden die getroffenen Annahmen und Definitionen aus den vorherigen Blöcken genutzt, um darauf aufbauend die Prozessmodule innerhalb der Systemgrenzen zu bestimmen und zu beschreiben (*Schritt 6.1*). Hierbei wird an dieser Stelle ein Top-Down Ansatz empfohlen. Das bedeutet, dass ausgehend von der funktionellen Einheit die Prozesse mit den zugehörigen Prozessmodulen vom Ende der Systemgrenze bis zum Anfang beschrieben werden. Zu den Beschreibungen gehören dabei verschiedene Aspekte. So muss jedes Prozessmodul mitsamt den getroffenen Annahmen und des Geltungsbereichs dokumentiert werden, um sicherzustellen, dass die zu erstellenden Input-/Output-Tabellen für die Erreichung des Ziels der Studie geeignet sind. Zudem wird angegeben, welche

Inputs und Outputs für die Durchführung eines Prozessmoduls benötigt werden. Dadurch werden die Zusammenhänge zwischen den Prozessmodulen ersichtlich und durch den Top-Down-Ansatz wird deutlich, welche weiteren Prozessmodule erstellt werden müssen. Dieser Ansatz lässt sich durch das Beispiel, das in Abbildung 3.13 abgebildet ist, weiter veranschaulichen.

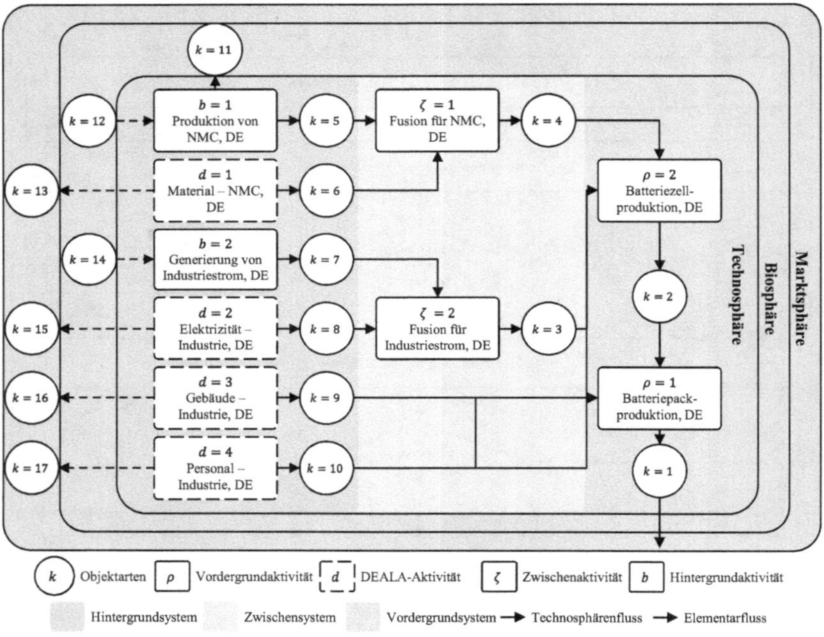

Abbildung 3.13 Beispiel zur Veranschaulichung der Berechnung der Sachbilanzen

Wird an dieser Stelle angenommen, dass aus der Definition des Ziels und Untersuchungsrahmens folgt, dass die Personalkosten, Energiekosten, Materialkosten, Abschreibungen sowie die Klimawirkung der Produktion von 100 Batteriepacks in Deutschland untersucht werden sollen, wird als erstes das Prozessmodul für die Batteriepackproduktion $\rho = 1$ beschrieben. In dem Beispiel entstehen aus der Batterieproduktion Batteriepacks, die verkauft werden. An dieser Stelle wird eine DEALA-Aktivität benötigt, um die Erlöse durch den Verkauf von Endprodukten berechnen zu können (siehe Abschnitt 3.1). Da allerdings nur Kosten bestimmt werden sollen, wird eine derartige DEALA-Aktivität hier nicht benötigt. Hiermit zeigt sich, dass die Annahmen aus den vorherigen Schritten einen direkten Einfluss auf die Erstellung der Sachbilanz haben. Als Inputs für dieses Prozessmodul werden daher Batteriezellen ($k = 2$) und Industriestrom ($k = 3$) sowie der Einsatz von Gebäuden ($k = 9$) und Personal ($k = 10$) benötigt. Letztere werden benötigt, um anschließend die Abschreibungen und Personalkosten bestimmen zu können. Für die Erstellung dieser Inputs werden wiederum Prozessmodule benötigt, um die entsprechenden ökologischen und ökonomischen Auswirkungen dieser bewerten zu können. So sind die Batteriezellen ($k = 2$) der Output des Prozessmodules Batteriezellproduktion $\rho = 2$, welcher wiederum verschiedene Inputs aufweist. So wird in dem Beispiel Industriestrom ($k = 3$) sowie das Material NMC ($k = 4$) als Input benötigt. Sollen, wie im Beispiel, die Stromerzeugung und die Herstellung des Materials durch externe Daten dargestellt werden, so ist darauf zu achten, dass diese auch für die Ermittlung der ökologischen und ökonomischen Auswirkungen geeignet sind. Da externe Datenbanken wie ecoinvent sich hierbei auf die ökologische Perspektive fokussieren, müssen die Zwischenaktivitäten im Zwischensystem erstellt werden. Im Falle der Zwischenaktivität zur Beschreibung des Materials NMC ($\zeta = 1$) werden demnach zwei Inputs ($k = 5, 6$) kombiniert. Diese Inputs repräsentieren die Outputs von den jeweiligen Prozessmodulen im Hintergrundsystem. Dabei handelt es sich bei der Hintergrundaktivität $b = 1$ um ein Prozessmodul, das aus einer externen Datenbank resultiert und entsprechende weitere Verknüpfungen zu weiteren Prozessmodulen haben kann. Diese müssen nicht mehr weiter beschrieben und definiert werden, da dies bereits durch den Anbieter der externen Datenbank erfolgt ist. Bei dem zweiten Prozessmodul handelt es sich um eine DEALA-Aktivität zur Bewertung der Materialkosten. Diese wird aktuell nicht durch einen externen Anbieter angeboten und muss erzeugt und damit auch beschrieben werden. Hierbei muss insbesondere definiert werden, welcher Marktsphärenfluss als Input in die DEALA-Aktivität eingehen soll. Diese Wahl steht im direkten Zusammenhang mit der Auswahl der ökonomischen Wirkungsabschätzungsmethode. Denn in der Wirkungsabschätzungsmethode wurden die Marktsphärenflüsse klassifiziert und der Zusammenhang zwischen diesen mit den Wirkungskategorien eindeutig definiert. Daher muss in diesem Beispiel ein Marktsphärenfluss genutzt werden, der direkt mit der Wirkungskategorie Materialkosten verknüpft ist. Diese Vorgehensweise gilt analog für den Industriestrom, wobei bei der entsprechenden DEALA-Aktivität ein Marktsphärenfluss gewählt werden muss, der mit der Wirkungskategorie Energiekosten verknüpft ist. Zudem müssen für dieses Beispiel zur Berechnung der Personalkosten und Abschreibungen weitere DEALA-Aktivitäten im Hintergrundsystem erstellt werden. Das

Vorgehen zur Beschreibung der DEALA-Aktivitäten erfolgt wieder wie zuvor beschrieben.

Ist dieser Schritt abgeschlossen, erfolgt die Erhebung der Daten zur Erstellung von Input/Output-Tabellen (*Schritt 6.2*). Die Datenerhebung muss hierbei für alle Aktivitäten innerhalb der Systemgrenzen außer für Hintergrundaktivitäten erfolgen. Für diese wurde der Schritt bereits durchgeführt. Die Datenerhebung kann auf unterschiedliche Weise erfolgen. So kann direkt auf Primärdaten aus einem Unternehmen zurückgegriffen werden. Sind keine Primärdaten verfügbar, muss entsprechend auf Sekundärdaten ausgewichen werden. Typische Quellen für die Erhebung der ökonomischen Daten sind Kostenmodelle, Simulationsmodelle, statistische Berichte oder Börsen. Sie können zudem mithilfe ausgewählter Methoden, wie bei der Investitionsschätzung beschrieben, geschätzt werden. Insgesamt hängt die Auswahl und damit auch die Validität der Daten mit den Annahmen in der Definition des Ziels und Untersuchungsrahmens zusammen. Sollen bspw. Istwerte bei der Berechnung verwendet werden, muss der tatsächlich angefallene Preis berücksichtigt werden, während bei der Wahl von Normalwerten auf Durchschnittswerte einer Periode zurückgegriffen werden kann, um die Höhe der Marktsphärenflüsse der entsprechenden DEALA-Aktivitäten zu bestimmen. Bei der Bestimmung der Höhe der Inputs von DEALA-Aktivitäten in Prozessmodulen im Zwischen- und Vordergrundsystem kann es hierbei allerdings zu der Herausforderung kommen, dass diese nicht direkt bei der Erstellung angegeben werden können, da diese von anderen Werten abhängen. Typische Beispiele sind investitionsabhängige Größen oder eine CO_2-Steuer. Für diese Größen müssen zunächst die Investitionen der Prozessmodule bzw. der Ausstoß von CO_2-Emissionen bestimmt werden, um die Inputs den Prozessmodulen in der korrekten Höhe zuzuweisen. Alle Inputs, die dies betrifft, müssen entsprechend dokumentiert werden und in eine Rangfolge für die iterative Zuweisung gebracht werden. Hängt ein Wert bspw. von den Gesamtkosten ab, darf dieser erst zum Schluss berechnet und hinzugefügt werden.

Für die Inputs, für die die Daten direkt erhoben werden können, werden nach diesem Schritt die entsprechenden Input-/Output-Tabellen der Prozessmodule erzeugt (*Schritt 6.3*). Dies erfolgt in einem Bottom-Up Ansatz. Das bedeutet, dass zunächst die DEALA-Aktivitäten, anschließend die Zwischenaktivitäten und abschließend die Vordergrundaktivitäten erzeugt werden. Dies erfolgt in der Reihenfolge, um die entsprechenden Verknüpfungen zwischen den Aktivitäten darstellen zu können.

Anschließend folgt der 7. Block zur Datenberechnung. In diesem werden zunächst die Sachbilanzergebnisse berechnet (*Schritt 7.1*). Sind die Sachbilanzergebnisse berechnet, muss geprüft werden, ob bereits alle abhängigen Inputs und Outputs berücksichtigt sind. Ist dies nicht der Fall, müssen anhand des vorher erfolgten Rankings diese Werte iterativ berechnet und den jeweiligen Input-/Output-Tabellen hinzugefügt werden. Hierfür muss bereits das erste Mal auf die ausgewählten Wirkungsabschätzungsmethoden zurückgegriffen werden, da wie beschrieben die Werte bspw. von den Investitionen, Personalkosten, Gesamtkosten oder auch von den CO_2-Emissionen abhängen können (*Schritt 7.2*). Sind alle abhängigen Inputs und Outputs hinzugefügt, erfolgt zum Abschluss die Validierung der Sachbilanz (*Schritt 7.3*). In diesem Schritt wird geprüft, ob sich die Daten für die Zielerreichung der Studie eignen. Zudem muss auf die Stimmigkeit der Daten geachtet werden. Wenn es Abweichungen zu den Definitionen und Annahmen gibt, müssen die Definitionen und Annahmen der ersten Blöcke angepasst werden. Sollte bspw. angenommen worden sein, dass mit Istwerten gerechnet werden soll, aber nur Durchschnittspreise für einige Materialien erhoben werden konnten, muss diese Vorgabe in der Definition des Untersuchungsrahmens angepasst werden. Zudem sollten die Werte für die Marktsphärenflüsse der DEALA-Aktivitäten angepasst werden, bei denen Istwerte genutzt worden sind, um eine einheitliche Vorgehensweise bei der Berechnung sicherzustellen.

Die Sachbilanzergebnisse werden in den nachfolgenden Blöcken 8 und 9 zur Wirkungsabschätzung verwendet. Wenn in diesem Schritt auf vordefinierte Wirkungsabschätzungsmethoden wie DEALA zurückgegriffen wird, müssen ausschließlich die entsprechenden Wirkungskategorien gewählt werden, die bei der Ergebnisdarstellung aufgezeigt werden sollen, da die Klassifizierung sowie Charakterisierung bereits erfolgt ist. Sollen hingegen andere Charakterisierungsmodelle verwendet werden, müssen diese in diesem Schritt definiert und wissenschaftlich begründet werden. Zudem können im Zusammenhang mit der Wirkungsabschätzung die Ergebnisse normiert, geordnet und gewichtet werden, wie in der DIN EN ISO 14040 und DIN EN ISO 14044 beschrieben.

Abschließend folgen die Blöcke zur Auswertung. So müssen ausgehend von Block 10 die signifikanten Parameter identifiziert werden. Hierbei kann eine Hotspot-Analyse durchgeführt werden, die im Rahmen einer ökonomischen Bewertung zu den Prozessmodulen führt, die den größten Einfluss auf entsprechende Wirkungskategorien haben. Zudem erfolgt eine Beurteilung der Ergebnisse (Block 11), die das Ziel hat, die Glaubwürdigkeit und Zuverlässigkeit der Studie zu stärken. Hierfür kann analog zur DIN EN ISO 14040 und DIN EN ISO 14044 auf Vollständigkeits-, Sensitivitäts- und Konsistenzprüfungen zurückgegriffen werden. Besonderes Augenmerk sollte im Zusammenhang der ökonomischen Bewertung auf den Sensitivitäten liegen, da bspw. Preise bestimmter Materialien starken Marktschwankungen unterliegen können, die einen Einfluss auf die Ergebnisse haben.[11] Nach Abschluss der Beurteilung folgt die Ableitung von Schlussfolgerungen sowie die Angabe von Einschränkungen und Empfehlungen (Block 12).

3.3 Integration des eoLCSA zur Entscheidungsunterstützung

Eines der Ziele des eoLCSA ist es, dass auf Basis der Ergebnisse eine Auswahl bei Alternativen stattfindet oder Handlungsempfehlungen für die Gestaltung von z. B. Wertschöpfungsketten abgeleitet werden. Die Auswahl oder Ableitung von Handlungsempfehlungen kann hierbei herausfordernd werden. Es können Zielkonflikte zwischen und innerhalb der drei Nachhaltigkeitsdimensionen entstehen und die unterschiedlichen Ziele müssen von den Entscheidungsträgern bei ihren Entscheidungen berücksichtigt werden. Hierbei kommt erschwerend hinzu, dass die unterschiedlichen Ziele unvergleichbare Einheiten aufweisen. Derartige Entscheidungsprobleme werden in der Literatur als Multi-Criteria Decision Making- (MCDM) Probleme bezeichnet.[12] Die MCDM-Probleme können nach Hwang & Masud (1979) in zwei Kategorien aufgeteilt werden: Multi-Attribute Decision Making- (MADM-) und Multi-Objective Decision Making- (MODM-) Probleme.[13]

Bei MADM-Problemen liegt dabei eine begrenzte Anzahl an Alternativen in einem diskreten Lösungsraum vor. Die Entscheidungsträger treffen nun ihre Entscheidung für eine Alternative, indem sie die Ausprägungen der Attribute untereinander und die Ausprägungen der verschiedenen Alternativen für ein Attribut vergleichen.[14] Prominente Verfahren, die die Entscheidungsträger bei der Auswahl einer Alternative unterstützen, sind der Analytic Hierachy Process (AHP)[15], die Multiattribute Utility Theory (MAUT)[16] oder die Preference Ranking Organisation Method for Enrichment Evaluations (PROMETHEE)[17]. Eine

---

[11] Vgl. Orangi et al. (2024b).

[12] Vgl. Hwang & Masud (1979), S. 6; Zimmermann & Gutsche (1991), S. 21.

[13] Vgl. Hwang & Masud (1979), S. 6.

[14] Vgl. Hwang & Masud (1979), S. 6; Zimmermann & Gutsche (1991), S. 25.

[15] Vgl. Saaty (1987), (1980); Saaty & Kearns (1985); Zimmermann & Gutsche (1991), S. 65–91.

[16] Vgl. Dyer (2005); Keeney (1977); Von Winterfeldt & Fischer (1975).

[17] Vgl. Behzadian et al. (2010); Brans & Vincke (1985); Zimmermann & Gutsche (1991), S. 220–236.

Übersicht zu den unterschiedlichen MADM-Verfahren und eine Unterstützung bei der Auswahl eines geeigneten Verfahrens wird bspw. von Cinelli et al. (2022) bereitgestellt.

Im Gegensatz dazu sind bei MODM-Problemen die Alternativen nicht explizit vorgegeben und es wird von einem stetigen Lösungsraum ausgegangen. Im Vordergrund von MODM-Problemen stehen Gestaltungsprobleme im Vergleich zu den Auswahlproblemen bei MADM. Daher wird bei MODM-Problemen auf Basis von quantifizierbaren Zielfunktionen und einem Set von Restriktionen die beste Alternative bestimmt. Die mathematischen Optimierungsmodelle, die hieraus entstehen, werden dabei Vektoroptimierungsmodelle genannt, die folgendermaßen allgemein formuliert werden können:[18]

$$\max[f_1(\underline{x}), f_2(\underline{x}), \ldots, f_o(\underline{x})] \tag{3.9}$$

Unter den Nebenbedingungen:

$$g_i(\underline{x}) \leq 0 \, \forall i = 1, \ldots, r \tag{3.10}$$

Innerhalb dieses allgemeinen Vektoroptimierungsmodells stellt $\underline{x}$ einen n-dimensionalen Entscheidungsvektor dar, was bedeutet, dass das Entscheidungsproblem n Entscheidungsvariablen beinhaltet. Zudem gibt es r Restriktionen g_i und o Zielfunktionen f_j.[19]

Da sich diese Arbeit auf die Gestaltung von Produktionssysteme fokussiert, wird sich im Folgenden auf die MODM-Probleme konzentriert und es werden verschiedene Möglichkeiten vorgestellt, wie derartige Probleme gelöst werden können, um die beste Lösung bei mehreren Zielen zu finden. Hierfür muss zunächst verdeutlicht werden, was unter einer besten Lösung zu verstehen ist. Zu diesem Zweck werden unterschiedliche Begriffe eingeführt: Es wird von einer *individuellen Optimallösung* gesprochen, wenn die Lösung für jeweils eine Zielfunktion optimal ist. Der Vektor, der alle individuellen Optima beinhaltet, wird dabei *idealer Zielvektor* genannt. Erreichen alle Zielfunktionen gleichzeitig ihr Optimum, wird von einer *perfekten Lösung* gesprochen. Diese tritt im Falle von MODM-Problemen allerdings nur in seltenen Fällen auf. Vielmehr tritt der Fall der sogenannten *Pareto-optimalen Lösungen*[20] auf. Dies sind Lösungen, für die es keine alternativ zulässige Lösung gibt, deren Zielfunktionswerte die

[18] Vgl. Hwang & Masud (1979), S. 1–7; Zimmermann & Gutsche (1991), S. 25.

[19] Vgl. Hwang & Masud (1979), S. 1.

[20] Diese werden auch funktional-effiziente oder nicht-dominierte Lösungen genannt.

Zielfunktionswerte der bisherigen Lösung dominieren. Die Menge der Pareto-optimalen Lösungen wird *vollständige Lösung* genannt. Die *beste Lösung* (oder auch Kompromisslösung) ist dann diejenige Pareto-optimale Lösung, die von den Entscheidungsträgern präferiert wird.[21]

Für die Lösungsmethoden der MODM-Probleme haben Hwang & Masud (1979) vier Klassen eingeführt, wobei eine Unterscheidung über den Zeitpunkt im Prozess getroffen wird, in dem die Entscheidungsträger die Informationen hinsichtlich ihrer Präferenzen zu den Zielen mitteilen. Abbildung 3.14 zeigt dabei die Klassifikation sowie einige ausgewählte MODM-Methoden.

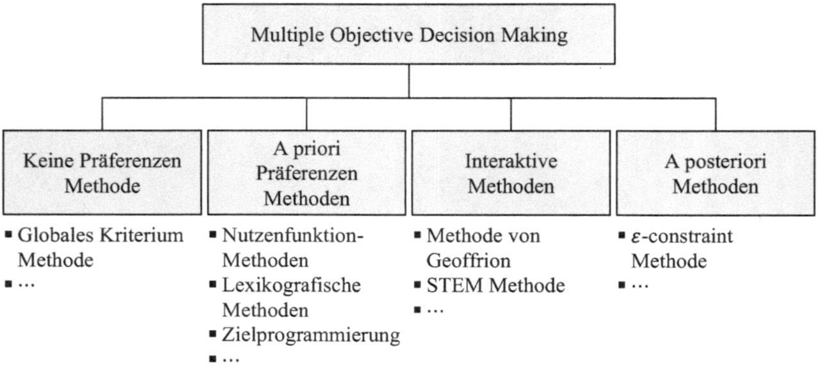

Abbildung 3.14 Klassifikation von MODM-Methoden[22]

Nach dieser Klassifikation können somit keine Informationen, Informationen vor der Lösung, Informationen während der Lösung und nach der Lösung der Modelle bereitgestellt werden. Im ersten Fall müssen die Entscheidungsträger die gefundene Lösung entweder akzeptieren oder ablehnen. Sie haben aber keinen direkten Einfluss auf die Lösung des Problems. Eine bekannte Methode dieser Klasse ist die **Globale Kriterium Methode**. Dabei wird die Zielfunktion so umformuliert, dass ein globales Kriterium minimiert werden soll. Dieses globale Kriterium kann auf verschiedene Weisen definiert werden. Ein Beispiel für

[21] Vgl. Hwang & Masud (1979), S. 16–20; Zimmermann & Gutsche (1991), S. 35 & 98–100.

[22] In Anlehnung an: Hwang & Masud (1979), S. 8–9; Zimmermann & Gutsche (1991), S. 30–31.

ein globales Kriterium ist die Summe der Quadrate der relativen Abweichungen der Zielfunktionen von den erreichbaren Idealpunkten. In diesem Fall würde die Zielfunktion (3.9) folgendermaßen umgeschrieben werden:

$$\min \sum_{i=1}^{o} \left\{ \frac{f_j(\underline{x}^*) - f_j(\underline{x})}{f_j(\underline{x}^*)} \right\}^p \tag{3.11}$$

$f_j(\underline{x}^*)$ repräsentieren die erreichbaren individuellen Optimallösungen jedes Ziels ($j = 1, \ldots, o$). Diese werden im ersten Schritt so berechnet, dass das Optimierungsmodell für jedes einzelne Ziel gelöst wird. Zudem wird die Abweichung von der individuellen Optimallösung normiert, sodass die Werte unabhängig von ihren Einheiten aufsummiert werden können. Mithilfe dieser individuellen Optimallösungen wird anschließend die beste Lösung berechnet. Hierbei kann der Exponent p unterschiedlich gewählt werden, je nachdem wie stark eine Abweichung bestraft werden soll. Typische Werte in der Literatur sind $p = 1$ und $p = 2$. Ein Kritikpunkt an der Methode ist allerdings, dass für die Entscheidungsträger nicht akzeptable Lösungen resultieren können bzw. für die Entscheidungsträger nicht die beste Lösung gefunden wird.[23]

Daneben gibt es Methoden zur Lösung von MODM-Problemen, bei denen die Entscheidungsträger vor der Lösung des Modells, a priori, Informationen hinsichtlich ihrer Präferenzen angeben müssen. Drei bekannte Methoden sind die **Nutzenfunktionsmethoden**, die lexikografischen Methoden und die Zielprogrammierung. Bei der ersten Methode wird die Zielfunktion des Vektoroptimierungsproblems durch eine Nutzenfunktion der Ziele ersetzt. Hierbei müssen die Entscheidungsträger den Nutzen ihrer Ziele angeben können, was in der Praxis herausfordernd bis unmöglich sein kann. Sollte es jedoch möglich sein, den Nutzen der Ziele korrekt anzugeben, resultiert eine für die Entscheidungsträger zufriedenstellende Lösung als Endergebnis. Generell kann die Nutzenfunktion unterschiedlich dargestellt werden. Ein Spezialfall stellt die Darstellung der Nutzenfunktion als gewichtete Summenfunktion dar, wobei von einer linearen Nutzenfunktion ausgegangen wird. In diesem Fall würde die Zielfunktion folgendermaßen formuliert werden:

$$\max \sum_{j=1}^{o} w_j \cdot f_j(\underline{x}) \tag{3.12}$$

---

[23] Vgl. Chiandussi et al. (2012); Hwang & Masud (1979), S. 21–29; Miettinen (1998), S. 67–76.

Hierbei entspricht w_j den Gewichtungen, die die Entscheidungsträger jedem Ziel ($j = 1, \ldots, o$) zuordnen und in Summe den Wert 1 ergeben müssen. Da diese Gewichtungen in der Regel subjektiv sind, empfiehlt es sich, die Gewichtungen zu variieren, was zu einem Set an Pareto-optimalen Lösungen führt, aus denen die beste Lösung ausgewählt werden kann.[24]

Bei den **lexikografischen Methoden** müssen hingegen die Entscheidungsträger vor der Lösung des Modells die einzelnen Ziele nach ihrer Wichtigkeit priorisieren. Auf Basis der Priorisierung wird eine Rangfolge gebildet. Anschließend wird das Modell mit der am höchsten priorisierten Zielfunktion gelöst. Sollte die resultierende Lösung nicht einzigartig sein, wird nachfolgend das Modell mit der zweithöchsten gerankten Zielfunktion gelöst, wobei eine entsprechende Restriktion ergänzt wird, die sicherstellt, dass die Lösung sich im Vergleich zur ersten Lösung nicht verschlechtert. Entspricht die Lösung der ersten Lösung, terminiert die Methode, andernfalls wird die nächste Zielfunktion in der Rangfolge berücksichtigt. Die Zielfunktion würde in diesem Fall folgendermaßen formuliert werden:

$$\operatorname{lex} \max[f_1(\underline{x}), f_2(\underline{x}), \ldots, f_o(\underline{x})] \tag{3.13}$$

Allgemein folgt diese Vorgehensweise typischen Verhaltensweisen von Entscheidungsträgern. Allerdings ist die Bildung der Rangfolge subjektiv und die Ergebnisse können stark sensitiv auf die Beurteilung der Wichtigkeit reagieren.[25]

Bei der dritten dargestellten Methode, der **Zielprogrammierung** (auch: Goal programming), müssen die Entscheidungsträger für jedes der Ziele einen gewünschten Zustand (Goal) angeben. Die beste Lösung wird dann über den minimalen Abstand zu diesen gewünschten Zuständen berechnet. Daher kann die Zielfunktion des Vektoroptimierungsproblems folgendermaßen umgeschrieben werden:

$$\min\left[\left(d_j^- + d_j^+\right)^p\right]^{\frac{1}{p}} \tag{3.14}$$

Hierbei gilt, dass der Exponent p größer gleich 0 ist. Die Variablen d_j^- und d_j^+ geben die Unter- bzw. Übererfüllung der gewünschten Zustände der Ziele j an. Zudem werden folgende Nebenbedingungen ergänzt, um die Erreichung der

[24] Vgl. Hwang & Masud (1979), S. 30–42; Miettinen (1998), S. 78–85 & 115–118; Zimmermann & Gutsche (1991).

[25] Vgl. Hwang & Masud (1979), S. 45–55; Miettinen (1998), S. 118–121.

gewünschten Zustände sicherzustellen, die durch den Parameter b_j repräsentiert werden.

$$f_j(\underline{x}) + d_j^- - d_j^+ = b_j \quad \forall j = 1, \ldots, o \tag{3.15}$$

$$d_j^-, d_j^+ \geq 0 \quad \forall j = 1, \ldots, o \tag{3.16}$$

$$d_j^- \cdot d_j^+ = 0 \quad \forall j = 1, \ldots, o \tag{3.17}$$

Insgesamt gibt es unterschiedliche Arten, die Zielfunktion zu formulieren. Zudem wird die Methode z. B. auch mit weiteren Methoden wie der lexikografischen Methode kombiniert, um Vorteile mehrerer Methoden zu kombinieren. Allerdings muss grundsätzlich darauf geachtet werden, dass die gewünschten Zustände der Ziele am Ende auch erreichbar sind, da sonst keine Lösungen gefunden werden können.[26]

Da eine Angabe der Präferenzen vor der Lösung der Optimierungsmodelle häufig herausfordernd erscheint, gibt es zudem Methoden, die die benötigten Informationen während des Lösungsprozesses von den Entscheidungsträgern abfragen. In solchen Fällen wird von interaktiven Methoden gesprochen, wobei zwischen interaktiven Methoden mit expliziten und impliziten Trade-Offs unterschieden wird. Ein bekanntes Beispiel einer interaktiven Methode mit explizitem Trade-Off ist die **Methode von Geoffrion, Dyer und Feinberg**. Die Grundidee dieser Methode ist, dass wie bei der Nutzenfunktionsmethode ein Gesamtnutzen maximiert werden soll. Es wird jedoch davon ausgegangen, dass der individuelle Nutzen aller betrachteten Ziele nicht explizit bekannt ist. Stattdessen werden von den Entscheidungsträgern lokale Präferenzinformationen benötigt. Dies bedeutet, dass sie innerhalb des Lösungsprozesses interaktiv nach den Trade-Offs zwischen zwei Zielfunktionen befragt werden, woraus reellwertige Gewichte für die Zielfunktionen abgeleitet werden, die so innerhalb der Methode schrittweise verbessert werden. Am Ende müssen die Entscheidungsträger ihre präferierte beste Lösung aus der vollständigen Lösung wählen. Dies unterstreicht den hohen Bedarf an Interaktionen bei der Durchführung dieser Methode, was entsprechend zu Widerständen und Herausforderungen bei der Durchführung führen kann.[27]

---

[26] Vgl. Charnes et al. (1955); Charnes & Cooper (1957); Hwang & Masud (1979), S. 56–96; Ignizio (1983); Miettinen (1998), S. 121–129; Zimmermann & Gutsche (1991), S. 121–132.

[27] Vgl. Geoffrion et al. (1972); Hwang & Masud (1979), S. 104–121; Miettinen (1998), S. 141–149; Zimmermann & Gutsche (1991), S. 142–150.

Eine interaktive Methode, die auf implizite Trade-Offs bei der Durchführung zurückgreift, ist die **STEM-Methode**. Bei dieser Methode wechseln sich Phasen der Berechnung und Entscheidung ab und verfolgt dabei die Grundidee, dass durch die sukzessive Angabe unterer Schranken für die Zielfunktionen die beste Lösung für den Entscheidungsträger gefunden wird. Hierfür wird zunächst analog zur Methode des globalen Kriteriums für jede Zielfunktion die individuelle Optimallösung berechnet und in ein sogenanntes Pay-off Tableau geschrieben. Auf Basis dieser Ergebnisse werden Gewichtungen berechnet, um anschließend ein gewichtetes Tschebycheff-Problem zu lösen. Die resultierenden Lösungen werden anschließend von den Entscheidungsträgern bewertet. Können diese keine der resultierenden Lösungen als beste Lösung akzeptieren, wird das Verfahren abgebrochen. Dies gilt ebenfalls, wenn die Entscheidungsträger die Lösung für alle Zielfunktionen, die noch nicht nach unten beschränkt worden sind, akzeptieren kann. Gilt dies nicht für alle, geben die Entscheidungsträger für eine noch nicht beschränkte Zielfunktion eine untere Schranke an. Dieser Vorgang wird so lange durchgeführt, bis eine akzeptable Lösung identifiziert oder beschlossen wird, dass es für das entsprechende Optimierungsproblem keine akzeptable Lösung gibt. Vorteil dieser Methode ist es, dass diese einfach implementierbar und verständlich für die Entscheidungsträger ist. Allerdings weist die Methode bei der Auswahl der Zielfunktionen, die eine untere Schranke bekommen, eine gewisse Willkür auf und es nicht garantiert, dass Pareto-optimale Lösungen resultieren.[28]

Unter die letzte Klasse in Abbildung 3.14 fallen die Methoden, die die Präferenzen der Entscheidungsträger erst nach der Lösung der Optimierungsmodelle, a posteriori, abfragen. Eine gängige Methode dieser Klasse ist die **ε-Constraint Methode**. Bei dieser Methode wird eine Zielfunktion ausgewählt, die optimiert werden soll. Die verbleibenden Zielfunktionen werden als Restriktion mit spezifischen Werten ε_j in die Nebenbedingungen aufgenommen:

$$\max f_i(\underline{x}) \tag{3.18}$$

unter den Nebenbedingungen

$$f_j(\underline{x}) \geq \varepsilon_j \quad j = 1, 2, \ldots, o, j \neq i \tag{3.19}$$

$$g_i(\underline{x}) \leq 0 \quad \forall i = 1, \ldots, r \tag{3.20}$$

[28] Vgl. Benayoun et al. (1971); Hwang & Masud (1979), S. 170–182; Miettinen (1998), S. 161–164; Zimmermann & Gutsche (1991), S. 164–171.

Die Werte ε_j werden dabei variiert, um unterschiedliche Pareto-optimale Lösungen zu generieren. Diese können dann von den Entscheidungsträgern bewertet werden, um die beste Lösung zu wählen. Die Methode ermöglicht es somit, alle Ziele in dem Modell flexibel zu berücksichtigen und stellen diverse Alternativen für die Entscheidungsträger zur Verfügung. Zudem müssen im Vorfeld keine Angaben zu den Gewichtungen gemacht werden. Allerdings kann der Rechenaufwand bei einer hohen Anzahl an Zielfunktionen erheblich steigen und die Auswahl zwischen den Alternativen kann herausfordernd für die Entscheidungsträger sein. Zudem besteht durch die Eingrenzung des Lösungsraums eine Gefahr der Suboptimalität.[29]

Insgesamt zeigt sich an dieser Stelle, dass sich die MODM-Probleme auf unterschiedliche Weise lösen lassen. Gemein ist den Lösungsverfahren, dass diese ein mathematisches Optimierungsproblem, in Form eines Vektoroptimierungsproblems, als Grundlage haben. Das mathematische Optimierungsmodell kann an dieser Stelle wie z. B. von Thies et al. (2021) beschrieben, aktivitätsanalytisch modelliert werden, wodurch eine Integration des eoLCSA möglich ist. Dies liegt u. a. daran, dass die Aktivitätsanalyse ein algebraischer Ansatz ist, der von Koopmans (1951) und Debreu (1959) für die Darstellung von Transformationen von Erzeugnissen durch Produktion und Transport eingeführt worden ist. In diesem Zusammenhang werden Aktivitäten mitsamt ihren Inputs und Outputs sowie den zugehörigen Quantitäten modelliert, wodurch die Analogie zur Modellierung des eoLCSA-Ansatzes deutlich wird, bei denen die Prozessmodule während der Erstellung der Sachbilanzen ähnlich modelliert werden. Zudem kann die aktivitätsanalytische Modellierung auch in mathematischen Optimierungsmodellen angewendet werden, wie in zahlreichen Publikationen demonstriert worden ist.[30] Folglich können die Sachbilanzergebnisse zusammen mit ihren Auswirkungen mit entsprechenden MODM-Problemen gekoppelt werden, um bspw. Aussagen zur Gestaltung von Produktionssystemen abzuleiten. Die allgemeine Vorgehensweise ist in Abbildung 3.15 dargestellt.

[29] Vgl. Haimes et al. (1971); Hwang & Masud (1979), S. 250–252; Miettinen (1998), S. 85–95.

[30] Für Publikationen, die eine aktivitätsanalytische Modellierung innerhalb eines mathematischen Optimierungsmodells verwendet haben, siehe u. a.: Spengler (1994), Hoyer et al. (2015), Graupner et al. (2024), Popien et al. (2024b).

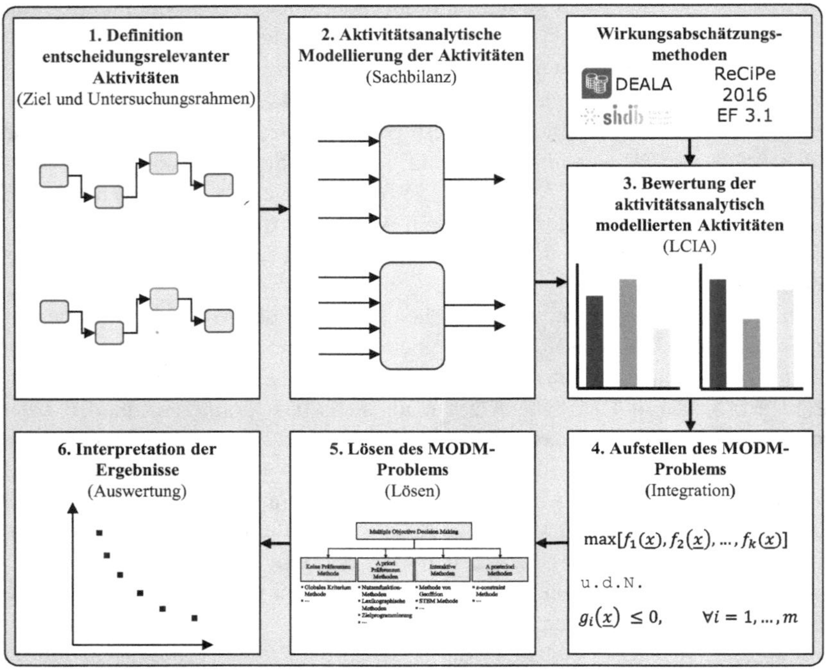

Abbildung 3.15 Allgemeine Darstellung der Integration des eoLCSA zur Entscheidungsunterstützung[31]

Der erste Schritt folgt dem entwickelten Leitfaden des eoLCSA und beginnt mit der Definition des Ziels und des Untersuchungsrahmens. Allerdings muss für die Kopplung mit den MODM-Verfahren bereits an dieser Stelle definiert werden, über welche Aktivitäten bei der Gestaltung entschieden werden soll. Diese können sich bspw. hinsichtlich ihres Standortes oder ihrer Inputs und Outputs zur Produktion eines spezifischen Guts unterscheiden. Nach der Definition des Ziels und Untersuchungsrahmens werden die Sachbilanzen erstellt. Wie beschrieben folgt dieser Schritt der Logik der aktivitätsanalytischen Modellierung. Die Sachbilanzen werden im dritten Schritt hinsichtlich ihrer Auswirkungen bewertet. An dieser Stelle können die Charakterisierungsmodelle der DEALA-Methode für die ökonomische Bewertung der Aktivitäten ausgewählt werden. Je nach

[31] In Anlehnung an Popien et al. (2024b).

Zielsetzung der Studie müssen zudem ökologische und soziale Wirkungsabschätzungsmethoden ausgewählt werden. Die Ergebnisse der Auswertung werden den Aktivitäten anschließend zugeordnet, bevor die Aktivitäten im vierten Schritt in das MODM-Problem integriert werden. Ist das MODM-Problem aufgestellt, muss dieses gelöst werden. Wie beschrieben kann dabei auf unterschiedliche Methoden zurückgegriffen werden. Abschließend werden im sechsten Schritt die Ergebnisse interpretiert und ausgewertet. Dies beinhaltet entsprechende Prüfungen der Ergebnisse, aber auch die mögliche Auswahl einer besten Lösung.

Zusammengefasst wurde die ökonomische Wirkungsabschätzungsmethode DEALA derart erweitert, dass diese die definierten Kriterien aus Abschnitt 2.4 erfüllt. Es können differenzierte Analysen durchgeführt werden und es wurden Wirkungskategorien ergänzt, die die positiven Auswirkungen von Produktionssystemen hervorheben können, sodass verschiedenste betriebswirtschaftliche Fragestellungen beantwortet werden können. Zudem wurde ein Leitfaden sowie durch die softwareseitige Implementierung Wirkungspfade für die Anwendung bereitgestellt. Darüber hinaus wird ein Framework für die Integration des eoLCSA in Entscheidungsunterstützungsmodellen eingeführt, welches für die Gestaltung von Produktionssystemen verwendet werden kann. Somit wird durch die Weiterentwicklung die dritte und vierte Anforderung dieser Arbeit erfüllt.

Fallstudie zum Einsatz des eoLCSA zur Bewertung und Gestaltung einer Batteriewertschöpfungskette

4

In diesem Kapitel wird in Abschnitt 4.1 zunächst die Fallstudie konzeptioniert. Als Fallbeispiel wird eine Batteriewertschöpfungskette bewertet. Anschließend wird in Abschnitt 4.2 der Leitfaden (aus Abschnitt 3.2) angewendet, um die Nachhaltigkeitsbewertung durchzuführen. In Abschnitt 4.3 werden die Ergebnisse in einem Entscheidungsunterstützungsmodell (auf Basis des Vorgehens aus Abschnitt 3.3) genutzt, um Handlungsempfehlungen für die Gestaltung der betrachteten Batteriewertschöpfungskette abzuleiten.

4.1 Fragestellung und Konzeption der Fallstudie

Die Fallstudie dieser Arbeit konzentriert sich auf Batteriewertschöpfungsketten. Dies ist darauf zurückzuführen, dass die Elektrifizierung der unterschiedlichen Sektoren einen elementaren Bestandteil der weltweiten Strategie darstellt, um die Klimaerwärmung zu verlangsamen und die Pariser Klimaziele zu erreichen.[1] Die für die Elektrifizierung erforderlichen Batterien und deren Wertschöpfungsketten sind jedoch mit negativen ökologischen und sozialen Auswirkungen sowie ökonomischen Herausforderungen verbunden, was sie zu einem interessanten Anwendungsfall für die Illustration des eoLCSA und deren Nutzung zur Gestaltung macht.[2] Daher wird im Folgenden auf den aktuellen Stand von Batteriewertschöpfungsketten eingegangen, um Forschungsfragen abzuleiten, die im Rahmen der Fallstudie beantwortet werden.

---

[1] Vgl. Danielis et al. (2022); de Blas et al. (2020); Senkpiel et al. (2021).

[2] Vgl. Husmann et al. (2024); Popien et al. (2023b), (2024b).

J.-L. Popien, *Entscheidungsorientiertes Life Cycle Sustainability Assessment*, Produktion und Logistik, https://doi.org/10.1007/978-3-658-50001-6_4

Allgemein konnte in den letzten Jahren ein starker Anstieg bei der Batterienachfrage beobachtet werden. Wie in Abbildung 4.1 dargestellt, wurden laut einer Studie von Roland Berger und der RWTH Aachen im Jahr 2022 bereits 774 GWh an Lithium-Ionen-Batterien (LIB) und Natrium-Ionen-Batterien nachgefragt, wobei die Studie prognostiziert, dass diese Nachfrage bis 2030 auf bis zu 4.917 GWh anwachsen könnte. Dies unterstreicht die zunehmende Bedeutung der Batterien. Zudem zeigt Abbildung 4.1, dass die Hauptnachfrage durch Mobilitätsanwendungen, insbesondere durch BEVs, verursacht wird, was die hohe Relevanz der Batterien in diesem Bereich unterstreicht.

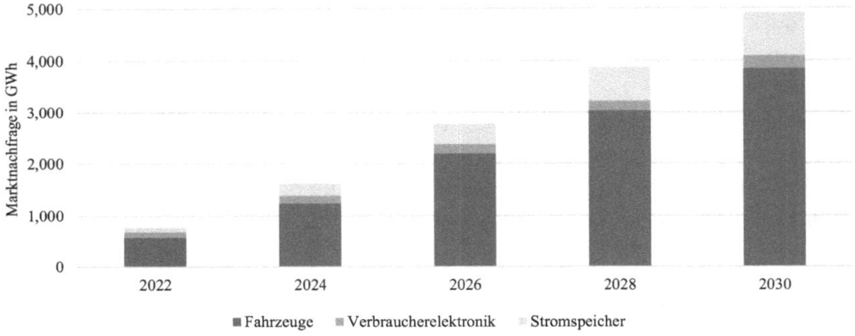

Abbildung 4.1 Prognostizierte Batterienachfrage für Lithium-Ionen und Natrium-Ionen Batterien aufgeteilt nach Anwendungen[3]

Für die LIBs, die in BEVs eingesetzt werden, werden unterschiedliche namensgebende Kathodenmaterialien eingesetzt. Aktuell werden vor allem Lithium-Eisenphosphat (LFP) und Lithium-Nickel-Mangan-Kobalt-Oxid (NMC) als Kathodenmaterialien verwendet. Hierbei zeigt Abbildung 4.2 den globalen Trend, bei dem eine Verschiebung von Batterien mit NMC zu Batterien mit LFP deutlich wird, was insbesondere auf verbesserte Zelleigenschaften bei diesen Batterietypen und den geringeren Kosten für die Materialien zurückzuführen ist.

Die Abbildung zeigt aber auch, dass dieser Trend insbesondere durch den chinesischen Markt getrieben wird, während in Europa und den USA zum großen Teil noch auf LIBs mit hohem Nickelanteil gesetzt wird.[4]

[3] Vgl. Bernhart et al. (2023), S. 12.

[4] Vgl. IEA (2024b), S. 85–86; Lu & Zhu (2024), S. 888.

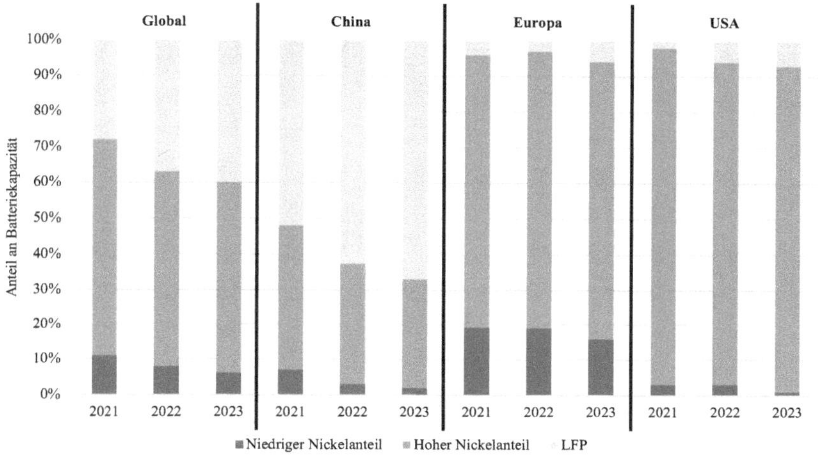

Abbildung 4.2 Anteil der unterschiedlichen Zellchemien an der Batteriekapazität für BEVs[5]

Innerhalb der Wertschöpfungsketten der genannten Batterietechnologien entstehen dabei unterschiedliche Herausforderungen. Im Folgenden wird daher ein Einblick in die Herausforderungen der einzelnen Phasen entlang der Batteriewertschöpfungskette gegeben. Der erste Schritt der Batteriewertschöpfungskette umfasst die Gewinnung und Verarbeitung von Batteriematerialien. An dieser Stelle soll sich hierbei auf die für die EU kritischen und strategischen Materialien fokussiert werden. Diese sind für beide Batterietypen die Materialien Lithium, Aluminium, Kupfer und natürliches Grafit sowie für NMC-Batterien zusätzlich die Materialien Nickel, Kobalt und Mangan.[6] Die hohe Bedeutung für die genannten Materialien ist insbesondere auf die hohen Abhängigkeiten gegenüber Drittstaaten zurückzuführen. Diese Abhängigkeiten sind über Abbildung 4.3 dargestellt.

---

[5] In Anlehnung an: IEA (2024c).

[6] Vgl. European Commission: Directorate-General for Internal Market (2023), S. 20–22.

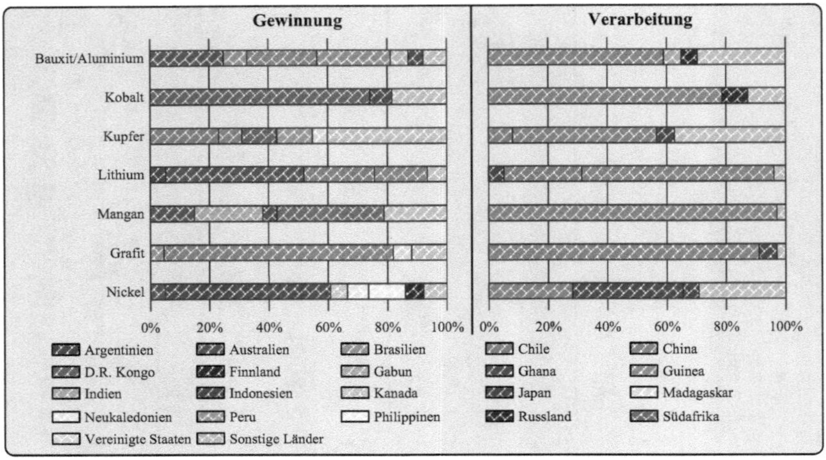

Abbildung 4.3 Länderanteile an der Gewinnung und Verarbeitung strategischer Batteriematerialien[7]

Abbildung 4.3 zeigt, in welchen Ländern die Gewinnung und Verarbeitung der Batteriematerialien im Jahr 2023 stattgefunden hat. Hierbei zeigt sich, dass insbesondere bei der Verarbeitung der Batteriematerialien starke Abhängigkeiten gegenüber China bestehen. So wird der Markt für die Verarbeitung von Grafit in Batteriequalität und der Markt für die Produktion von Mangansulfat mit Anteilen über 90 % von China dominiert. Aber auch bei der Gewinnung lassen sich Abhängigkeiten gegenüber wenigen Ländern identifizieren. Diese ökonomischen Risiken werden aus europäischer Sicht zudem weiter verstärkt, wenn die weitere Verarbeitung der Materialien betrachtet wird. So werden die Materialien für die Kathode und Anode der Batteriezellen vorwiegend in drei Ländern produziert, wobei auch in diesem Fall der größte Anteil (über 90 %) auf China fällt.[8] Zudem können die ökonomischen sowie ökologischen und sozialen Auswirkungen bspw. über den Ort der Vorkommen oder die Erzqualität beeinflusst werden. Hinsichtlich der ökonomischen Aspekte haben zudem die volatilen Preise für einige

[7] Vgl. Cobalt Institute (2024), S. 31–32; IEA (2023), S. 60–61, (2024a), S. 266, 268 & 272; USGS (2024), S. 33, 43, 63, 65, 111, 117 & 125.

[8] Vgl. IEA (2024a), S. 30–31.

der Materialien einen starken Einfluss.[9] Zusammengefasst können starke Unterschiede hinsichtlich der drei Nachhaltigkeitsdimensionen resultieren, je nachdem wo und wie die Batteriematerialien gewonnen und verarbeitet werden.[10]

Die nächste Phase ist die Batterieproduktion. Diese teilt sich in drei Schritte auf: Elektroden-, Zell- und Batteriepackproduktion. Die Schritte sowie die zugehörigen Prozesse sind u. a. in Kwade et al. (2018) und Duffner et al. (2021) beschrieben. Wie bei der Materialgewinnung und -verarbeitung werden auch bei der Batterieproduktion die ökonomischen, ökologischen und sozialen Auswirkungen durch die Standortwahl beeinflusst.[11] Die weltweite Verteilung für die Batterieproduktion im Jahr 2023 wird dabei in Tabelle 4.1 aufgelistet. Auch hier zeigt sich der starke Einfluss durch China. Im Hinblick auf die Batteriepackproduktion werden die Batteriezellen meist in der Nähe der Produktionsstätten der Automobilkonzerne zusammengesetzt, wodurch geringere Abhängigkeiten aus Sicht der Automobilkonzerne bestehen.[12] Aber auch an dieser Stelle müssen mögliche negative Auswirkungen betrachtet werden, da für die Batteriepackproduktion bspw. ein Batteriemanagementsystem benötigt wird, dass mit negativen Auswirkungen verbunden ist.[13]

Tabelle 4.1 Anteile der Länder an der Batteriezellproduktion im Jahr 2023[14]

Land	Kapazität in GWh	Anteil in Prozent
China (CN)	1.705 GWh	78 %
Deutschland (DE)	118 GWh	5 %
Vereinigte Staaten (US)	93 GWh	4 %
Polen (PL)	90 GWh	4 %
Ungarn (HU)	42 GWh	2 %
Japan (JP)	41 GWh	2 %
Südkorea (KR)	35 GWh	2 %
Sonstige Länder	55 GWh	3 %

[9] Vgl. Jannesar Niri et al. (2024); Manjong et al. (2023); Popien et al. (2023a), (b).

[10] Vgl. Barke et al. (2023); Chordia et al. (2022); Popien et al. (2023b); Schenker et al. (2022).

[11] Vgl. Barke et al. (2023); Chordia et al. (2021); Husmann et al. (2024); Popien et al. (2024a), (2023a), (b).

[12] Vgl. Scheller et al. (2023).

[13] Vgl. Ellingsen et al. (2014); Popien et al. (2024a), (2023b).

[14] Vgl. Yu & Dequiatan (2024).

Wie Abbildung 4.1 bereits gezeigt hat, werden für die Nutzungsphase vor allem Batterien für den Einsatz in der Mobilität nachgefragt. Diese Nachfrage dominiert entsprechend die Nachfrage nach Batteriematerialien und Komponenten sowie die Menge an Altbatterien, die dem Recycling zugeführt werden können, um resultierende Sekundärmaterialien erneut zu verwenden, was die Abhängigkeiten aber auch negativen Auswirkungen reduzieren könnte. In diesem Zusammenhang spielt die Lebensdauer der Batterien einen erheblichen Einfluss. Diese hängt u. a. von der Zellchemie, der Nutzung der Batterien oder äußeren Bedingungen, in der diese verwendet werden, ab.[15] Ein weiterer Aspekt ist, ob die Batterien aus den BEVs einer weiteren Nutzung in einer anderen Anwendung zugeführt werden, da dies entsprechend die Rückführung ins Recycling beeinflussen würde und damit den Zugang zu den Sekundärmaterialien.[16]

Auch das Recycling von Altbatterien und deren Gestaltung innerhalb der Batteriewertschöpfungskette hat einen Einfluss in Bezug auf die drei Nachhaltigkeitsdimensionen.[17] Generell können beim Recycling unterschiedliche Verfahren angewendet werden. Typischerweise wird dabei auf pyrometallurgische oder hydrometallurgische Verfahren bzw. Kombinationen dieser zurückgegriffen. Aber auch das direkte Recycling wird vielfach untersucht. Unterschiedliche Recyclingrouten werden bspw. von Harper et al. (2019), Mohr et al. (2020) und Blömeke et al. (2022) beschrieben. Je nach Gestaltung unterscheiden sich die Recyclingrouten hinsichtlich der Recyclingeffizienz oder dem Output an Sekundärmaterialien, die wieder für die Batteriematerialienproduktion verwendet werden können. Zudem hat der Standort für die Recyclinganlagen einen Einfluss auf die Nachhaltigkeitsdimensionen.[18] Die aktuelle Verteilung der Recyclingstandorte sowie deren verwendete Recyclingverfahren sind in Abbildung 4.4 dargestellt.

---

[15] Vgl. Ginster et al. (2024).

[16] Vgl. Abdelbaky et al. (2021); Bobba et al. (2019); Ginster et al. (2024).

[17] Vgl. Husmann et al. (2024); Popien et al. (2022).

[18] Vgl. Blömeke et al. (2022); Popien et al. (2022).

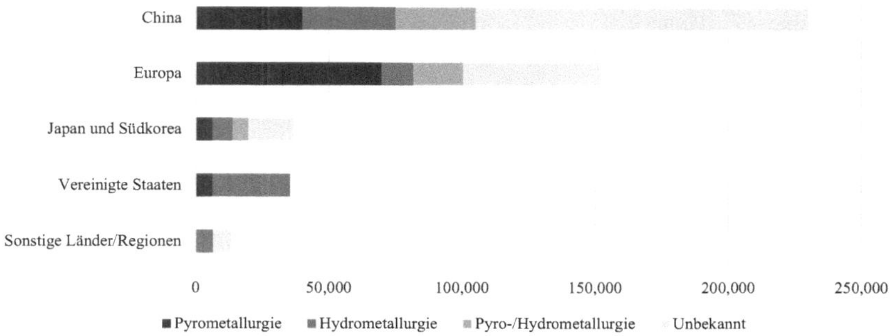

Abbildung 4.4 Verteilung der Recyclingstandorte nach Ländern und Recyclingverfahren im Jahr 2023[19]

Hier zeigt sich erneut, dass der Großteil der Recyclingkapazitäten in China aufgebaut ist. Aber auch in Europa befinden sich bereits nennenswerte Anteile der weltweiten Recyclingkapazitäten. Bei den Recyclingverfahren wird ein Mix ersichtlich, wobei bisher die pyrometallurgischen Verfahren dominieren bzw. das genaue Recyclingverfahren den Autoren der Studie nicht bekannt ist. Aufgrund einer höheren Recyclingeffizienz und besseren Rückgewinnung der Materialien ist es aber wahrscheinlich, dass zukünftige Recyclingverfahren hydrometallurgische Prozesse beinhalten.[20]

Zusammengefasst bestehen unterschiedliche Herausforderungen hinsichtlich der Gestaltung der Batteriewertschöpfungsketten aus der Nachhaltigkeitsperspektive, woraus folgende Forschungsfragen für die Fallstudie resultieren:

F1: *Welche ökonomischen, ökologischen und sozialen Auswirkungen entstehen entlang der Batteriewertschöpfungsketten?*

F2: *Welche ökonomischen, ökologischen und sozialen Hotspots existieren entlang der Batteriewertschöpfungsketten?*

F3: *Wie können die ökonomischen, ökologischen und sozialen Auswirkungen beeinflusst werden?*

Darüber hinaus wurden in Europa verschiedene Gesetzesvorhaben auf den Weg gebracht, wobei an dieser Stelle auf zwei Gesetzesvorhaben eingegangen wird,

[19] Vgl. IEA (2023), S. 45–46.

[20] Vgl. IEA (2023), S. 45–46.

die einen besonderen Einfluss auf die Gestaltung von Batteriewertschöpfungsketten haben. Zunächst sei die EU-Batterieverordnung zu nennen. Diese bezieht sich spezifisch auf den Batteriemarkt und hat das Ziel, die Effizienz des EU-Binnenmarkts zu stärken sowie negative Umweltwirkungen ausgehend durch Batteriewertschöpfungsketten zu verhindern bzw. zu verringern und die menschliche Gesundheit zu schützen. Hierfür gibt die EU-Batterieverordnung unterschiedliche Anforderungen an Nachhaltigkeits-, Sicherheits- und Kennzeichnungsaspekte sowie die Bereitstellung von Information vor, wobei festgelegt wird, dass ohne die Befriedigung der Anforderungen Batterien nicht auf den EU-Batteriemarkt in den Verkehr gebracht werden dürfen. Hinsichtlich der Anforderungen wird an dieser Stelle auf vier Aspekte genauer eingegangen. Zunächst muss der CO_2-Fußabdruck von u. a. Elektrofahrzeugbatterien angegeben werden, wobei die Nutzungsphase hierbei nicht berücksichtigt wird. Dieser CO_2-Fußabdruck muss zunächst nur öffentlich gemacht werden. Allerdings werden ab 2028 CO_2-Grenzwerte für Elektrofahrzeugbatterien eingeführt, bei deren Überschreitung die Batterien nicht auf den EU-Binnenmarkt in den Verkehr gebracht werden dürfen. Diese Grenzwerte sollen dabei regelmäßig evaluiert und angepasst werden. Ein weiterer Aspekt der EU-Batterieverordnung ist die Verpflichtung der Batterieproduzenten, den Rezyklatgehalt angeben zu müssen. Hierfür sind die Werte in Tabelle 4.2 verpflichtend.

Tabelle 4.2 Verpflichtender Rezyklatanteil in Elektrofahrzeugbatterien für Kobalt, Lithium und Nickel

Material	2031	2036
Kobalt	16 %	26 %
Lithium	6 %	12 %
Nickel	6 %	15 %

Die Sekundärmaterialien können hierbei aus Produktionsabfällen oder dem Recycling von Altbatterien resultieren. Die Grenzwerte sollen bis zum Ende 2028 evaluiert und gegebenenfalls angepasst werden. Insgesamt sollen hierdurch die Abhängigkeiten nach Primärmaterialien und damit bezüglich Drittstaaten reduziert werden. Zudem wird in der EU-Batterieverordnung festgelegt, dass Altbatterien nicht beseitigt oder energetisch verwertet werden dürfen. Hierbei müssen Recyclingeffizienzen eingehalten werden, die bis Ende 2025 65 % des durchschnittlichen Gewichts von LIBs erreichen und bis Ende 2030 auf 70 % angehoben werden sollen. Zudem gibt es Vorgaben zur stofflichen Verwertung von Kobalt, Lithium und Nickel, wobei entsprechende Werte bis zum Ende des Jahres 2027 und 2031 vorgegeben sind. Der abschließende Aspekt der EU-Batterieverordnung, der an dieser Stelle vorgestellt werden soll, ist die Bereitstellung von Informationen zu den Sorgfaltspflichten. Für diese Einhaltung müssen Strategien entwickelt und implementiert werden. Im Falle der Verordnung gilt dies für die Materialien Kobalt, natürliches Grafit, Lithium, Nickel sowie deren chemischen Verbindungen. Insgesamt müssen unterschiedliche Kategorien an Risiken berücksichtigt werden. Diese umfassen Risiken für die Umwelt, das Klima und die menschliche Gesundheit sowie Menschenrechte, Arbeitnehmerrechte, Beziehungen zwischen Sozialpartnern und das Gemeinschaftsleben. Es werden somit ökologische und soziale Risiken in der EU-Batterieverordnung berücksichtigt.

Die zweite Verordnung ist der CRMA. Dieser ist insbesondere als Antwort auf die hohen Abhängigkeiten bei den Gewinnungs- und Verarbeitungsschritten von strategischen und kritischen Rohstoffen eingeführt worden und soll die EU krisenfester machen sowie einen nachhaltigen Zugang zu entsprechenden Rohstoffen sichern. Zudem soll die Effizienz und Kreislauffähigkeit entlang der gesamten Wertschöpfungskette gefördert werden. Generell ist die Verordnung allgemein gehalten. Allerdings werden einige Materialien (Lithium, Mangan, Grafit sowie Nickel), ausgelöst durch die hohe Bedeutung für den Batteriesektor, gesondert hervorgehoben. Für die definierten kritischen und strategischen Rohstoffe wurden in der Verordnung unterschiedliche Zielwerte eingeführt, die bis 2030 erreicht werden sollen. So sollen Erze, Minerale oder Konzentrate innerhalb der EU gewonnen werden, um mindestens 10 % des jährlichen Verbrauchs der EU zu decken, soweit die Reserven es erlauben. Zudem soll die Verarbeitung der Materialien zu mindestens 40 % in der EU erfolgen. Auch die Recyclingkapazitäten sollen erhöht werden, sodass mindestens 25 % des jährlichen Verbrauchs an strategischen Materialien durch das Recycling erzeugt werden. Darüber hinaus soll die Einfuhr aus Drittländern beschränkt werden. So gilt mit dem CRMA, dass, bezogen auf den Jahresverbrauch in der EU, maximal 65 % der strategischen Rohstoffe aus einem Drittstaat kommen dürfen, wobei alle Verarbeitungsschritte berücksichtigt werden müssen. Hinsichtlich der Sorgfaltspflichten gelten vergleichbare Anforderungen, wie sie bereits in der EU-Batterieverordnung definiert worden sind.

Insgesamt unterstreichen die vorgestellten Gesetzesvorhaben, dass die Stakeholder bei der Gestaltung ihrer Batteriewertschöpfungsketten Restriktionen unterworfen sind, die sie berücksichtigen müssen. Diese beziehen sich insbesondere auf die Reduktion ökonomischer Abhängigkeiten der EU sowie der Reduktion/Vermeidung ökologischer und sozialer Risiken. Aus diesen Restriktionen bzw. den entsprechenden Anforderungen folgt die nächste Forschungsfrage für die Fallstudie:

F4: *Wie beeinflussen die Anforderungen der Gesetzesvorhaben die Gestaltung der Batteriewertschöpfungsketten im Vergleich zum aktuellen Stand und welche Schlüsse können hieraus abgeleitet werden?*

Hieraus folgt der zweite Teil der Fallstudie, in der ein Entscheidungsunterstützungsmodell, aus der Perspektive eines Batteriepackproduzenten, entwickelt wird, um die Auswirkungen der Gesetzesvorhaben zu analysieren sowie auf mögliche Zielkonflikte bei der Gestaltung der Batteriewertschöpfungsketten hinzuweisen. Darüber hinaus sollen allgemein die DEALA-Methode sowie die Integration des eoLCSA in ein Entscheidungsunterstützungsmodell mithilfe der Fallstudie evaluiert werden. So können bei der DEALA-Methode drei unterschiedliche Charakterisierungsmodelle gewählt werden. Die Unterschiede bei der Anwendung und die Analysemöglichkeiten sollen mithilfe der Fallstudie dabei näher dargestellt werden. Hieraus folgt die fünfte Forschungsfrage:

F5: *Welche Unterschiede sowie Vor- und Nachteile folgen aus der Auswahl der Charakterisierungsmodelle der DEALA-Methode sowie bei der Integration des eoLCSA in ein Entscheidungsunterstützungsmodell?*

4.2 Nachhaltigkeitsbewertung einer Batteriewertschöpfungskette

Dieses Unterkapitel folgt in vielen Teilen der beschriebenen Fallstudie von Popien et al. (2024a) und wird in dieser Arbeit für tiefergehende Analysen sowie zur weiteren Illustration der Anwendung des eoLCSA und Anpassungen der DEALA-Methode erweitert. Ein besonderes Augenmerk wird auf der Anwendung des Leitfadens, der neuen bzw. erweiterten Charakterisierungsmodelle sowie Sensitivitätsuntersuchungen liegen. Zudem werden im Vergleich zur Studie von Popien et al. (2024a) die Inputdaten aktualisiert.

4.2.1 Definition des Ziel- und Untersuchungsrahmens

Der erste Block des Leitfadens beinhaltet die Zieldefinition. Für diesen Block werden die Parameter, wie in Abbildung 4.5 dargestellt, für die Fallstudie definiert.

1	Zieldefinition					
Parameter	**Ausprägung**					
1.1) Berücksichtigte Nachhaltigkeitsdimensionen	Ökonomisch	Ökologisch	Sozial			
1.2) Ziel der Studie	Vergleich von Produktionssystemen	Identifikation von Hotspots	Dokumentation von Auswirkungen	Identifikation von Trade-Offs	Identifikation von Verbesserungspotenzialen	Weitere Ziele
1.3) Gründe für die Studie	Input für die Entscheidungsunterstützung	Input für das Marketing	Input für das Berichtswesen	Entwicklung politischer Maßnahmen	Weitere Gründe	
1.4) Zielgruppe der Studie	Entscheidungsträger Unternehmen	Entscheidungsträger Politik	NGOs	Wissenschaft	Öffentlichkeit	Weitere
1.5) Öffentlich vergleichende Studie	Ja	Nein				

Abbildung 4.5 Festlegung der Parameter für den morphologischen Kasten der Zieldefinition

Das Ziel dieser Fallstudie ist die Bewertung einer Batteriewertschöpfungskette hinsichtlich ihrer ökonomischen, ökologischen und sozialen Auswirkungen, um Hotspots sowie Trade-Offs entlang der Batteriewertschöpfungskette zu identifizieren. Die Nachhaltigkeitsbewertung dient dabei als Input für eine Entscheidungsunterstützung und richtet sich insbesondere an Entscheidungsträger in Unternehmen sowie die Öffentlichkeit, da mithilfe der Studie tiefergehende Einblicke in die ökologischen, ökonomischen und sozialen Auswirkungen über den gesamten Lebenszyklus von Batterien gegeben werden. Zudem richtet sich die Studie an die Wissenschaft, da der Einsatz der DEALA-Methode und des eoLCSA veranschaulicht wird und der Einsatz als Blaupause für zukünftige wissenschaftliche Studien verwendet werden kann. Eine öffentliche vergleichende Studie ist nicht angestrebt, weshalb der fünfte Block des Leitfadens nachfolgend nicht weiter betrachtet wird.

Die Definitionen der Parameter des zweiten Blocks sind in Abbildung 4.6 abgebildet. Das Produktionssystem wird derart abgebildet, dass die einzelnen Prozesse entlang der Wertschöpfungskette als Aktivitäten dargestellt werden. Hierbei bezieht sich das Produktionssystem wie bei Popien et al. (2024a) auf die Wertschöpfungskette einer NMC811-Batterie, was bedeutet, dass der Grundstoff für die Kathode der Batterie einen Nickelanteil von 80 %, einen Mangananteil von 10 % und einen Kobaltanteil von 10 % besitzt. Dieser Batterietyp wird gewählt, da es sich hierbei um einen gängigen und aktuellen Batterietypen in Europa handelt, wie im Abschnitt 4.1 gezeigt wurde.

2 **Definition des Produktionssystems**

Parameter	Ausprägung							
2.1) Aggregation des Produktionssystems	Prozesse	Produkte	Fabriken	Supply-Chains	Weitere Perspektiven			
2.2) Quantifizierung der Funktion	Menge (z. B. in Stück)	Volumen (z. B. in m³)	Masse (z. B. in kg)	Ressourcen-verbrauch (z. B. in kWh)	Ressourcen-bereitstellung (z. B. in kWh)	Weitere		
2.3) Definition des Zeithorizonts/ der Wiederholungsrate	Eine Periode	Mehrere Perioden	Nutzungsintensität als Gesamtdauer	Nutzungsintensität als Häufigkeit	Weitere			
2.4) Definition des Standorts	Regional	National	Markt	Global	Weitere			
2.5) Definition der Leistungsfähigkeit	Effizienz von x %	Qualität von x %	Zufriedenheit von x %	Weitere				
2.6) Definition der Systemgrenzen	Von der Wiege bis zum Tor	Von der Wiege bis zur Bahre	Von der Wiege zur Wiege	Von Tor zu Tor	Von Tor zur Bahre	Von der Wiege zum Kunden	Vom Kunden zur Bahre	Weitere
2.7) Berücksichtigte Stakeholder	Anwender	Produzenten	Lieferanten	Recycler	Entsorger	Weitere Stakeholder		

Abbildung 4.6 Festlegung der Parameter für den morphologischen Kasten für die Definition des Produktionssystems

Das Produktionssystem beginnt bei der Gewinnung und Verarbeitung der notwendigen Rohstoffe für die Produktion der Batteriezellen und des Batteriepacks. Die Batteriepacks werden anschließend innerhalb eines BEVs genutzt, bevor die Batterie am Ende des Lebenszyklus dem Recycling zugeführt wird. Es handelt sich somit um eine „Von der Wiege bis zur Bahre" Studie, wie in Abbildung 4.7 dargestellt. Die dargestellten Systemgrenzen sind hierbei in ein Vordergrund-, Zwischen- und Hintergrundsystem aufgeteilt. Das Vordergrundsystem berücksichtigt die Perspektive von zwei Produzenten: dem Zellproduzenten und dem

Packproduzenten. Zudem wird die Perspektive eines Nutzers und Recyclers berücksichtigt. Die zugehörigen Prozesse werden entsprechend in gleicher Detailtiefe für die Bewertung der Auswirkungen der drei Nachhaltigkeitsdimensionen betrachtet. Für die Fallstudie wird hierbei angenommen, dass die Packproduktion sowie die Nutzung der Batterien in Deutschland stattfinden, während für die Zellproduktion der globale Marktmix aus dem Jahr 2023 angenommen wird, wie er in Tabelle 4.1 dargestellt ist. Die Annahme des globalen Marktmix gilt darüber hinaus für die Gewinnung von Kobalt, Lithium, Nickel, Mangan, Grafit, Aluminium und Kupfer sowie deren Verarbeitungsschritte zu Batteriekomponenten, da diesen aufgrund des CRMA eine besondere Bedeutung zukommt. Die Sammlung, Demontage sowie mechanische Verarbeitung der Altbatterien findet ebenfalls in Deutschland statt, während für die weitere hydrometallurgische Verarbeitung der Marktmix für das Recycling angenommen wird (Abbildung 4.4). Insgesamt sollen diese Annahmen als Basisszenario für die Fallstudie dienen. Um allerdings die Flexibilität der DEALA-Methode und Auswirkungen der Standortwahl hervorzuheben, wird in weiteren Szenarien untersucht, wie sich die Wahl der Standorte bei der Zellproduktion und bei den hydrometallurgischen Prozessen auswirkt. Hierbei werden für die Zellproduktion die Länder aus Tabelle 4.1 und für die hydrometallurgischen Prozesse diejenigen Länder in Europa, die bereits hohe Recyclingkapazitäten aufweisen bzw. angekündigt haben, neben den Ländern, die in Abbildung 4.4 abgebildet sind, berücksichtigt.

Das Zwischensystem wird benötigt, da in der Zieldefinition festgelegt wurde, dass alle drei Nachhaltigkeitsdimensionen berücksichtigt werden sollen. Das Zwischensystem beinhaltet daher Prozessmodule für Transportmittel, die Energieerzeugung sowie die Materialgewinnung und -verarbeitung. Im Hintergrundsystem befinden sich die Datenbanken mitsamt ihrer Prozessmodule, die als Inputs für die Prozessmodule im Zwischensystem und Vordergrundsystem bereitstehen und sich nicht im Vordergrund der Fallstudie befinden.

Abschließend müssen für diesen Block die Parameter 2.2–2.5 für die Definition der funktionellen Einheit festgelegt werden. Hierbei wird abweichend von der Ausgangsstudie von Popien et al. (2024a) auf die Vorgaben zur Bewertung von Batterien der EU-Batterieverordnung zur Definition der funktionellen Einheit zurückgegriffen. In dieser wird vorgegeben, dass die Funktion über die Bereitstellung von Energie in kWh quantifiziert wird, die die Batterie über ihre gesamte Nutzungszeit bereitstellt. Für die Fallstudie soll dies weiter spezifiziert werden. Die Gesamtenergie über die gesamte Nutzungszeit wird aus dem Produkt der Nutzungszeit, der nutzbaren Energie der Batterie und der Ladezyklen pro Jahr berechnet. Es werden somit mehrere Perioden berücksichtigt. Für die Fallstudie folgt damit folgende Gesamtenergie, die bereitgestellt wird.

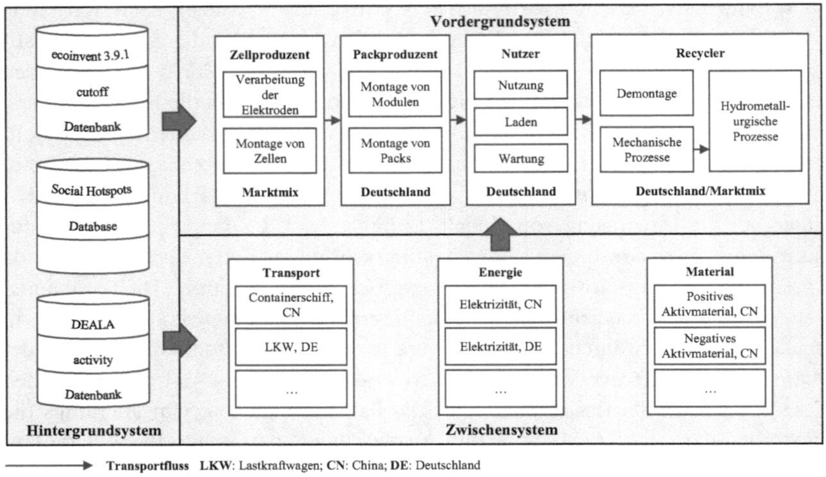

Abbildung 4.7 Systemgrenzen der Fallstudie[21]

$$\text{Gesamtenergie} = 12\ \text{Jahre} \cdot 85 \frac{\text{kWh}}{\text{Zyklus}} \cdot 60 \frac{\text{Zyklen}}{\text{Jahr}} = 61.200\text{kWh} \tag{4.1}$$

Bei der Annahme zur Nutzungszeit zur Berechnung der Gesamtenergie wird dabei von der EU-Batterieverordnung abgewichen und ein längerer Zeitraum angegeben. Dort ist dieser beschränkt, um vergleichbare Aussagen bei den Berichten der Hersteller zu garantieren, ähnlich wie bei Finanzberichten, bei denen Abschreibungsdauern bspw. über Abschreibungstabellen vorgegeben sind. Da an dieser Stelle allerdings kein rechtlich bindender externer Bericht angestrebt wird, sondern eine realistische Aussage über die ökonomischen, ökologischen und sozialen Auswirkungen gegeben werden soll, wird eine Nutzungszeit von 12 Jahren für die Batterie in einem BEV, mit einem Startzeitpunkt in dem Jahr 2023, angenommen.[22] Zudem wird angenommen, dass die Batterie eine Bruttokapazität von 100 kWh aufweist, sodass 85 kWh als nutzbare Energie pro Ladezyklus bereitstehen.[23] Die Anzahl der Zyklen basieren wiederum auf Angaben aus der EU-Batterieverordnung für derartige Fahrzeugkategorien. Daneben wird für

[21] In Anlehnung an: Popien et al. (2024a).

[22] Die Annahme basiert auf Popien et al. (2024a).

[23] Die Annahme basiert auf Knehr et al. (2022).

die funktionelle Einheit festgelegt, dass die Batterie in Deutschland in einem BEV eingesetzt wird. Der Parameter 2.5 wird nicht weiter spezifiziert, da die Leistungsfähigkeit nicht weiter betrachtet wird.

Im dritten Block folgt die Auswahl der Wirkungsabschätzungsmethoden. Da alle drei Nachhaltigkeitsdimensionen berücksichtigt werden, müssen für alle drei Dimensionen Methoden gewählt werden (Abbildung 4.8). Für die ökonomische Wirkungsabschätzung werden dabei alle drei Charakterisierungsmodelle der DEALA-Methode ausgewählt. Dies erfolgt, um die Unterschiede in der Vorgehensweise und bei den Auswertungsmöglichkeiten hervorzuheben. Für die ökologische Bewertung wird auf die Methode und die entsprechenden Charakterisierungsmodelle der Environmental Footprint (EF) 3.1 EN15804 Methode zurückgegriffen.[24] Diese wird gewählt, da diese von der EU-Batterieverordnung vorgesehen ist und mit dem Python-Modul Premise[25] kompatibel ist, welches verwendet wird, um die Entwicklung über die Jahre bspw. vom Elektrizitätsmix abzubilden. Für die soziale Wirkungsabschätzung wird die Methode der Social Hotspot Database (SHDB) verwendet, da diese Datenbank für die Repräsentation der sozialen Aktivitäten verwendet wird.[26]

3	Auswahl der Wirkungsabschätzungsmethoden					
Parameter	**Ausprägung**					
3.1) Auswahl ökonomischer LCIA-Methode	DEALA-Kosten	DEALA-Profit	DEALA-Investition	Andere LCIA-Methode		
3.2) Auswahl ökologischer LCIA-Methode	CML v4.8 2016	EF v3.1	IPCC 2021	ReCiPe 2016 v1.03 midpoint (H)	ReCiPe 2016 v1.03 midpoint (E)	Andere LCIA-Methode
3.3) Auswahl sozialer LCIA-Methode	LCIA-Methode der SHDB	LCIA-Methode der PSILCA-Datenbank	Andere LCIA-Methode			

Abbildung 4.8 Auswahl der Wirkungsabschätzungsmethoden für die Fallstudie

Abschließend müssen die Annahmen für den vierten Block angegeben werden. Eine Übersicht für die Annahmen, die die ökonomische Bewertung betreffen, ist in Abbildung 4.9 gegeben. Als Bezugsgrößen werden für die ökonomische Bewertung Normal- und Planwerte genutzt. Das bedeutet, dass für das Jahr 2023 auf entsprechende Durchschnittswerte zurückgegriffen wird, während für die

[24] Vgl. Joint Research Centre (JRC) of the European Commission (2023).

[25] Vgl. Sacchi et al. (2022).

[26] Vgl. Norris & Norris (2015).

nachfolgenden Jahre Planwerte abgeschätzt werden. Für die Schätzung der Preise wird dabei auf die Vorgehensweise der DIN EN ISO 14008 zurückgegriffen, die auch bei Popien et al. (2024a) verwendet worden ist. Zudem wird auf nominale Werte als Wertgröße zurückgegriffen. Hinsichtlich der Rechnungsgrößen werden sowohl Kosten/Erlöse als auch Ausgaben/Einnahmen berücksichtigt, da alle drei Charakterisierungsmodelle von DEALA betrachtet und entsprechend beide Rechnungsgrößen benötigt werden. Für den Umgang bei den Kapitalkosten für DEALA-Kosten und DEALA-Profit wird festgelegt, dass die kalkulatorischen Abschreibungen linear ohne Liquidationserlöse und für die Berechnung der kalkulatorischen Zinsen die Methode der Durchschnittswertverzinsung verwendet werden. Die Gemeinkosten bzw. entsprechende Ausgaben werden über eine Zuschlagskalkulation den Prozessmodulen zugeordnet. Die zugehörigen Annahmen und Zuschlagssätze werden in Abschnitt 4.2.2 näher dargestellt. Bei dem Umgang mit Kuppelprodukten in der Recyclingphase wird sowohl auf die Restwertmethode als auch die Verteilungsmethode zurückgegriffen. Dies erfolgt vor dem Hintergrund, dass die Outputs bei der Demontage und der mechanischen Verarbeitung der Batterien eindeutig in Hauptprodukt und Nebenprodukte unterteilt werden können. Bei den hydrometallurgischen Prozessen resultieren jedoch mit Grafit, Nickelsulfat, Kobaltsulfat, Mangansulfat und Lithiumhydroxid mehrere Hauptprodukte als Output, sodass die Verteilungsmethode angewendet wird. Die Verteilung erfolgt dabei auf Basis der Materialpreise nach dem Tragfähigkeitsprinzip. Für die EoL-Allokation wird auf den Cut-off Ansatz gesetzt. Der Schnitt wird so gesetzt, dass sich dieser nach der Nutzung der Batterie befindet, sodass das Recycling der Batterien auch als Produktion von Sekundärmaterialien mit entsprechenden Auswirkungen interpretiert werden kann. Der verbleibende Parameter 4.8 ist zudem so definiert, dass summarische Verfahren für die Bestimmung der Investitionen in Gebäude oder Anlagen berücksichtigt werden. Es wird entsprechend auf bekannte Daten zurückgegriffen, die über Preisindizes, Länderindizes oder den Größendegressionseffekt auf die für die Fallstudie benötigten Werte angepasst werden. Auch diese Details werden in der Beschreibung der Sachbilanz näher dargestellt.

4 Beschreibung der Limitationen und Annahmen							
Parameter	**Ausprägung**						
4.1) Definition der Bezugsgrößen	Istwerte	Normalwerte	Planwerte				
4.2) Definition der Wertgrößen	Nominale Werte	Reale Werte					
4.3) Auswahl Methode kalkulatorische Abschreibungen	Linear	Linear mit Liquidations-erlös	Geometrisch-degressiv	Arithmetisch-degressiv	Variabel	Weitere Methoden	
4.4) Auswahl Methode kalkulatorische Zinsen	Methode der Restwertverzinsung	Methode der Durchschnittswertverzinsung					
4.5) Zuweisung von Gemeinkosten zu Prozessmodulen	Zuschlags-kalkulation	Kostenstellen-/Kostenträger-rechnung	Prozess-kostenrechnung	Activity-Based Costing	Weitere Methoden		
4.6) Umgang mit Kuppelprodukten	Restwertmethode	Verteilungsmethode	Weitere Methoden				
4.7) Umgang EoL-Allokation	Cut-off	Avoided burden	50:50 Methode	Circular footprint formula	APOS	Weitere	
4.8) Vorgehen zur Investitionsschätzung von Anlagen und Gebäuden	Detaillierte Einzelermittlung	Faktormethoden	Summarische Verfahren	Weitere Verfahren			
4.9) Methoden zur Preisbestimmung	Intuitive Schätzung	Analoge Schätzung	Regressions-analyse	Ökono-metrische Modelle	Preisindizes	DIN EN ISO 14008	Weitere Methoden

Abbildung 4.9 Annahmen und Limitationen für die Durchführung der Fallstudie

Neben diesen Angaben für die Annahmen und Limitationen für die ökonomische Bewertung werden nachfolgend die allgemeinen Annahmen und Limitationen für die LCSA-Studie angegeben. So wird für die Zellproduktion angenommen, dass diese eine jährliche Kapazität von 50 GWh hat, was dem Standardwert des BatPaC v5.1 Modells entspricht, das in dieser Arbeit als Grundlage für die Daten zur Batterieproduktion und chemischen Zellzusammensetzung verwendet wird.[27] Für den Transport der Batteriezellen zum Produktionsstandort der Batteriepacks wird angenommen, dass diese per Containerschiff, falls ein Ozean überquert werden muss, und per Lastkraftwagen (LKW) erfolgt. Die Kapazität für die Batteriepackproduktion folgt der Annahme für die Zellproduktion. Das

[27] Vgl. Knehr et al. (2022).

Batteriepack wird in einem BEV eingesetzt und über 12 Jahre in dem Fahrzeug verwendet, wobei davon ausgegangen wird, dass das Fahrzeug in einem dienstlichen Kontext von einem Unternehmen gekauft wird. Dieses Unternehmen nimmt für den Erwerb der Batterie einen Kredit in Höhe von 50 % des Batteriepreises abzüglich einer staatlichen Unterstützung von 3.000 € auf, die das Unternehmen für den Erwerb erhält. Es müssen somit Zinsen für den Kredit und Subventionen bei der Erstellung der Sachbilanzen berücksichtigt werden. Anschließend an die Nutzungsphase werden die Altbatterien in Deutschland gesammelt und per LKW zur Demontage gebracht. Die Recyclingkapazität liegt hierbei bei 25.000 t pro Jahr. Für den Transport zur Hydrometallurgie gelten die gleichen Annahmen wie bei dem Transport der Batteriezellen.[28]

4.2.2 Beschreibung der Sachbilanzen

Für die Beschreibung der Sachbilanzen der Fallstudie muss zunächst der sechste Block (Datenerhebung) durchgeführt werden. Dies erfolgt in einem Top-Down Ansatz beginnend bei den Prozessmodulen im Vordergrundsystem und endet mit einer Beschreibung der Prozessmodule im Hintergrundsystem.

Für die Bestimmung der Inputs und Outputs der Prozessmodule der Zell- und Packproduktion muss zunächst die Komposition der Batterie der Fallstudie definiert werden. Für die Berechnung wurde hierbei, wie bei Popien et al. (2024a), auf das BatPaC Model v5.1 zurückgegriffen, sodass die gleichen Material- und Energieflüsse in dieser Studie angenommen werden.[29] Die Material- und Energieflüsse werden allgemein auf sieben Prozessmodule in Abhängigkeit ihrer Zugehörigkeit zugeordnet. Die Prozessmodule umfassen die Mischung der positiven und negativen Elektrodenpaste, die Produktion der Anoden und Kathoden, die Zellassemblierung sowie die Modul- und Packassemblierung. Tabelle 4.3 zeigt den Aufbau eines Prozessmoduls nach dem sechsten Block am Beispiel der Batteriepackassemblierung. So können auf Basis der berechneten Material- und Energieflüsse dem Prozessmodul sechs Inputs direkt zugewiesen werden. Diese geben auch an, welche Prozessmodule innerhalb der Datenbanken für die Batterieproduktion bzw. für die Energie- und Materialgewinnung im Zwischensystem benötigt werden. Darüber hinaus kann dem Prozessmodul ein Transportfluss als Input hinzugefügt werden. Hierfür wird auf Basis der bereits hinzugefügten

[28] Vgl. Popien et al. (2024a).

[29] Vgl. Knehr et al. (2022).

Materialflüsse geschaut, ob die Materialien von außerhalb des Landes importiert werden. Dies ist der Fall für das Kühlsystem, das Gehäuse sowie das Batteriemanagementsystem. Da diese global (GLO) akquiriert werden, wird ein Transportfluss genutzt, der durchschnittliche Werte verwendet. Sollte das Land genauer spezifiziert sein, würde ein entsprechender Transportfluss verwendet. Der Wert ergibt sich aus der Masse der entsprechenden Materialflüsse. Die Prozessmodule für die Transporte werden im Zusammenhang des Zwischensystems näher erläutert. Zudem können vier ökonomische Inputs dem Prozessmodul direkt zugeordnet werden. So wird ein Wert für die Investition in Maschinen, dem Platzbedarf für das Gebäude sowie für den Personalbedarf hinzugefügt. Die Werte wurden auf Basis des BatPaC Model v5.1 bestimmt. Zudem wird ein Wert für den Verkauf des Endprodukts ergänzt, welches benötigt wird, um entsprechende Wirkungskategorien in DEALA-Profit und DEALA-Investition zu berechnen. Die beschriebene Logik wurde für die übrigen Prozessmodule bei der Zell- und Packproduktion verfolgt, wobei DEALA-Aktivitäten für den Verkauf von Endprodukten nur bei der Zellproduktion und Packproduktion ergänzt werden, da diese die letzten Prozessschritte der jeweiligen Stakeholder darstellen.

Tabelle 4.3 Inputs und Outputs des Prozessmoduls „Batteriepackassemblierung" nach Schritt 6 der Sachbilanzerstellung

Name	Ort	Menge	Einheit	Typ	Datenbank
Batteriepack	DE	1	kg	Output	NMC811
Batteriemodul	DE	0,69	kg	Input	NMC811
Kühlsystem	GLO	0,07	kg	Input	Material 2023
Gehäuse	GLO	0,24	kg	Input	Material 2023
Batteriemanagementsystem	GLO	0,007	kg	Input	Material 2023
Elektrizität, Industrie	GLO	0,29	kWh	Input	Energie 2023
Transport	GLO	0,31	kg	Input	Transport 2023
Endprodukt – Batteriepack	GLO	0,2	kWh	Output	DEALA 2023
Abschreibung – Maschinen – 15 Jahre	GLO	0,87	USD	Input	DEALA 2023
Abschreibung – Gebäude – 33 Jahre	DE	0,0001	m^2	Input	DEALA 2023
Personal – Produktion	DE	0,0007	h	Input	DEALA 2023

Darüber hinaus wird ein Prozessmodul erstellt, um den Marktmix für die Zellproduktion zu repräsentieren. Dieses Prozessmodul wird benötigt, um die beschriebenen Szenarien der Definition des Ziel- und Untersuchungsrahmens untersuchen zu können. Der Marktmix für das Basisszenario wird in Tabelle 4.4 dargestellt. Hier zeigt sich, dass länderspezifische Inputs für die Produktion der Batteriezellen benötigt werden. Entsprechend werden innerhalb des Brightway2-Ansatzes die Prozessmodule für die Batteriezelle, aber auch für die vorgelagerten Prozessmodule, regionalisiert, was bedeutet, dass Kopien der globalen Prozessmodule erstellt werden und die Inputs länderspezifisch ausgetauscht werden. Dies erfolgt auf der Basis, dass in den entsprechenden Datenbanken untersucht wird, ob es einen Input für das Land, für die Region oder nur eine globale Repräsentation verfügbar ist. Entsprechende Marktmixe werden auch für das positive und negative Aktivmaterial erstellt, sodass in Summe 55 Prozessmodule für die Repräsentation der Zell- und Packproduktion existieren.

Tabelle 4.4 Prozessmodul für den Marktmix der Batteriezelle im Basisszenario

Name	Ort	Menge	Einheit	Typ	Datenbank
Marktmix, Batteriezelle	GLO	1	kg	Output	NMC811
Batteriezelle	CN	0,78	kg	Input	NMC811
Batteriezelle	DE	0,05	kg	Input	NMC811
Batteriezelle	US	0,04	kg	Input	NMC811
Batteriezelle	PL	0,04	kg	Input	NMC811
Batteriezelle	HU	0,02	kg	Input	NMC811
Batteriezelle	JP	0,02	kg	Input	NMC811
Batteriezelle	GLO	0,02	kg	Input	NMC811
Batteriezelle	KR	0,01	kg	Input	NMC811
Batteriezelle	SE	0,01	kg	Input	NMC811
Batteriezelle	FR	0,01	kg	Input	NMC811

Für die Beschreibung der Nutzungsphase werden pro Nutzungsjahr vier Prozessmodule erstellt. Ein Prozessmodul spiegelt den Einkauf der Batteriezelle für ein Auto wider und beinhaltet daher ausschließlich ökonomische Werte. Da diese allerdings alle von den vorgelagerten Prozessmodulen aus der Zell- und Packproduktion abhängen, können diese erst im siebten Schritt als Inputs und Outputs zu dem Prozessmodul hinzugefügt werden. Dies gilt ebenso für das Prozessmodul, das die Wartung widerspiegelt. Darüber hinaus gibt es ein weiteres Prozessmodul, das das Laden der Batterie repräsentiert. Hierbei wird der berechnete Wert aus Gleichung (4.1) in Höhe von 5.100 kWh pro Jahr als Input genutzt und ein deutscher Elektrizitätsmix für Niederspannung angenommen. Das vierte Prozessmodul ist wieder eine Marktaktivität, die die drei vorherigen Prozessmodule als Input hat und somit die gesamte Nutzung in einem Jahr repräsentiert.

Für die Material- und Energieflüsse der Recyclingphase wird auf das Recyclingtool von Blömeke et al. (2022) sowie bestehende Sachbilanzen von Popien et al. (2024a) zurückgegriffen. Diese werden den drei allgemeinen Prozessmodulen zugewiesen, die die Demontage, die mechanische sowie die hydrometallurgische Verarbeitung der Altbatterien widerspiegeln. Die Erstellung der Prozessmodule entspricht somit der beschriebenen Vorgehensweise für die Zell- und Packproduktion. Darüber hinaus werden in der Fallstudie die Auswirkungen unterschiedlicher Länder bei den hydrometallurgischen Prozessen untersucht. Daher wird für das Basisszenario ein entsprechender Marktmix erzeugt sowie entsprechende regionalisierte Prozessmodule. Insgesamt folgen für die Recyclingphase 22 Prozessmodule.

In dem Zwischensystem wird zwischen Datenbanken für Material, Transport und Energie unterschieden, die die Prozessmodule für die Gewinnung und Verarbeitung von Materialien, für die Transportflüsse zwischen Ländern und die Generierung von Energie beinhalten. Letztere Datenbank setzt sich aus länderspezifischen Prozessmodulen zusammen, die drei Inputs beinhalten. Ein Input steht jeweils für die spätere Berechnung der ökonomischen, ökologischen und sozialen Auswirkungen. Ein Beispiel ist in Tabelle 4.5 gegeben.

Tabelle 4.5 Prozessmodul für Industriestrom in Deutschland

Name	Ort	Menge	Einheit	Typ	Datenbank
Elektrizität, Industrie, mehr als 150.000 MWh	DE	1	kWh	Output	Energie 2023
Markt für Elektrizität, Hochspannung	DE	1	kWh	Input	ecoinvent 2023
Elektrizität, Industrie, mehr als 150.000 MWh	DE	1	kWh	Input	DEALA 2023
Elektrizität	DE	0,15	USD 2002	Input	SHDB

Hierbei zeigt sich, dass die Werte für die Inputs für die ökonomische und ökologische Bewertung mit dem Wert 1 eingehen, während für die soziale Bewertung auf Basis der DEALA-Aktivität der Wert bestimmt wird. Zudem sei im Hinblick auf die Prozessmodule der Energiedatenbanken zu erwähnen, dass zwischen Haushalts- und Industriestrom sowie unterschiedlichen Spannungsebenen unterschieden wird, wodurch 826 Prozessmodule pro Energiedatenbank resultieren. Insgesamt werden für jedes berücksichtigte Jahr eine Energiedatenbank erstellt, wobei mithilfe von Premise die Material- und Energieflüsse auf Basis des SSP2-Basis-Szenarios angepasst werden.[30] Zudem werden die Verlinkungen zu der entsprechenden DEALA-Datenbank und der Wert für den sozialen Input aktualisiert.

Die Materialdatenbanken werden für das Jahr 2023 und 2035 erstellt. Dies ist darauf zurückzuführen, dass keine Inputs zwischen diesen Jahren für die Nutzungsphase benötigt werden. Für die Materialdatenbanken werden unterschiedliche Vorgehensweisen berücksichtigt. So gibt es eine Vielzahl an Materialien, die analog zur Energiedatenbank erstellt werden und somit aus drei Inputs bestehen. Diese sind dabei meist global gültig. Darüber hinaus gibt es Materialien, bei denen die Gewinnung und Verarbeitung an definierten Standorten stattfindet. Dies betrifft die genannten strategischen und kritischen Rohstoffe. In diesem Fall werden regionalisierte Aktivitäten erzeugt sowie entsprechende Marktmixprozessmodule erstellt, die die jeweiligen Marktmixe repräsentieren.[31] Die regionalisierten Prozessmodule bestehen hierbei aus deutlich mehr Inputs, um die regionalen Unterschiede deutlicher hervorheben zu können. Dabei wird auf Daten der ecoinvent Datenbank[32], dem GREET-Model[33] sowie von Popien et al. (2024a) zurückgegriffen. Zudem beinhalten die Datenbanken Zwischenprodukte aus dem Recycling. Diese dienen als Hilfsmittel zur Beschreibung der Materialflüsse innerhalb des Recyclings; ihnen wird aber kein Input zugewiesen. Insgesamt besteht die Materialdatenbank für das Jahr 2023 aus 366 Prozessmodulen und für das Jahr 2035 aus 126 Prozessmodulen.

Für die Jahre 2023 und 2035 werden zudem zwei Transportdatenbanken erstellt. Diese basieren grundlegend auf zwei Prozessmodulen zum allgemeinen Berechnen der ökonomischen, ökologischen und sozialen Auswirkungen und beziehen sich auf den Transport per Containerschiff und LKW. Diese sind analog zu Tabelle 4.5 aufgebaut. Mithilfe dieser Prozessmodule werden standortspezifische Transportaktivitäten erzeugt. Tabelle 4.6 zeigt exemplarisch ein Prozessmodul, das zur Beschreibung des Transportes von China nach Deutschland

---

[30] Vgl. Riahi et al. (2017); Sacchi et al. (2022).

[31] Die Marktmixe basieren auf folgenden Quellen: Benchmark Source (2023); Blagoeva et al. (2019); Cobalt Institute (2024), S. 31–32; IEA (2023), S. 60–61, (2024a), S. 266, 268 & 272; USGS (2024), S. 33, 43, 63, 65, 85, 111, 117 & 125; Wicke (2023).

[32] Vgl. Wernet et al. (2016).

[33] Vgl. Wang et al. (2021).

genutzt werden kann. Die Distanzen werden dabei auf Basis von drei Entfernungsmatrizen berechnet. Die erste Entfernungsmatrix repräsentiert die Distanz von Seehäfen zwischen den Ländern. Hierbei wird das Python-Modul searoute[34] verwendet. In diesem wird die Distanz des nächsten Hafens eines Ursprungsorts zum nächsten Hafen eines Zielortes bestimmt, wobei die Orte jeweils die Hauptstädte der definierten Länder sind. Die zweite Entfernungsmatrix beinhaltet die Distanz von der jeweiligen Hauptstadt zum nächsten Seehafen per Straßentransport, während die dritte Entfernungsmatrix die Distanz zwischen zwei Hauptstädten, wenn ein Straßentransport möglich ist, beinhaltet. Die Distanzen der Straßentransporte werden dabei mithilfe der Schnittstelle zu OpenStreetMap[35] berechnet. Die Entfernungsmatrizen werden anschließend für die Berechnung der Distanzen zwischen zwei Standorten genutzt, wobei folgende Annahme gilt: Wenn ein Transport auf der Straße möglich und die Distanz unter 2.000 km ist, wird ein Straßentransport als Input verwendet. Gilt diese Bedingung hingegen nicht, wird die Ware zunächst von der ersten Hauptstadt zum nächsten Seehafen per LKW gefahren, bevor der Seetransport erfolgt. Anschließend wird die Ware von dem Seehafen des Ziellandes zum Zielort per LKW transportiert, woraus drei Inputs für das Prozessmodul resultieren (Tabelle 4.6). Insgesamt resultieren für jede Datenbank auf Basis der Kombinationen 16.293 Prozessmodule.

Tabelle 4.6 Prozessmodul für den Transport von China nach Deutschland

Name	Ort	Menge	Einheit	Typ	Datenbank
Transport von CN nach DE	CN	1	t	Output	Transport 2023
Transport Containerschiff	GLO	22.109	tkm	Input	Transport 2023
Transport LKW	GLO	172	tkm	Input	Transport 2023
Transport LKW	GLO	143	tkm	Input	Transport 2023

Für die Daten im Hintergrundsystem zur Berechnung der ökologischen und sozialen Bewertung wird auf die ecoinvent v3.9.1 cutoff (ecoinvent) Datenbank sowie die SHDB-Datenbank zurückgegriffen.[36] Die entsprechenden Prozessmodule dieser Datenbanken werden in den Prozessmodulen des Zwischen- und Vordergrundsystems verwendet. Der Rückgriff auf diese externen Datenbanken erleichtert insgesamt die Erfassung der Daten. Um Entwicklungen im Transportsektor und dem Elektrizitätssektor abdecken zu können, werden zudem für

[34] Siehe: https://github.com/genthalili/searoute-py (Stand: 07.02.2025).

[35] Siehe: https://www.openstreetmap.org/ (Stand: 07.02.2025).

[36] Vgl. Norris & Norris (2015); Wernet et al. (2016).

die benötigten Jahre mit dem Python-Modul Premise Datenbanken erzeugt.[37] Auch für die ökonomische Bewertung werden für die berücksichtigten Jahre entsprechende Datenbanken erstellt. In diesen werden alle benötigten DEALA-Aktivitäten erzeugt. Hierbei können zwei Vorgehensweisen unterschieden werden. Zum einen gibt es DEALA-Aktivitäten, denen ein spezifischer ökonomischer Wert auf Basis von Marktpreisen, Börsenpreisen, staatlichen Berichten und Datenbanken oder Schätzungen zugewiesen wird. Dies gilt für DEALA-Aktivitäten, die zur Bestimmung der ökonomischen Auswirkungen durch die Errichtung von Gebäuden, Verbrauch von Energie, Verbrauch von Material, Nutzung von Personal, Transport von Waren, der Abfallentsorgung sowie den Verkauf von Endprodukten benötigt werden. Tabelle 4.7 zeigt dies exemplarisch.

Tabelle 4.7 DEALA-Aktivität für Lithiumhydroxid

Name	Ort	Menge	Einheit	Typ	Datenbank
Material – Lithiumhydroxid	GLO	1	kg	Output	DEALA 2023
Material – undefiniert		37,46	USD	Input	Marktsphäre

Es wird den Prozessmodulen ein passender Marktsphärenfluss mit einem entsprechenden Wert hinzugefügt. In diesem Fall ist es der durchschnittliche Marktpreis des Jahres 2023 für Lithiumhydroxid. Für die nachfolgenden Jahre wird der Preis angepasst, wie es in der Definition des Untersuchungsrahmens angegeben worden ist. Allgemein gilt bei den Materialpreisen sowie den Preisen für End- und Kuppelprodukte, dass Marktpreise angenommen worden sind, die global gültig sind und sich so nicht hinsichtlich des Verkaufsortes unterscheiden. Dies gilt an dieser Stelle ebenso vereinfachend für die Abfallentsorgung und den Transport. Die Preise für die Konstruktion von Gebäuden, Energie und Personal sind hingegen länderspezifisch, wobei auf Preis- und Länderindizes zurückgegriffen wird, wenn keine Daten für das Jahr 2023 oder für das Land zur Verfügung stehen. Dies gilt in der Fallstudie für die Energiepreise in Mexiko, Saudi-Arabien und Südafrika sowie für die Konstruktionspreise in einigen Ländern, für die die Niederlande als Bezugsort verwendet wird.[38] Allgemein gilt, dass es Unsicherheiten bei den Preisen gibt. Daher werden bei der Interpretation der Ergebnisse insbesondere in Bezug auf die Gewinnung und Verarbeitung der strategischen und kritischen Rohstoffe sowie bei den Preisen für Konstruktion, Personal, Energie und Investitionen in Maschinen die Unsicherheiten untersucht.

---

[37] Vgl. Sacchi et al. (2022).

[38] Vgl. Arcadis (2024), S. 4.

Beim zweiten Fall der DEALA-Aktivitäten wird diesen als Input ein passender Marktsphärenfluss mit dem Wert 1 zugeordnet. Dies erfolgt bei Aktivitäten, denen kein Preis direkt zugeordnet werden kann, weil die ökonomischen Auswirkungen bspw. von anderen DEALA-Aktivitäten abhängen bzw. über Zuschlagssätze bestimmt werden. Dies gilt in dieser Fallstudie für DEALA-Aktivitäten, die zur Berechnung der ökonomischen Auswirkungen durch die Verwaltung, Versicherungen, Abschreibungen von Maschinen, Wartung, Zinsen, Steuern, Forschung und Entwicklung, Garantie, Subventionen und Investitionen anfallen. Insgesamt kann für die Fallstudie aus 4.242 DEALA-Aktivitäten pro Jahr gewählt werden.

Mit der Erstellung dieser DEALA-Aktivitäten sind alle Input-/Output-Tabellen in der ersten Iteration aus dem Block 6 erstellt und die Sachbilanzergebnisse können in Block 7 berechnet werden, wobei geprüft werden muss, ob alle abhängigen Inputs/Outputs bereits bestimmt und den Input-/Output-Tabellen zugeordnet wurden. Eine Übersicht von abhängigen Inputs und zugehörigen Zuschlagssätzen ist in Tabelle 4.8 gegeben.

Tabelle 4.8 Zuschlagssätze für Inputs im Vordergrundsystem[39]

Gültig für Inputs:	Abhängig von:	Zuschlagssatz
Wartung und Reparatur[40]	Investitionen in Gebäude Investitionen in Maschinen und Equipment	3 % 5 %
Versicherungen[41]	Investitionen in Gebäude sowie Maschinen und Equipment	1 %
Investitionsausgaben	Investitionen	–
Zinsen	Investitionen	Länderspezifisch
Verwaltung[42]	Personalkosten	25 %
Garantie[43]	Gesamtkosten ohne Steuern	6 %
Forschung und Entwicklung[44]	Gesamtkosten ohne Steuern	6 %
Steuern	Profit	Länderspezifisch

[39] In Anlehnung an: Popien et al. (2024a).

[40] Vgl. Peters et al. (2003), S. 268.

[41] Vgl. Peters et al. (2003), S. 269.

[42] Vgl. Knehr et al. (2022); Vgl. Peters et al. (2003), S. 270.

[43] Vgl. Knehr et al. (2022).

[44] Vgl. European Commission et al. (2022); Peters et al. (2003), S. 271; Popien et al. (2024a).

Die Zuweisung zu den Prozessmodulen erfolgt hierbei schrittweise abhängig von ihrem Rang. Zunächst werden die Inputs ergänzt, die von Investitionen und Personalkosten abhängen. Dies gilt für Wartung und Reparatur, Versicherungen, Zinsen und Investitionsausgaben. Für letztere werden dabei die Gesamtinvestitionen berechnet und dem Zeitpunkt zugewiesen, in der die Investition erfolgt. Hierbei werden keine Zuschlagssätze benötigt. Die Gesamtinvestitionen werden auch bei Versicherungen und Zinsen verwendet und mit einer DEALA-Aktivität kombiniert, die die entsprechenden Zuschlagssätze widerspiegeln, wobei bei den Zinsen die länderspezifischen Zinsraten der Nationalbanken angenommen werden (Tabelle 4.9). Zudem wird der berechnete Wert für die Investition durch zwei geteilt aufgrund der Nutzung der Methode der Durchschnittswertverzinsung. Bei Wartung und Reparatur wird hingegen zwischen den Investitionen in Gebäude sowie Maschinen und Equipment unterschieden, da die angenommenen Zuschlagssätze in der Literatur hierfür aufgrund der Wartungsintensität unterschiedlich angenommen werden. Es müssen konsequenterweise die Gesamtinvestitionen auf Gebäude und die Maschinen aufgeteilt werden. Der Input zur Abschätzung der Verwaltungskosten bzw. -ausgaben wird hingegen über die Personalkosten bestimmt, sodass die Personalkosten mithilfe der entsprechenden Wirkungskategorie aus DEALA-Kosten für das Prozessmodul berechnet werden müssen. Für die Berechnung der Forschungs- und Entwicklungskosten bzw. -ausgaben sowie für die Garantie werden die Gesamtkosten ohne Steuern berechnet und als Menge dem Prozessmodul hinzugefügt. Die Steuern auf den Gewinn hängen von den Steuersätzen in den jeweiligen Ländern sowie vom Profit ab, der mithilfe der entsprechenden Wirkungskategorie aus DEALA-Profit bestimmt wird (Tabelle 4.9). Hierbei dient der Marktpreis als Grundlage, der auch als Zielpreis in späteren Auswertungen interpretiert werden könnte. Abschließend muss noch ein Input aus der SHDB den Prozessmodulen hinzugefügt werden. Hierfür wird der Wert auf Basis der Wirkungskategorien Verwaltungs-, Personal-, Versicherungs-, Abschreibungs-, Wartungs-, Zins-, und Forschungs- und Entwicklungskosten bestimmt.

Tabelle 4.9 Steuersatz auf Gewinne und Zinsraten der berücksichtigten Länder in der Fallstudie

Land	Steuerrate auf Gewinne [%][45]	Zinsraten [%][46]
Vereinigte Staaten von Amerika	21	5,25
Südkorea	24	3,5
Japan	23,2	0
Polen	19	6,5
Ungarn	9	12,5
Deutschland	15,8	4
China	15	3,5
Schweden	20,6	3,5
Frankreich	25	4
Norwegen	22	3,5
Niederlande	25,8	4
Großbritannien	25	4,75
Belgien	25	4
Spanien	25	4
Finnland	20	4
Schweiz	16,5	1,5
Italien	24	4
Global	21	4

Das Prozessmodul aus Tabelle 4.3 sieht abschließend mit diesen Erweiterungen, wie in Tabelle 4.10 dargestellt, aus. Die Vorgehensweise gilt für alle Prozessmodule für die Zell- und Packproduktion mit zwei Ausnahmen. Den Prozessmodulen, die Marktmixe repräsentieren, werden keine weiteren Inputs hinzugefügt. Zudem werden nur der Zell- und Packassemblierung Werte für die Steuer und Garantie ergänzt, da nur diese Werte für Endprodukte beinhalten. Diese Vorgehensweise gilt analog für die Betrachtung der Prozessmodule für die Recyclingphase. Bei der Nutzungsphase werden hingegen abweichende DEALA-Aktivitäten hinzugefügt, was mit der Perspektive des Nutzers und den gemachten Annahmen zusammenhängt. Zunächst wird angenommen, dass die Batterie von einem Unternehmen zusammen mit einem BEV gekauft wird. Hierfür wird auf

[45] Siehe: https://taxsummaries.pwc.com (Stand: 07.02.2025).

[46] Siehe: https://tradingeconomics.com (Stand: 07.02.2025).

Basis des Preises des Endproduktes Batteriepack der Wert für die Investitionsausgabe bestimmt sowie der Wert für die lineare Abschreibung. Diese werden je nach Charakterisierungsmodell benötigt, wobei im Falle der Investitionsausgabe die entsprechende DEALA-Aktivität nur dem Prozessmodul im Jahr 2023 zugeordnet wird, da in dem Jahr die Batterie beschafft wird. Dies gilt ebenso für die Steuern, die bei der Beschaffung des Fahrzeugs bezahlt werden müssen und vom Nettopreis abhängen. Zudem muss in diesem Zusammenhang eine DEALA-Aktivität für die Subventionen in Höhe von $ 3.000 hinzugefügt werden. Abschließend werden noch zwei DEALA-Aktivitäten für die Zinsen benötigt. Einmal für die kalkulatorischen Zinsen sowie die Zinsen für den Kredit. Erste hängen von der Investition abzüglich der Subventionen ab und verteilen sich auf alle berücksichtigten Jahre. Die DEALA-Aktivität für die Berechnung der anfallenden Zinsen für den Kredit sinken hingegen jährlich durch die Abzahlung von jährlichen Annuitäten über 5 Jahre, sodass nach dem Jahr 2027 keine Zinsen mehr anfallen. Zudem muss dem Prozessmodul für die Wartung eine entsprechende DEALA-Aktivität als Input hinzugefügt werden. Diese ist ebenfalls abhängig von der Investition und es wird der gleiche Zuschlagssatz wie bei Maschinen und Equipment angenommen. Inputs aus der SHDB werden nicht verwendet, da die Nutzung keinem Industriesektor zugeordnet werden kann.

Tabelle 4.10 Inputs und Outputs des Prozessmoduls „Batteriepackassemblierung" nach Schritt 7 der Sachbilanzerstellung

Name	Ort	Menge	Einheit	Typ	Datenbank
Batteriepack	DE	1	kg	Output	NMC811
Batteriemodul	DE	0,69	kg	Input	NMC811
Kühlsystem	GLO	0,07	kg	Input	Material 2023
Gehäuse	GLO	0,24	kg	Input	Material 2023
Batteriemanagementsystem	GLO	0,007	kg	Input	Material 2023
Elektrizität, Industrie	GLO	0,29	kWh	Input	Energie 2023
Transport	GLO	0,31	kg	Input	Transport 2023

(Fortsetzung)

Tabelle 4.10 (Fortsetzung)

Name	Ort	Menge	Einheit	Typ	Datenbank
Endprodukt – Batteriepack	GLO	0,2	kWh	Output	DEALA 2023
Abschreibung – Maschinen – 15 Jahre	GLO	0,87	USD	Input	DEALA 2023
Abschreibung – Gebäude – 33 Jahre	DE	0,0001	m^2	Input	DEALA 2023
Personal – Produktion	DE	0,0007	h	Input	DEALA 2023
Wartung und Reparatur – 3 Prozent	GLO	0,42	USD	Input	DEALA 2023
Wartung und Reparatur – 5 Prozent	GLO	0,87	USD	Input	DEALA 2023
Versicherung – 1 Prozent	GLO	1,29	USD	Input	DEALA 2023
Zinsen (kalkulatorisch) – 4 Prozent	GLO	0.64	USD	Input	DEALA 2023
Investitionsausgaben	GLO	1,29	USD	Input	DEALA 2023
Verwaltung – 25 Prozent	GLO	0,03	USD	Input	DEALA 2023
Forschung und Entwicklung – 6 Prozent	GLO	1,83	USD	Input	DEALA 2023
Garantie – 6 Prozent	GLO	19,99	USD	Input	DEALA 2023
Steuern – 15.8 Prozent	GLO	2,58	USD	Input	DEALA 2023
Elektronikindustrie	DE	0,32	USD 2002	Input	SHDB

Die Sachbilanzen wurden abschließend im letzten Schritt des siebten Blocks validiert und können in Popien (2025) im Detail eingesehen werden. Insgesamt erlaubt die beschriebene Vorgehensweise eine gemeinsame Bewertung der Auswirkungen der ökologischen, ökonomischen und sozialen Dimension auf Grundlage gemeinsamer Sachbilanzen. Zudem kann individuell zwischen den drei Charakterisierungsmodellen der DEALA-Methode gewählt werden, ohne tiefergehende Anpassungen an den Datensätzen vornehmen zu müssen.

4.2.3 Darstellung der Wirkungsabschätzung

Auf Basis der erstellen Sachbilanzen können die Ergebnisse der Wirkungsabschätzung und damit die Blöcke 8 und 9 des Leitfadens dargestellt werden. Hierfür teilt sich dieses Kapitel in drei Abschnitte. Zunächst werden für die ökonomischen Wirkungskategorien der drei Charakterisierungsmodelle der DEALA-Methode, mitsamt ihren Ausprägungen, den berücksichtigten Stakeholdern zugewiesen. Anschließend daran werden die Ergebnisse in einer Prozesssicht dargestellt. Hierbei werden drei Wirkungskategorien unterschieden: Gesamtkosten für die ökonomische Dimension, Klimawandel für die ökologische Dimension und das Risiko für Zwangsarbeit für die soziale Dimension. Abschließend werden die Zahlungsreihen auf Basis der Ergebnisse des Charakterisierungsmodells DEALA-Investition aufgezeigt. Zusätzlich werden in diesem Zusammenhang die Kapitalwerte und Amortisationszeiten aus der Perspektive der Stakeholder dargestellt.

Zuweisung der ökonomischen Wirkungskategorien zu den Stakeholdern
In diesem Abschnitt werden die Wirkungskategorien der drei Charakterisierungsmodelle den vier definierten Stakeholdern mitsamt ihren Ausprägungen zugewiesen und die zugehörigen Ergebnisse dargestellt. In Abbildung 4.10 werden die Ergebnisse des Charakterisierungsmodells DEALA-Kosten visualisiert. Hierbei wird zwischen den drei Aggregationsniveaus BEIC 1-BEIC 3 unterschieden. Für den Packproduzenten fallen in dem Basisszenario $ 2.722 an Gesamtkosten an, wobei in diesem Fall der Erwerb der Batteriezellen nicht berücksichtigt wird, um eine doppelte Darstellung der Kosten durch die Zellproduktion zu vermeiden. Auf dem BEIC 2 Level wird deutlich, dass hiervon der Großteil auf die betriebsabhängigen Kosten (59 %) fällt, gefolgt von den Folgekosten (22 %), sonstigen Kosten (13 %) und investitionsabhängigen Kosten (6 %). Eine weitere Disaggregation der Wirkungskategorien auf das BEIC 3 Level offenbart, dass nahezu die Hälfte (56 %) der Gesamtkosten sowie nahezu sämtliche betriebsabhängigen Kosten von der Materialbeschaffung abhängen. Die Folgekosten hängen hingegen vollständig von den kalkulierten Garantiekosten ab, die für den Verkauf des Batteriepacks berücksichtigt werden. Eine weitere nennenswerte Wirkungskategorie mit einem Anteil über 7 % ist Steuern und Gebühren. Diese werden in dem Beispiel auf Basis des erzielten Profits berechnet und stellen den größten Teil der sonstigen Kosten dar. Die Indikatorwerte der verbleibenden Wirkungskategorien haben einen Anteil unter 5 %.

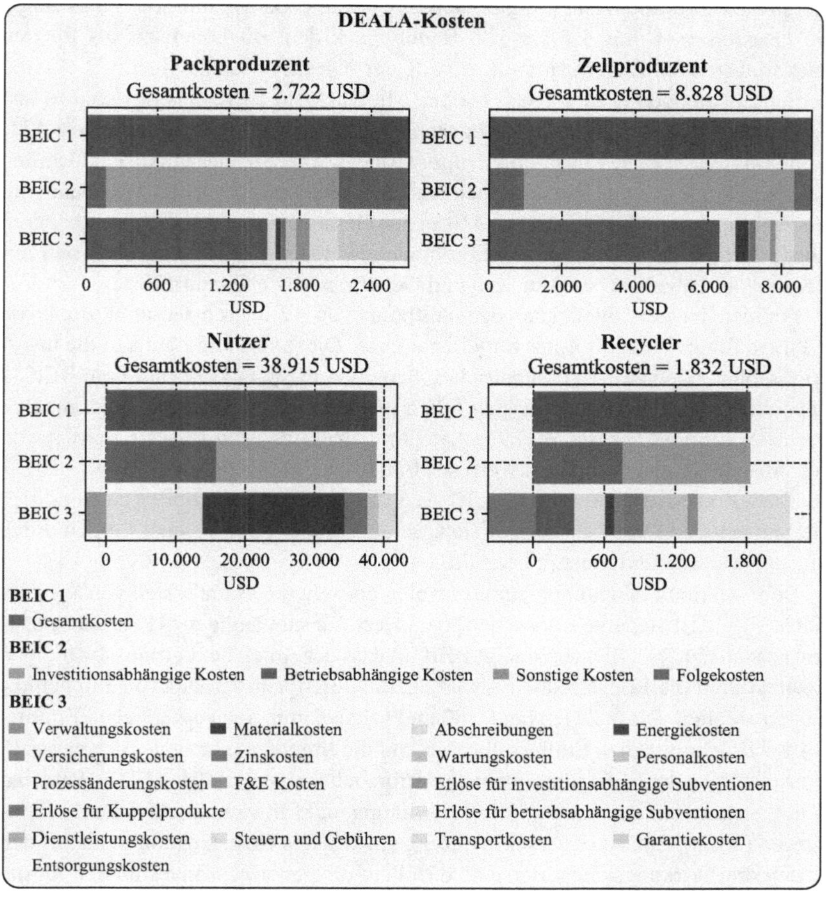

Abbildung 4.10 Zuweisung der Wirkungskategorien von DEALA-Kosten zu den Stakeholdern

Für den Zellproduzenten ergibt sich ein vergleichbares Bild, allerdings fallen die Gesamtkosten mit $ 8.828 pro Batteriepack deutlich höher aus als für den Packproduzenten. Zudem sind die Anteile der investitionsabhängigen (11 %) und betriebsabhängigen Kosten (76 %) höher. Mit Blick auf BEIC 3 lässt sich dies insbesondere auf die höheren Materialkosten ($ 6.297) sowie Abschreibungen ($ 435) zurückführen, welche hinsichtlich ihres Anteils an den Gesamtkosten deutlich gestiegen sind. Darüber hinaus haben die Energiekosten eine höhere Relevanz mit einem doppelt so hohen Anteil von 4 % an den Gesamtkosten, was auf einen höheren Energiebedarf bei der Zellproduktion hindeutet. Weitere Wirkungskategorien mit einem Anteil über 5 % sind Steuern und Gebühren sowie Garantiekosten.

Für den Nutzer fallen über den Zeitraum von 12 Jahren Gesamtkosten von $ 38.915 für die Nutzung eines Batteriepacks an. Diese sind vor allem auf die investitionsabhängigen (41 %) und betriebsabhängigen Kosten (53 %) auf dem BEIC 2 Level zurückzuführen. Folgekosten fallen für den Nutzer hingegen nicht an. Den stärksten Einfluss hat die Wirkungskategorie Energiekosten (53 %), gefolgt von den Abschreibungen für den Erwerb des Batteriepacks (36 %). Dies macht BEIC 3 deutlich. Zudem zeigt Abbildung 4.10, dass die Gesamtkosten für den Nutzer durch die Subventionen um $ 3.000 reduziert werden. Die übrigen Kosten werden durch Zinsen, Wartung und Steuern beeinflusst.

Beim vierten Stakeholder, dem Recycler, entstehen Gesamtkosten von $ 1.832. Nach BEIC 2 ist dies eine Konsequenz der investitionsabhängigen (41 %) und sonstigen Kosten (51 %). Allerdings zeigt BEIC 3, dass der Anteil der betriebsabhängigen Kosten durch die Erlöse reduziert werden, die durch den Verkauf von Kuppelprodukten anfallen. Diese liegen bei $ 380 und haben somit einen erheblichen Einfluss auf das Ergebnis. Einen Einfluss über 5 % auf die Ergebnisse hat unter den gemachten Annahmen der Fallstudie zudem der Verbrauch von Materialien (17 %), Personal (7 %), Steuern auf den Profit (39 %), Forschung und Entwicklung (5 %), Abschreibungen (18 %), Zinsen (9 %) und Wartung (14 %). Die Kosten resultierend aus den letzten drei Wirkungskategorien sind dabei auf die benötigten Investitionen für die Recyclinganlagen und Gebäude zurückzuführen.

Abbildung 4.11 unterstreicht den Unterschied der Charakterisierungsmodelle DEALA-Profit und DEALA-Kosten.

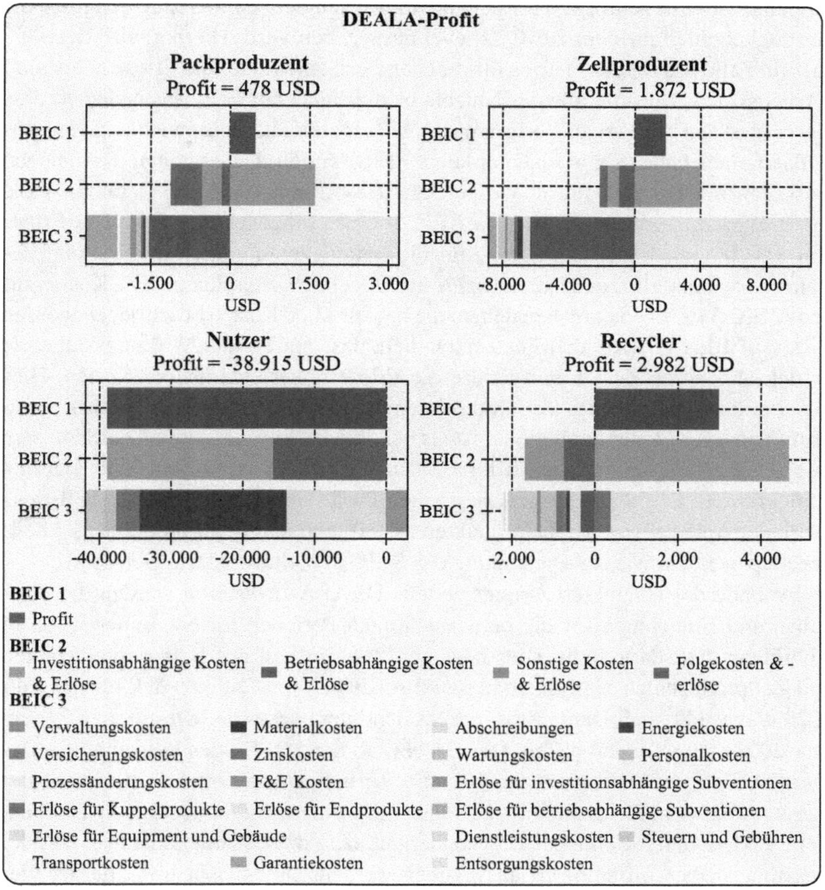

Abbildung 4.11 Zuweisung der Wirkungskategorien von DEALA-Profit zu den Stakeholdern

Zunächst wird deutlich, dass anstelle der Kosten der resultierende Profit für die vier Stakeholder auf dem BEIC 1 Level ausgegeben wird. Hierbei wird deutlich, dass im Falle des Basisszenarios für drei der vier Stakeholder die Erlöse höher sind als die Kosten. Nur im Falle des Nutzers ist dies nicht der Fall, was bedeutet, dass dieser über den Zeitverlauf Verlust macht. Dieser zielt allerdings auch nicht auf den Verkauf eines Gutes ab, weshalb er keine Erlöse erzielt. Daher gelten die gleichen Aussagen bei DEALA-Profit wie bei DEALA-Kosten für den Nutzer. Im Falle des Packproduzenten wird auf dem BEIC 3 Level hingegen deutlich, dass Erlöse von $ 3.200, abzüglich des Anteils für die Batteriezellen, durch den Verkauf des Batteriepacks anfallen und damit den Profit maßgeblich beeinflussen. Die Kosten auf dem BEIC 3 Level entsprechen denen, die bei DEALA-Kosten beschrieben worden sind. Auf BEIC 2 wird allerdings ersichtlich, dass nur bei der Wirkungskategorie betriebsabhängige Kosten und Erlöse die Erlöse höher sind als die Kosten. Dies gilt ebenfalls im Falle des Zellproduzenten. Dieser erzielt pro Batteriepack einen Profit von $ 1.872, der damit höher ist als bei dem Packproduzenten. Dies lässt sich insbesondere auf die erzielten Erlöse ($ 10.700) für die verkauften Batteriezellen zurückführen. Der Recycler generiert einen Profit von $ 2.982, wobei die Erlöse durch den Verkauf von Kuppelprodukten ($ 380) und durch Endprodukte ($ 4.814) generiert werden, wie die Darstellung der BEIC 3 Wirkungskategorien zeigt.

Im Falle des Charakterisierungsmodells DEALA-Investition werden die Ausgaben und Einnahmen für die berücksichtigten Perioden für ein Batteriepack in Abbildung 4.12 dargestellt. Dies bedeutet, dass im Fall des Batterieproduzenten und Zellproduzenten die Einnahmen und Ausgaben pro Batteriepack für das Jahr 2023 dargestellt sind. Dabei ist zu berücksichtigten, dass alle Investitionen in dem Jahr 2023 stattgefunden haben. Dies ist ebenso der Fall für das Recycling für das Jahr 2035. Beim Nutzer entsprechen die Wirkungsindikatorwerte hingegen der Summe über dem Zeitraum von 12 Jahren von einem Batteriepack von 2023 an. Bei DEALA-Investition ist eine Besonderheit, dass die Gesamteinnahmen und die Gesamtausgaben differenziert ausgegeben werden. Dies macht im Falle der vier Stakeholder deutlich, dass in den berücksichtigten Zeiträumen die Gesamtausgaben in allen Fällen höher sind als die Gesamteinnahmen, sodass in den betrachteten Zeiträumen kein positiver Erfolg dargestellt werden kann. Im Fall des Packproduzenten liegen die Gesamtausgaben bei $ 3.327 und somit $ 127 höher als die Gesamteinnahmen. Die Gesamteinnahmen sind wie bei DEALA-Profit eine Konsequenz des Verkaufs des Endproduktes Batteriepack, wie über das BEIC 3 Level deutlich wird. Über das BEIC 2 Level wird deutlich, dass der Wirkungsindikatorwert der Wirkungskategorie OPEX ($ 2.034) höher ist als bei der Wirkungskategorie CAPEX ($ 1.293). Dies hängt insbesondere von dem Erwerb der Materialien ab, während der CAPEX-Wert vollständig von den Investitionen in die Maschinen und

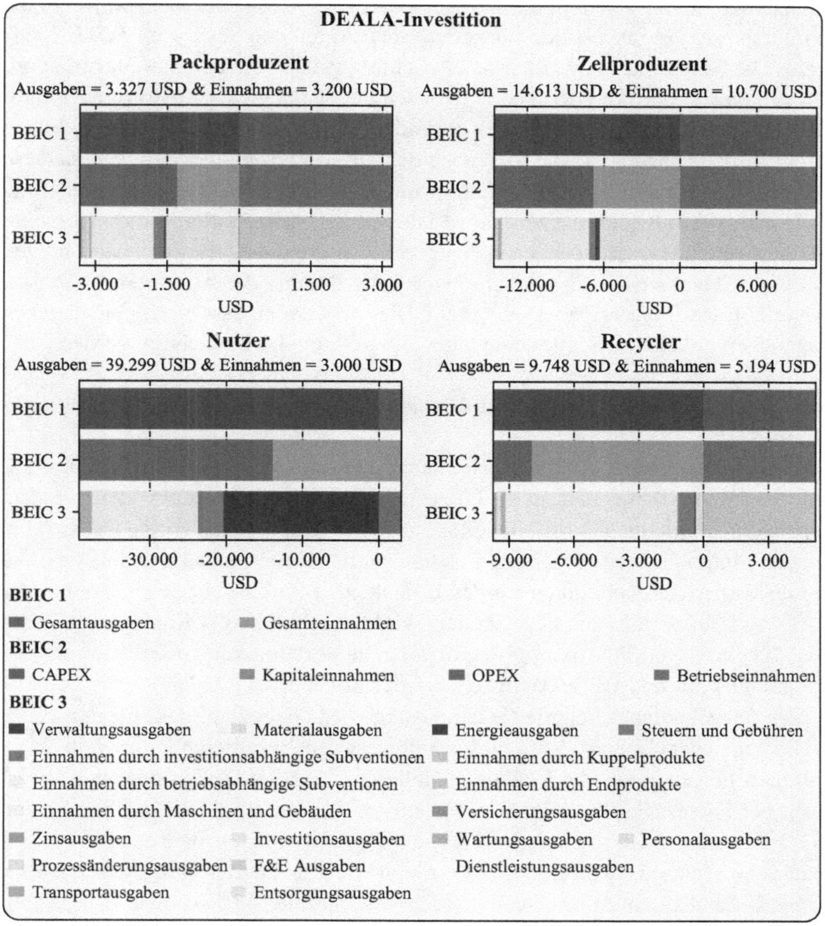

Abbildung 4.12 Zuweisung der Wirkungskategorien von DEALA-Investition zu den Stakeholdern

Gebäude abhängt. Abschreibungen oder kalkulatorische Zinsen sind nicht relevant, da diese nicht in Zahlungen resultieren und damit nicht Teil des Charakterisierungsmodells sind. Beim Zellproduzenten liegt die Differenz zwischen Einnahmen und Ausgaben bei \$ 3.913, was auf einen höheren Anteil der Wirkungskategorie CAPEX und damit den Investitionen zurückzuführen ist. Beim Recycler ist dies noch deutlicher zu sehen. In diesem Fall liegt die Differenz bei $ 4.554, wobei die Wirkungskategorie Investitionsausgaben einen Anteil von 82 % vom TOTEX aufweist. Die Gründe hierfür werden in den nachfolgenden Abschnitten weiter erläutert. Für den Nutzer der Batterie gelten im Wesentlichen die gleichen Aussagen wie für DEALA-Profit und DEALA-Kosten beschrieben. Allerdings sind in diesem Fall die Rechengrößen angepasst. Die Ausgaben für Zinsen sind deutlich geringer, da diese nur noch die anfallenden Zahlungen für die Zinsen für den Kredit beinhalten und nicht mehr die kalkulatorischen Zinsen. Die verbleibenden Wirkungsindikatorwerte auf dem BEIC 3 Level entsprechen denen der Wirkungskategorien der zwei anderen DEALA-Charakterisierungsmodelle, wobei die Summe der Abschreibungen dem Wert der Investitionsausgaben entspricht. Dies liegt daran, dass hierfür die gleichen Annahmen gelten und der gesamte Nutzungszeitraum berücksichtigt worden ist.

Zuweisung der Wirkungsindikatorwerte auf Prozesse des Vordergrundsystems

Neben der Zuweisung der Wirkungsindikatorwerte der ökonomischen Wirkungskategorien können diese auch auf die Prozesse im Vordergrundsystem verteilt werden. Dies ist in Abbildung 4.13 für die ökonomischen Wirkungskategorien Gesamtkosten und Materialkosten dargestellt. Letztere wurde als Beispiel ausgewählt, da diese in den vorherigen Abbildungen einen bedeutenden Einfluss, insbesondere bei der Pack- und Zellproduktion, hatte. Zudem wird mit Abbildung 4.13 aufgezeigt, dass auch für die ausgewählte ökologische und soziale Wirkungskategorie die Ergebnisse auf gleicher Art und Weise dargestellt werden können.

Bei der Wirkungskategorie Gesamtkosten wird ersichtlich, dass für den Packproduzenten der Großteil (64 %) auf den Prozess der Packassemblierung fällt. 36 % entfallen hingegen auf die Modulassemblierung. Für den Zellproduzenten verursacht der Prozess der Produktion des positiven Aktivmaterials die größten Kosten (53 %), gefolgt von der Zellassemblierung (30 %). Der Prozess der negativen Aktivmaterialproduktion hat hingegen einen Anteil von 9 %. Für den Nutzer entfallen ein Großteil der Kosten auf die Anschaffung der Batterie (43 %) sowie die Ladung dieser (53 %). Nur ein kleiner Teil (4 %) entfällt auf den Wartungsprozess. Beim Recycling führen die hydrometallurgischen Prozesse mit einem Anteil von 83 % zu den höchsten Wirkungsindikatorwerten, gefolgt von der Demontage (14 %) und den mechanischen Prozessen (4 %).

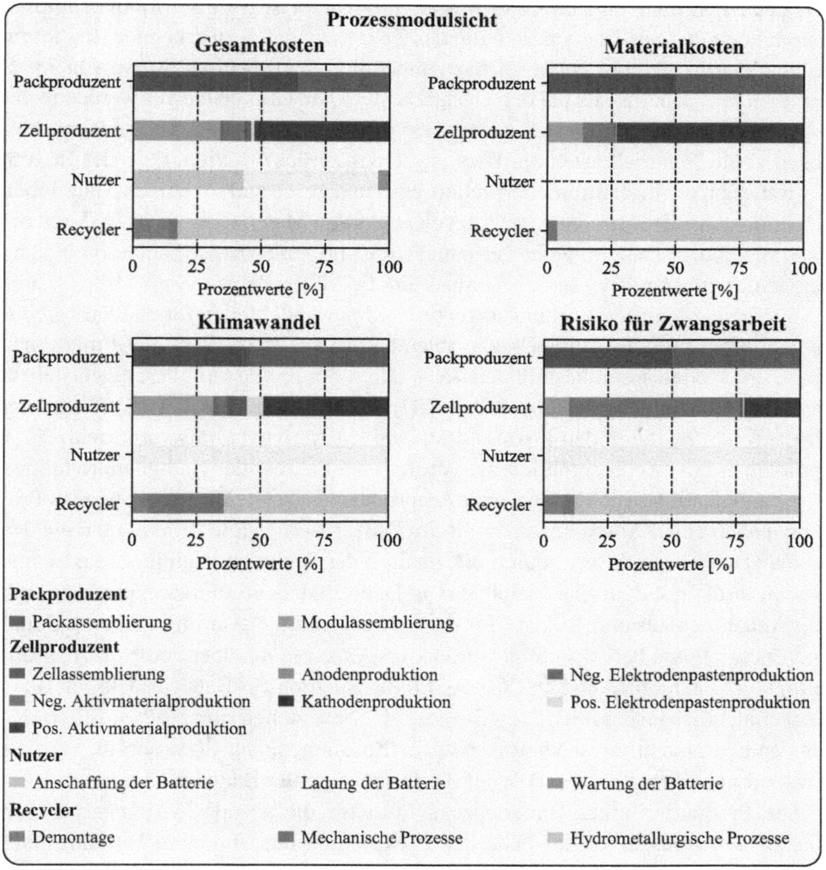

Abbildung 4.13 Zuweisung der Wirkungsindikatorwerte zu Prozessmodulen des Vordergrundsystems

Mit Blick auf die Wirkungskategorie Materialkosten können diese Ergebnisse weitergehend analysiert werden, indem untersucht wird, welche Prozesse die höchsten Materialkosten durch den Verzehr von Materialien verursachen. Für diese Wirkungskategorie wird ersichtlich, dass sich für den Packproduzenten die Materialkosten zu gleichen Anteilen auf die zwei berücksichtigten Prozesse verteilen, was auf einen höheren Einfluss des Materialverbrauchs bei der Modulassemblierung hindeutet. Dies ist auch im Falle des Zellproduzenten zu erkennen. In diesem Fall hat der Prozess der positiven Aktivmaterialproduktion einen Anteil von 73 %, der noch mal höher ist als bei den Gesamtkosten. Die Gründe hierfür werden in der nachfolgenden Hotspotanalyse weiter hervorgehoben. Für den Nutzer fallen hingegen keine Materialkosten an. Dies ist darauf zurückzuführen, dass der Erwerb der Batterien als Investition interpretiert wird und keine anderweitigen Materialien konsumiert werden. Im Falle des Recyclers werden Materialien zu 96 % durch die hydrometallurgischen Prozesse verbraucht, die übrigen Prozesse haben somit einen vernachlässigbaren bzw. keinen Einfluss auf die Materialkosten.

Für die ökologische Wirkungskategorie Klimawandel fallen für den Packproduzenten insgesamt 2.067 kg CO_2-äquivalente (äq.) an, wobei 54 % der Emissionen durch die Modulassemblierung und 46 % durch die Packassemblierung entstehen. Der Zellproduzent verursacht 8.622 kg CO_2-äq. pro Batteriepack. Hierbei wird der Großteil (49 %) durch den Prozess des positiven Aktivmaterials verursacht. 27 % entfallen auf die Zellassemblierung, gefolgt vom Prozess der Kathodenproduktion (8 %) und der positiven Elektrodenpastenproduktion (6 %). Die verbleibenden Prozesse haben einen Anteil unter 4 %. Beim Nutzer werden alle Emissionen, die den Klimawandel beeinflussen, durch die Ladung der Batterien beeinflusst und hängt hiermit direkt mit dem Elektrizitätsmix in Deutschland zusammen. Dies hängt mit den Annahmen zusammen, dass für den Erwerb und die Wartung keine Material- und Energieflüsse berücksichtigt werden. Insgesamt fallen über den Nutzungszeitraum von 12 Jahren 13.482 kg CO_2-äq. für die Nutzung des Batteriepacks an. Beim Recycling fallen insgesamt 813 kg CO_2-äq. an. Diese stehen zum größten Teil (64 %) mit den hydrometallurgischen Prozessen im Zusammenhang. 30 % entfallen auf die mechanischen Prozesse und 6 % auf die Demontage der Batterie.

Die Produktion eines Batteriepacks führt für die soziale Wirkungskategorie Risiko für Zwangsarbeit im Falle des Packproduzenten zu einem Wirkungsindikatorwert von 4.883 mittleren Risikostunden. Wie bei den Materialkosten verteilen sich diese zu gleichen Teilen auf die beiden berücksichtigten Prozesse, was darauf hindeuten könnte, dass ein Großteil der sozialen Risiken ebenfalls mit den Materialien zu tun hat. Dies wird ebenfalls in der Hotspotanalyse aufgegriffen. Die Prozesse des Zellproduzenten sind verantwortlich für 57.713 mittlere Risikostunden. Im Vergleich zu den vorherigen Wirkungskategorien ist in diesem Fall nicht der Prozess für das positive Aktivmaterial (22 %) hauptverantwortlich. Anstelle dessen hat der Prozess für das negative Aktivmaterial mit 66 % den höchsten Anteil. Daneben hat die Zellassemblierung noch einen Anteil von 8 %, während die Anteile für die verbleibenden Prozesse unter 2 % liegen. Für den Nutzer werden die sozialen Risiken für Zwangsarbeit wieder durch den Prozess der Ladung der Batterien verursacht. Der Wirkungsindikatorwert liegt dabei bei 2.885 mittleren Risikostunden und damit deutlich unter denen des Zellproduzenten und Packproduzenten. Die Prozesse des Recyclers liegen mit einem Wirkungsindikatorwert von 1.827 mittleren Risikostunden darunter. 88 % von den mittleren Risikostunden entfallen auf die hydrometallurgischen Prozesse, während sich die verbleibenden 7,5 % auf die Demontage und 4,5 % auf die mechanischen Prozesse verteilen.

Darstellung der Zahlungsreihen

Zum Abschluss der Darstellung der Ergebnisse der Nachhaltigkeitsbewertung werden die Zahlungsreihen für die vier Stakeholder dargestellt (Abbildung 4.14). Für den Packproduzenten und Zellproduzenten sowie den Recycler beschränkt sich die Darstellung auf das Jahr 2023 bzw. 2035. Beim Nutzer werden hingegen die Zahlungsreihen von 2023 bis 2034 über den gesamten Nutzungszeitraum angezeigt.

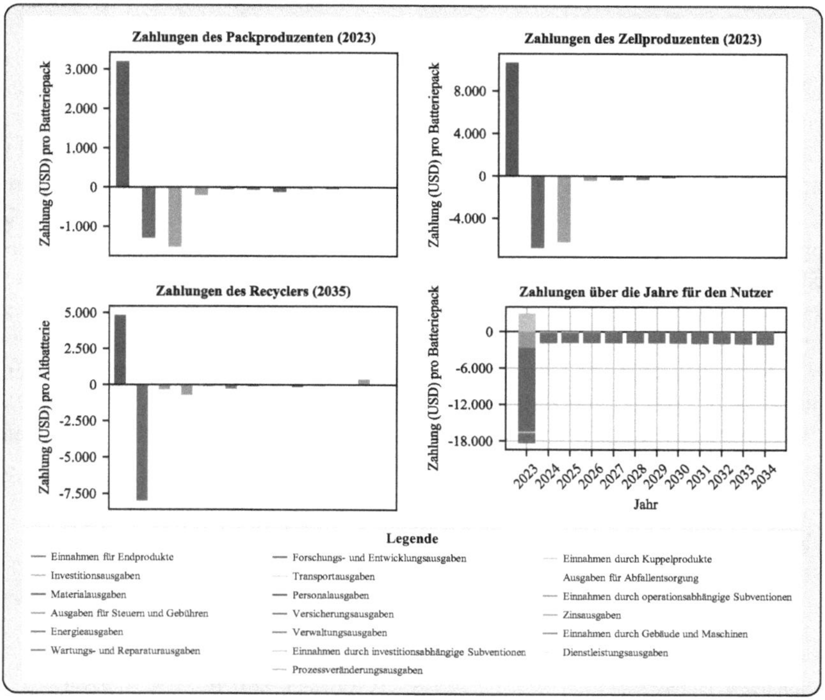

Abbildung 4.14 Zahlungsreihen der vier Stakeholder

Im Falle des Packproduzenten fällt erneut auf, dass die höchsten Einnahmen mit dem Verkauf der Endprodukte zusammenhängen, während die größten Ausgaben durch die Materialien sowie aus den Investitionen in die Gebäude und Maschinen resultieren. Die verbleibenden Wirkungskategorien haben einen deutlich geringeren Einfluss. Dies gilt analog für den Zellproduzenten, wobei in dem Fall der Anteil bei den Investitionsausgaben den der Ausgaben für Materialien übertrifft. Dieser Effekt ist noch mal deutlicher beim Recycler zu sehen, bei dem die Investitionsausgaben den größten Anteil einnehmen. Insgesamt ist der starke Einfluss der Investitionsausgaben bei den drei Stakeholdern darauf zurückzuführen, dass angenommen worden ist, dass die Investitionen in die Maschinen und Gebäude erst in dem Jahr stattfinden. Welchen Einfluss diese Annahme haben kann, wird bei der Betrachtung der Zahlungsreihen für den Nutzer deutlich. Im ersten Jahr dominieren die Investitionsausgaben für die Anschaffung des Batteriepacks sowie die Steuern die Zahlungsreihe. In den darauffolgenden Jahren beeinflussen die Ausgaben für Energie die Zahlungsreihen hingegen am stärksten, wobei diese Werte deutlich unter der Summe des ersten Jahres liegen.

Auf Basis dieser Werte können zudem die Kapitalwerte für die vier Stakeholder bestimmt werden. Hierfür wird auf die Gleichungen (2.1) bzw. (2.4) zurückgegriffen. Für die Berechnung werden drei Kalkulationszinssätze differenziert ($i = 1\,\%, i = 5\,\%, i = 10\,\%$). Die Ergebnisse für die Kapitalwerte sind in Tabelle 4.11 dargestellt. Hierbei gilt erneut, dass bei dem Pack- und Zellproduzenten sowie dem Recycler nur das Jahr 2023 bzw. 2035 berücksichtigt wurde, welches als $t = 0$ angenommen wurde. Aus diesem Grund unterscheiden sich die Werte nicht zwischen den angenommenen Kalkulationszinssätzen. Beim Nutzer hingegen wird der Zeitraum von 2023 bis 2034 berücksichtigt, sodass Unterschiede deutlich werden. Unter Berücksichtigung der relativen Vorteilhaftigkeit ist der Kapitalwert des Batteriepackproduzenten am vorteilhaftesten, da dieser deutlich höher ist als bei den anderen Stakeholdern. Der Kapitalwert vom Nutzer ist am niedrigsten. Im Hinblick auf die absolute Vorteilhaftigkeit zeigt sich bei den getroffenen Annahmen hingegen keine der Investition als vorteilhaft, da alle Werte negativ sind.

Tabelle 4.11 Kapitalwerte der berücksichtigten Stakeholder

	$i = 1\%$	$i = 5\%$	$i = 10\%$
Kapitalwert Batteriepackproduzent	−127	−127	−127
Kapitalwert Zellproduzent	−3.913	−3.913	−3.913
Kapitalwert Nutzer	−35.033	−31.070	−27.601
Kapitalwert Recycler	−4.554	−4.554	−4.554

Unter der Annahme, dass die Einnahmen und Ausgaben im Zeitverlauf konstant bleiben, wurde abschließend die Amortisationszeit bei gegebenen Kalkulationszinssätzen für den Pack- und Zellproduzenten sowie den Recycler berechnet. Hierbei ergibt sich für den Packproduzenten, dass sich die Batteriepackproduktion je nach Kalkulationszinssatz nach 1,11 bis 1,12 Jahren amortisiert, wobei für den höheren Kalkulationszinssatz die spätere Amortisationszeit gilt. Für den Zellproduzenten liegt die Amortisationszeit zwischen 2,36 und 2,53 Jahren und ist damit vergleichbar mit der Amortisationszeit für den Recycler, die bei 2,35 bis 2,52 Jahren liegt.

4.2.4 Auswertung der Ergebnisse der Nachhaltigkeitsbewertung

In diesem Abschnitt folgt die finale Auswertung der präsentierten Ergebnisse. Hierfür werden die verbleibenden drei Blöcke des Leitfadens durchlaufen. Zunächst wird Block 10 zur Identifizierung der signifikanten Parameter betrachtet. Dies dient ebenso zur Beantwortung der Forschungsfrage 2 der Fallstudie. Daran anschließend werden die Ergebnisse beurteilt, bevor Schlussfolgerungen, Limitationen sowie Empfehlungen abgeleitet werden.

Identifizierung der signifikanten Parameter
Es wird eine Hotspotanalyse durchgeführt, um die Hotspots entlang der Batteriewertschöpfungsketten für die einzelnen Stakeholder zu identifizieren. Zur Darstellung der Hotspots der vier Stakeholder werden die Wirkungskategorien Profit, Klimawandel und Risiko für Zwangsarbeit betrachtet. Die Darstellung erfolgt in Form von Sankey-Diagrammen und bezieht sich auf die Aktivitäten mit dem größten prozentualen Einfluss. Abbildung 4.15 zeigt die Verteilung auf die Aktivitäten für die ökonomische Wirkungskategorie Profit. Im Fall des Packproduzenten zeigt sich, dass die Erlöse ausschließlich durch den Verkauf des Batteriepacks beeinflusst werden. Dieser hat auch den stärksten Einfluss auf den Profit. Auf der Kostenseite wird der Profit insbesondere durch die berechnete Garantie für das Batteriepack beeinflusst. Danach folgen mit dem Batteriemanagementsystem (BMS) und dem Zellüberwachungssystem (CSC) zwei Komponenten zur Überwachung der Batteriemodule und des Batteriepacks. Steuern auf den Profit haben einen Einfluss von 42 %. Den fünftgrößten Einfluss auf die Kosten hat der Kauf des Modulgehäuses. Insgesamt zeigt sich aber, dass ein Großteil auf weitere Aktivitäten fällt, was der verbleibende Wert mit einem Anteil von 251 % aufzeigt. Für den Zellproduzenten wird der hohe Einfluss der Materialien weiter verdeutlicht. Die drei Aktivitäten mit

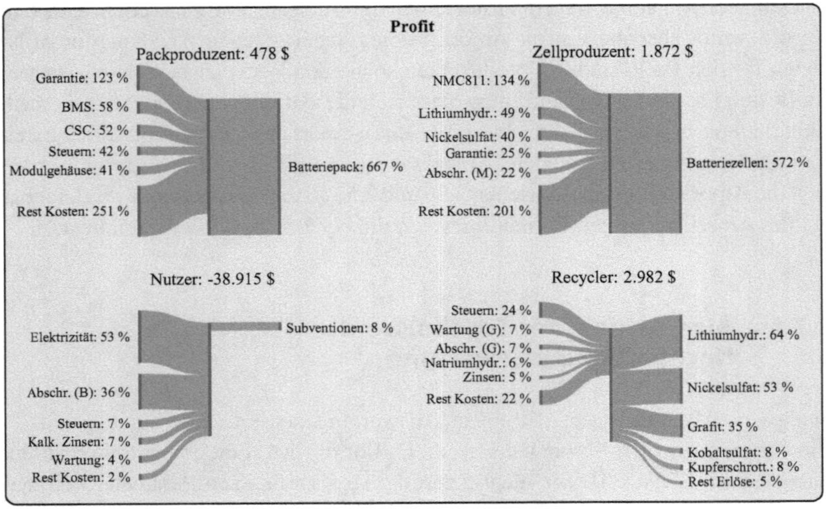

Abbildung 4.15 Sankey-Diagramm für die Hotspots beim Profit

dem größten Einfluss sind Materialien, die für die Zellproduktion benötigt werden. Diese sind das positive Aktivmaterial, Lithiumhydroxid und Nickelsulfat, wobei erstgenanntes den größten Einfluss hat. Daneben haben die Garantie auf die Batteriezellen sowie die Abschreibungen auf die Maschinen einen hohen Einfluss auf der Kostenseite. Weitere Aktivitäten verursachen Kosten mit einem Anteil von 201 %. Dem gegenüber stehen mit einem Anteil von 572 % die Erlöse durch den Verkauf der Batteriezellen. Beim Nutzer wird erneut deutlich, dass dieser nur Erlöse durch die angenommenen Subventionen für den Erwerb erzielt. Auf der Kostenseite beeinflussen den Profit vor allem die Energiekosten sowie die Abschreibungen für die Batterie. Einen deutlich geringeren Einfluss haben die kalkulatorischen Zinsen, die bezahlten Steuern auf die Batterie sowie die Wartung dieser. Beim Recycler verteilen sich die Erlöse auf die Kuppel- und Endprodukte. Den größten Anteil hat dabei das sekundäre Lithiumhydroxid, gefolgt vom sekundären Nickelsulfat und Grafit. Einen geringeren Einfluss haben der Kupferschrott und sekundäres Kobaltsulfat sowie sonstige Kuppel- und Endprodukte. Auf der Kostenseite wird der Profit an der ersten Stelle durch die Steuern auf den Profit beeinflusst. Darauf folgen Abschreibungen für Gebäude sowie Wartung dieser. Dies zeigt die hohe Bedeutung der Investitionen in Gebäude für das Recycling. Zudem spielen das Material

Natriumhydroxid für die Hydrometallurgie sowie die kalkulatorischen Kosten eine bedeutende Rolle.

Die Hotspots der Stakeholder bei der Wirkungskategorie Klimawandel sind in Abbildung 4.16 dargestellt. Bei der Darstellung fällt auf, dass nahezu alle der hauptverantwortlichen Aktivitäten direkt oder indirekt mit der Erzeugung von Elektrizität und Wärme zu tun haben. Beim Packproduzenten nehmen mit 31 % und 8 % die Elektrizitäts- und Wärmegeneration mit Steinkohle und Braunkohle den größten Anteil ein. Dies hängt insbesondere mit dem Strommix in Deutschland zusammen. Daneben hat der Abbau der Steinkohle einen wesentlichen Einfluss auf den Klimawandel. Mit 4 % hat die Produktion von Roheisen den fünftgrößten Einfluss. Auf die restlichen Aktivitäten entlang der Wertschöpfungskette verteilt sich ein Anteil von 45 %. Bei der Zellproduktion zeichnet sich ein ähnliches Bild ab. Die Elektrizitätsgenerierung mit Steinkohle hat den stärksten Einfluss. Dieser ist höher als beim Packproduzenten, weshalb auch der höhere Anteil für den Abbau der Steinkohle begründet werden kann. Der Einfluss der Elektrizitätsgenerierung mit Braunkohle hat einen vergleichbaren Einfluss. Zudem hat die Elektrizitäts- und Wärmegenerierung mit Gas einen Einfluss auf den Klimawandel. Die Unterschiede zur Packproduktion sind insbesondere durch die unterschiedlichen Elektrizitätsmixe in den berücksichtigten Ländern für die Zellproduktion zu erklären. Auch der Nutzer wird durch die Elektrizitätsgewinnung durch Gas, Braunkohle, Holz und Steinkohle beeinflusst. Die höhere Bedeutung von Gas ist hierbei auf die angenommene Veränderung des Elektrizitätsmix im Zeitverlauf zurückzuführen. Beim Recycler hat ebenfalls die Elektrizitätsgenerierung mit Steinkohle den stärksten Einfluss. Darauf folgt im Vergleich zu den vorherigen Stakeholdern die thermische Abfallentsorgung mit einem Anteil von 21 %, was auf die Entsorgung von bspw. Plastikteilen aus der Batterie zurückzuführen ist. Die verbleibenden drei Aktivitäten mit dem stärksten Einfluss sind wieder auf die Elektrizitätsgewinnung zurückzuführen. Auf den Rest entfallen 42 %.

Bei der Darstellung der fünf Hotspotaktivitäten der Wirkungskategorie Risiko für Zwangsarbeit werden die Industriesektoren, wie sie in der SHDB definiert sind, mit dem größten Einfluss dargestellt (Abbildung 4.17).

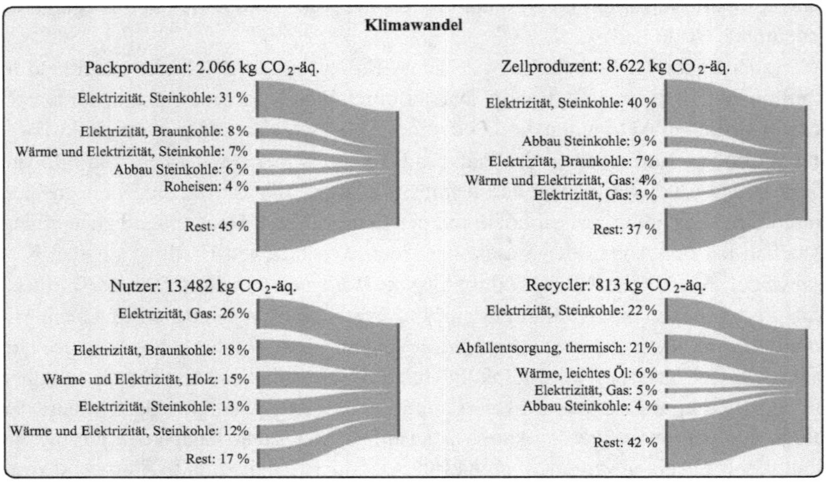

Abbildung 4.16 Sankey-Diagramm für die Hotspots beim Klimawandel

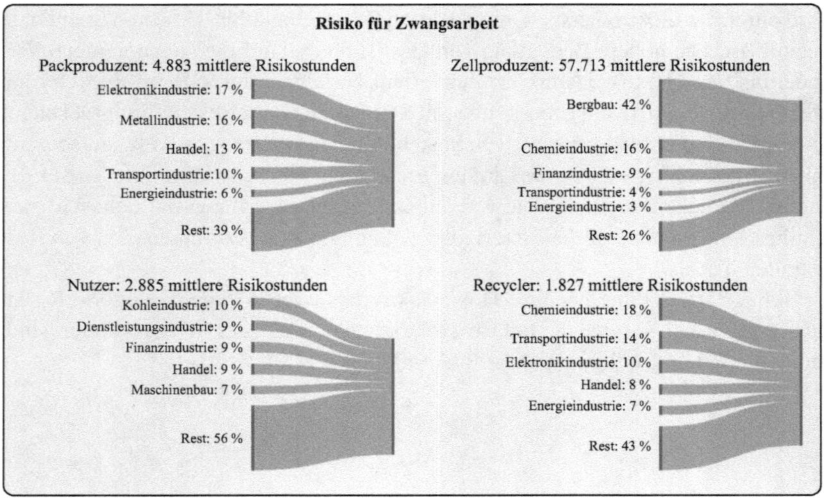

Abbildung 4.17 Sankey-Diagramm für die Hotspots beim Risiko für Zwangsarbeit

Bei dem Packproduzenten ist die Industrie mit dem größten Einfluss die Elektronikindustrie und steht im direkten Zusammenhang mit der Produktion des BMS und CSC, die auch bei der ökonomischen Wirkungskategorien einen starken Einfluss haben. Daneben hat die Metallindustrie einen starken Einfluss, was sich mit dem Einsatz und der Produktion der Modul- und Packgehäuse erklären lässt. Der Handel hat einen Einfluss, der aus dem Zusammenwirken der Industrien resultiert. Zudem haben der Transportsektor sowie die Energieindustrie einen wesentlichen Einfluss auf die Wirkungskategorie. Dies gilt ebenso für den Zellproduzenten. Allerdings ist der Anteil für die Energie- und Transportindustrie in diesem Fall geringer. Vielmehr hat der Bergbau und damit auch die Verarbeitung der Batteriematerialien einen starken Einfluss mit einem Anteil von 42 %. Dies ist auf die produzierenden Länder wie der D.R. Kongo im Fall von Kobalt zurückzuführen. Weiteren Einfluss auf das Risiko für Zwangsarbeit haben die Chemie- und die Finanzindustrie. Letzteres ist wie beim Handel eine Konsequenz aus den Verknüpfungen der Industrien in der Datenbank. Beim Nutzer hat die Industrie zum Abbau von Kohle den stärksten Einfluss und hängt damit mit der Energiegewinnung im Zusammenhang. Anteile von jeweils 9 % hat die Dienstleistungsindustrie, Finanzindustrie sowie der Handel. Zudem hat der Maschinenbau einen Anteil von 7 %. Aber im Vergleich zur Zellproduktion sticht keine der Industrien heraus. Beim Recycling hat die Chemieindustrie den größten Einfluss mit einem Anteil von 18 %. Dies hängt zum einen mit der Hydrometallurgie direkt sowie mit der Produktion der benötigten Chemikalien für die entsprechenden Prozesse zusammen. Darüber hinaus haben die Transportindustrie, die Elektronikindustrie, der Handel sowie die Energieindustrie einen bedeutenden Anteil von 7 % bis 14 %.

Beurteilung der Ergebnisse

Mit Blick in die Literatur zeigt sich, dass die dargestellten Ergebnisse aus Abschnitt 4.2.3 sich in der Größenordnung mit den Werten in der Literatur decken.[47] Abweichungen resultieren aus den unterschiedlichen Annahmen oder Zeitpunkten, in denen die Studien durchgeführt worden sind. So sind Preise und die zugehörigen Kosten für Batteriezellen und Batteriepacks in den letzten Jahren deutlich gefallen.[48] Durch die Nutzung der Durchschnittswerte des Jahres 2023 ordnen sich die Ergebnisse in der Studie aber in den Bereich ein, der auch auf dem Markt genannt wird. Der Preisrückgang ist dabei insbesondere auf die fallenden Materialpreise und auch

[47] Beispielhafte Literatur für den Vergleich sind: Barke et al. (2023); Blömeke et al. (2022); Cerdas et al. (2018); Chordia et al. (2021); Degen et al. (2024); Degen & Schütte (2022); Husmann et al. (2024); Orangi et al. (2024); Popien et al. (2024a), (2022), (2023c), (a); Thies et al. (2018), (2019).

[48] Vgl. BloombergNEF (2024).

der Skalierung der Batterieproduktion zurückzuführen.[49] Auch bei der Wirkungskategorie Klimawandel spielen die Annahmen eine große Rolle. Insbesondere die Auswahl der Länder bzw. die Wahl eines globalen Durchschnitts ist an dieser Stelle von großer Bedeutung. So greifen aktuelle Studien von Orangi et al. (2024a) und Degen et al. (2024) auf globale Durchschnittswerte zurück, sodass es beim Klimawandel zu geringen Abweichungen kommt. Weitere Unterschiede können durch die Wahl der Wirkungsabschätzungsmethode resultieren. Dies gilt ebenso beim Risiko für Zwangsarbeit. So gibt es bspw. Abweichungen im Vergleich zu den Studien von Popien et al. (2023b). Dies liegt u. a. daran, dass dort unterschiedliche Annahmen hinsichtlich der Ländermixe berücksichtigt worden sind. Ein direkter Vergleich der Ergebnisse mit den Ergebnissen ist daher nur bedingt aussagekräftig. Daher sollen die beschriebenen Einflüsse unterschiedlicher Länder sowie die Variation wichtiger Parameter untersucht werden, um die erzielten Ergebnisse weiterführend zu beurteilen.

Darstellung der Länderszenarien

In Abbildung 4.18 werden die Ergebnisse der Länderszenarien dargestellt. Hierbei werden die Wirkungskategorien des Charakterisierungsmodells DEALA-Profit sowie die Wirkungskategorien Klimawandel und Risiko für Zwangsarbeit berücksichtigt. Zudem wird die Wirkungskategorie Gesamtkosten berücksichtigt, welche zeigt, dass diese für alle Länder bis auf China (-1 %) steigen. Dabei liegt die Steigerung moderat zwischen 3 % bis 6 %, mit den höchsten Steigerungen in Frankreich, Ungarn und den USA. Dies führt direkt zu Senkungen in Bezug auf den Profit. Der Profit reduziert sich bei einer Produktion in Frankreich und Ungarn um 29 %. In China steigt er hingegen um 5 %. Dies zeigt, dass aus finanzieller Sicht eine Produktion in China vorteilhaft ist, während die Zellproduktion in den verbleibenden Ländern weniger profitabel ist. Aber in keinem der Fälle übersteigen die Kosten die Erlöse, was zeigt, dass auf Basis der Ausgangsdaten keines der Länder Verluste bei der Produktion von Batteriezellen erzielen würde.

[49] Vgl. McKerracher (2024).

Prozentuale Änderung zum Basisszenario

	CN	DE	FR	HU	JP	KR	PL	SE	US
TC	-1 %	5 %	6 %	6 %	4 %	4 %	3 %	5 %	6 %
P	5 %	-24 %	-29 %	-29 %	-16 %	-20 %	-13 %	-22 %	-27 %
IDC	-3 %	8 %	7 %	27 %	-4 %	7 %	7 %	13 %	31 %
OC	2 %	-8 %	-6 %	-9 %	-4 %	-3 %	-3 %	-3 %	-2 %
OthC	0 %	-1 %	25 %	-18 %	20 %	21 %	7 %	18 %	11 %
SubC	0 %	4 %	3 %	5 %	2 %	2 %	2 %	3 %	4 %
AC	-33 %	223 %	214 %	15 %	39 %	54 %	12 %	224 %	195 %
MC	0 %	0 %	0 %	0 %	0 %	0 %	0 %	0 %	0 %
DC	-2 %	6 %	5 %	1 %	7 %	6 %	-1 %	11 %	19 %
EC	-10 %	57 %	29 %	129 %	45 %	30 %	38 %	-17 %	-17 %
IC	-4 %	12 %	10 %	1 %	15 %	12 %	-2 %	22 %	39 %
InC	-11 %	14 %	13 %	189 %	-84 %	3 %	53 %	12 %	82 %
MRO	-2 %	7 %	6 %	1 %	9 %	8 %	-1 %	14 %	25 %
PC	-33 %	223 %	214 %	15 %	39 %	54 %	12 %	224 %	195 %
PCC	0 %	0 %	0 %	0 %	0 %	0 %	0 %	0 %	0 %
RD	-2 %	15 %	12 %	20 %	5 %	7 %	6 %	9 %	13 %
RCS	0 %	0 %	0 %	0 %	0 %	0 %	0 %	0 %	0 %
RCP	0 %	0 %	0 %	0 %	0 %	0 %	0 %	0 %	0 %
REP	0 %	0 %	0 %	0 %	0 %	0 %	0 %	0 %	0 %
ROS	0 %	0 %	0 %	0 %	0 %	0 %	0 %	0 %	0 %
RSEB	0 %	0 %	0 %	0 %	0 %	0 %	0 %	0 %	0 %
SC	0 %	0 %	0 %	0 %	0 %	0 %	0 %	0 %	0 %
TF	0 %	-16 %	21 %	-42 %	25 %	25 %	7 %	9 %	4 %
TranC	18 %	-10 %	30 %	24 %	19 %	21 %	10 %	41 %	0 %
WC	0 %	4 %	3 %	5 %	2 %	2 %	2 %	3 %	4 %
WTC	0 %	0 %	0 %	0 %	0 %	0 %	0 %	0 %	0 %
CC	3 %	-11 %	-25 %	-15 %	-6 %	-5 %	3 %	-26 %	-12 %
RFL	2 %	-5 %	-5 %	-2 %	-5 %	4 %	-4 %	-4 %	-5 %

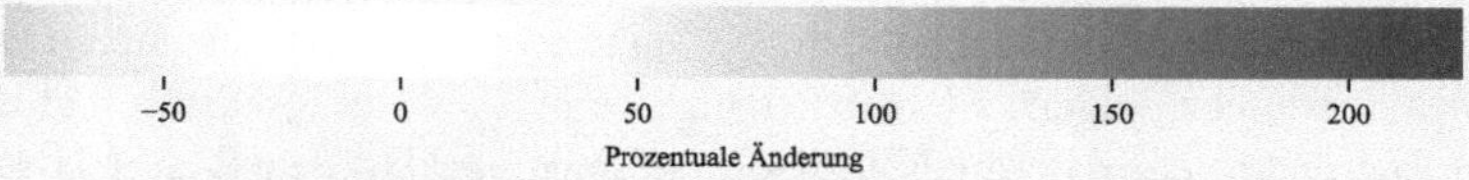

Abkürzungen

TC: Gesamtkosten, **P**: Profit, **IDC**: Investitionsabhängige Kosten und Erlöse, **OC**: Betriebsabhängige Kosten und Erlöse, **OthC**: Sonstige Kosten und Erlöse, **SubC**: Folgekosten und -erlöse, **AC**: Verwaltungskosten, **MC**: Materialkosten, **DC**: Abschreibungskosten, **EC**: Energiekosten, **IC**: Versicherungskosten, **InC**: Zinskosten, **MRO**: Wartungskosten, **PC**: Personalkosten, **PCC**: Prozessveränderungskosten, **RD**: Forschungs- und Entwicklungskosten, **RCS**: Erlöse durch investitionsabhängige Subventionen, **RCP**: Erlöse durch Kuppelprodukte, **REP**: Erlöse durch Endprodukte, **ROS**: Erlöse durch betriebsbedingte Subventionen, **RSEB**: Erlöse durch Equipment und Gebäude, **SC**: Dienstleistungskosten, **TF**: Steuern und Gebühren, **TranC**: Transportkosten, **WC**: Garantiekosten, **WTC**: Entsorgungskosten, **CC**: Klimawandel, **RFL**: Risiko für Zwangsarbeit

Abbildung 4.18 Änderungen der Auswirkungen bei Veränderung des Landes für die Zellproduktion

Im Fall von China resultieren die Vorteile vor allem durch die Änderungen der Personalkosten, bei denen eine Reduktion von 33 % erzielt werden könnte. Diese Reduktion ist ebenfalls bei der Wirkungskategorie für Verwaltungskosten zu beobachten, da angenommen worden ist, dass diese prozentual von den Personalkosten abhängen. Weitere nennenswerte Reduktionen werden durch niedrigere Energiekosten (10 %) sowie Zinskosten (11 %) erreicht. Einzig bei den Transportkosten verschlechtert sich China, was auf die höhere Anzahl an Batteriezellen zurückzuführen ist, die von China nach Deutschland transportiert werden. In Bezug auf den Klimawandel und dem Risiko für Zwangsarbeit resultieren moderate Steigerungen von 3 % bzw. 2 %. Insgesamt sind im Fall von China die Änderungen moderat, was auf den bereits hohen Anteil der Produktion im Basisszenario zurückzuführen ist.

Bei einer 100-prozentigen Produktion der Zellen in Deutschland resultiert die größte Steigerung der Gesamtkosten durch die Zunahme der Personalkosten und damit der Verwaltungskosten in Höhe von 223 %. Danach folgen die Energiekosten mit einer prozentualen Änderung von 57 % aufgrund der hohen Energiekostensätze. Darüber hinaus können nennenswerte Erhöhungen bei den Forschungs- und Entwicklungskosten (15 %), Zinskosten (14 %), Versicherungskosten (12 %) und Wartungs- und Reparaturkosten (7 %) hervorgehoben werden. Hierbei handelt es sich, mit Ausnahme der Forschungs- und Entwicklungskosten, um investitionsabhängige Kosten. Hieraus kann geschlossen werden, dass die Investitionen in diesen Ländern bspw. durch die höheren Konstruktionspreise stark beeinflusst werden. Dies lässt sich auch in den Wirkungskategorien Abschreibungskosten sowie investitionsabhängige Kosten und Erlöse ablesen. Dem gegenüber stehen Reduktionen der Kosten bei den Steuern und Gebühren (16 %) und Transportkosten (10 %). Dies ist auf die niedrigeren Steuersätze sowie geringeren Transportdistanzen zurückzuführen. Auch im Hinblick auf den Klimawandel und das Risiko für Zwangsarbeit können Reduktionen von 11 % und 5 % beobachtet werden.

Im Fall von Frankreich sind ähnliche Veränderungen zu beobachten. Die größten Steigerungen folgen aus den Personal- und Verwaltungskosten, gefolgt von den Energiekosten. Allerdings liegt die Veränderung bei den Energiekosten von 29 % deutlich unter der von Deutschland, was auf einen geringeren Strompreis zurückzuführen ist. Ein Unterschied liegt bei den Steuern und Gebühren und den Transportkosten. Erste nehmen im Vergleich zum Basisszenario um 21 % zu. Zweitere steigen um 30 %, was auf den Straßentransport von Paris nach Berlin zurückzuführen ist. Beim Klimawandel und Risiko für Zwangsarbeit können Reduktionen von 25 % bzw. 5 % erzielt werden.

Bei der Zellproduktion in Ungarn spielen die Personal- und Verwaltungskosten eine deutlich geringere Rolle mit Zunahmen von 15 %. Stattdessen resultieren die größten Steigerungen der Gesamtkosten aus den Steigerungen der Zinskosten (189 %) und Energiekosten (129 %). Dies ist auf die hohen Zinsraten sowie den hohen Stromkosten in Ungarn zurückzuführen. Die stärkste Reduktion folgt aufgrund der niedrigen Steuersätze auf den Gewinn (42 %). Klimawandel und Risiko für Zwangsarbeit können um 15 % bzw. 2 % reduziert werden.

Japans größten negative Veränderungen sind bei den Energiekosten (45 %) und Personal- sowie Verwaltungskosten (39 %) zu beobachten. Eine Besonderheit ist allerdings, dass sich die Zinskosten um 84 % reduzieren. Dies ist darauf zurückzuführen, dass im Jahr 2023 die Zinsraten der Bank von Japan bei 0 % lagen. Weitere nennenswerte Steigerungen der Kosten resultieren aus den Steuern und Gebühren (42 %) sowie Transportkosten (19 %). Darüber hinaus können bei einer ausschließlichen Produktion in Japan die Auswirkungen auf den Klimawandel (6 %) und Risiko für Zwangsarbeit (5 %) reduziert werden.

Die stärksten negativen Änderungen für Südkorea in Bezug auf die Gesamtkosten resultieren aus den Personal- und Verwaltungskosten (54 %) sowie den Energiekosten (30 %). Zudem sind die Zunahmen bei den Steuern und Gebühren in Höhe von 25 % nennenswert. Dies ist für diese Wirkungskategorie die größte Änderung zusammen mit dem Japan-Szenario. Es ist zudem erwähnenswert, dass im Südkoreafall bei keiner ökonomischen Wirkungskategorie positive Veränderungen im Vergleich zum Basisszenario auf dem BEIC 3 Level zu beobachten sind. Zudem zeigt sich im Gegensatz zu den vorherigen Ländern, dass es zu einer leichten Steigerung beim Risiko für Zwangsarbeit kommt, während die Auswirkungen auf den Klimawandel um 5 % reduziert werden könnten. Die Zunahme beim Risiko für Zwangsarbeit ist dabei auf die zugewiesenen Risiken der berücksichtigten Industriesektoren sowie deren Zusammenarbeit mit Ländern mit hohem Risiko zurückzuführen, die in der SHDB zugeordnet werden.

Polen ist das einzige Land neben China, in der die Investitionen für die Konstruktion von Gebäuden niedriger ist. Dies resultiert in moderaten Reduktionen bei den Abschreibungskosten sowie weiteren investitionsabhängigen Kosten mit Ausnahme der Zinskosten, die aufgrund der höheren Zinsrate um 53 % steigen, was auch die größte prozentuale Veränderung abbildet. Weiteren Einfluss auf die Gesamtkosten haben zudem die Energiekosten (38 %) und die Personal- und Verwaltungskosten (12 %), wobei in letzteren Wirkungskategorien die prozentuale Veränderung am geringsten ist. Polen ist zudem das einzige Land neben China, bei der die Zellproduktion zu einer Steigerung der Auswirkungen auf den Klimawandel führen würde, was auf den Elektrizitätsmix zurückzuführen ist. Das Risiko für Zwangsarbeit könnte hingegen um 4 % reduziert werden.

Die höchsten Steigerungen bei den Personal- und Verwaltungskosten (224 %) und Transportkosten (41 %) fallen im Schwedenszenario an. Die Energiekosten könnten hingegen um 17 % reduziert werden. Zudem zeigt Schweden unter den gemachten Annahmen das größte Potenzial (26 %), um die Auswirkungen auf den Klimawandel zu reduzieren. Das Risiko für Zwangsarbeit könnte zudem um 4 % reduziert werden.

In den USA fallen ebenfalls die Zunahme bei den Personalkosten (195 %) auf. Zudem weist die USA die höchsten Abschreibungskosten auf, was auf die höchsten Investitionen in Gebäude hinweist. Dies führt ebenfalls zu den größten Steigerungen bei den investitionsabhängigen Kosten. Die Energiekosten (17 %) sowie die Auswirkungen auf den Klimawandel (12 %) und das Risiko für Zwangsarbeit (5 %) könnten wiederum reduziert werden.

Bei der Untersuchung der Veränderungen der Auswirkungen bei Berücksichtigung der möglichen Länder für die Hydrometallurgie im Recycling zeigt sich, dass im Vergleich zum Basisszenario in drei von 16 Ländern eine Reduktion der Gesamtkosten im Bereich von 6 % bis 23 % und damit eine Steigerung des Profits (4 % bis 6 %) resultiert (Abbildung 4.19). Neben China ist dies für Bulgarien und Polen der Fall. In den verbleibenden Ländern kommt es zu Steigerungen der Gesamtkosten im Bereich von 7 % bis 69 %, wobei die größten Steigerungen in der Türkei anfallen. Diese Steigerungen resultieren in einer Reduktion des Profits im Bereich von 5 % bis 48 %. Die weiteren Wirkungskategorien zeigen hierbei, dass sich dies insbesondere auf die investitionsabhängigen Kosten zurückführen lässt. Die prozentuale Veränderung für diese Wirkungskategorie liegt für die Schweiz, der USA und der Türkei zwischen 164 % bis 251 %. Bei den Ländern, die hingegen Reduktionen bei den Gesamtkosten aufweisen, zeigt sich eine Reduktion bei der Wirkungskategorie von 50 % bis 64 % mit der Ausnahme von Bulgarien. Für Bulgarien ist die Reduktion der Gesamtkosten auf die Personal- und Verwaltungskosten (66 %) zurückzuführen. Weitere Einflussfaktor sind die niedrigeren Steuern auf Profite. Der Einfluss der Höhe der Investitionen lässt sich auch an den weiteren investitionsabhängigen Wirkungskategorien ablesen, wie zum Beispiel den Wartungs- und Reparaturkosten oder Versicherungskosten.

Eine weitere Auffälligkeit bei den Ergebnissen ist die starke Zunahme bei den Zinskosten im Fall der Türkei (837 %). Dies lässt sich mit den deutlich höheren Zinsraten der Landesbank begründen. Hierdurch werden die Gesamtkosten beeinflusst, was auch einen Einfluss z. B auf die Forschungs- und Entwicklungskosten hat, die in Bezug auf die Türkei um 107 % ansteigen.

Des Weiteren werden hinsichtlich der Transportkosten deutliche Unterschiede zwischen den Ländern deutlich. Aufgrund der Annahme, dass die Demontage und das mechanische Recycling in Deutschland stattfinden, können bei einer Hydrometallurgie in Deutschland die Transportkosten um 39 % gesenkt werden, was der stärksten Reduktion entspricht und mit der reduzierten Transportdistanz zusammenhängt. Die größten Steigerungen würden bei einer Hydrometallurgie in Bulgarien und Finnland resultieren (78 %). Dies hängt wiederum mit der Annahme zusammen, dass auf der Distanz noch ein Transport per LKW stattfinden würde und dieser Transport deutlich teurer ist als per Containerschiff.

Prozentuale Änderung zum Basisszenario

	BE	BG	CH	CN	DE	FI	FR	GB	JP	KR	NL	NO	PL	SE	TR	US
TC	35 %	-6 %	46 %	-23 %	7 %	23 %	21 %	23 %	11 %	22 %	29 %	9 %	-8 %	26 %	69 %	53 %
P	-24 %	4 %	-31 %	16 %	-5 %	-16 %	-14 %	-16 %	-7 %	-15 %	-20 %	-6 %	6 %	-18 %	-48 %	-36 %
IDC	78 %	14 %	164 %	-64 %	24 %	73 %	13 %	2 %	3 %	52 %	37 %	-11 %	-50 %	80 %	251 %	210 %
OC	-3 %	-1 %	-4 %	2 %	-3 %	0 %	-2 %	-5 %	0 %	0 %	-3 %	-1 %	-0 %	0 %	-1 %	0 %
OthC	22 %	-28 %	-17 %	-6 %	-13 %	11 %	34 %	31 %	25 %	22 %	30 %	28 %	11 %	11 %	-3 %	-8 %
SubC	0 %	0 %	0 %	0 %	0 %	0 %	0 %	0 %	0 %	0 %	0 %	0 %	0 %	0 %	0 %	0 %
AC	120 %	-66 %	73 %	-71 %	112 %	88 %	103 %	16 %	-39 %	-29 %	113 %	197 %	-45 %	112 %	-44 %	106 %
MC	0 %	0 %	0 %	0 %	0 %	0 %	0 %	0 %	0 %	0 %	0 %	0 %	0 %	0 %	0 %	0 %
DC	76 %	21 %	199 %	-60 %	24 %	71 %	14 %	0 %	31 %	55 %	37 %	-7 %	-52 %	83 %	83 %	184 %
EC	53 %	37 %	97 %	-33 %	56 %	-31 %	45 %	155 %	16 %	4 %	78 %	-29 %	25 %	-23 %	52 %	-38 %
IC	86 %	23 %	225 %	-67 %	27 %	81 %	15 %	0 %	35 %	62 %	42 %	-8 %	-59 %	94 %	94 %	208 %
InC	73 %	-14 %	13 %	-73 %	19 %	69 %	8 %	10 %	-100 %	32 %	33 %	-25 %	-38 %	58 %	837 %	277 %
MRO	80 %	22 %	209 %	-63 %	25 %	75 %	14 %	0 %	33 %	58 %	39 %	-7 %	-55 %	88 %	87 %	194 %
PC	120 %	-66 %	73 %	-71 %	112 %	88 %	103 %	16 %	-39 %	-29 %	113 %	197 %	-45 %	112 %	-44 %	106 %
PCC	0 %	0 %	0 %	0 %	0 %	0 %	0 %	0 %	0 %	0 %	0 %	0 %	0 %	0 %	0 %	0 %
RD	42 %	12 %	81 %	-32 %	16 %	34 %	15 %	19 %	1 %	21 %	27 %	2 %	-19 %	37 %	107 %	85 %
RCS	0 %	0 %	0 %	0 %	0 %	0 %	0 %	0 %	0 %	0 %	0 %	0 %	0 %	0 %	0 %	0 %
RCP	0 %	0 %	0 %	0 %	0 %	0 %	0 %	0 %	0 %	0 %	0 %	0 %	0 %	0 %	0 %	0 %
REP	0 %	0 %	0 %	0 %	0 %	0 %	0 %	0 %	0 %	0 %	0 %	0 %	0 %	0 %	0 %	0 %
ROS	0 %	0 %	0 %	0 %	0 %	0 %	0 %	0 %	0 %	0 %	0 %	0 %	0 %	0 %	0 %	0 %
RSEB	0 %	0 %	0 %	0 %	0 %	0 %	0 %	0 %	0 %	0 %	0 %	0 %	0 %	0 %	0 %	0 %
SC	0 %	0 %	0 %	0 %	0 %	0 %	0 %	0 %	0 %	0 %	0 %	0 %	0 %	0 %	0 %	0 %
TF	20 %	-45 %	-36 %	-3 %	-15 %	-1 %	35 %	32 %	32 %	26 %	32 %	25 %	17 %	0 %	-18 %	-20 %
TranC	15 %	78 %	29 %	4 %	-39 %	78 %	36 %	40 %	-7 %	-5 %	8 %	57 %	2 %	61 %	4 %	-18 %
WC	0 %	0 %	0 %	0 %	0 %	0 %	0 %	0 %	0 %	0 %	0 %	0 %	0 %	0 %	0 %	0 %
WTC	0 %	0 %	0 %	0 %	0 %	0 %	0 %	0 %	0 %	0 %	0 %	0 %	0 %	0 %	0 %	0 %
CC	-16 %	-12 %	-14 %	12 %	-19 %	-12 %	-14 %	-14 %	7 %	0 %	-16 %	-12 %	-17 %	-13 %	7 %	-13 %
RFL	48 %	-10 %	-17 %	9 %	-30 %	-10 %	-24 %	-22 %	-28 %	32 %	-21 %	-22 %	-25 %	-20 %	62 %	-24 %

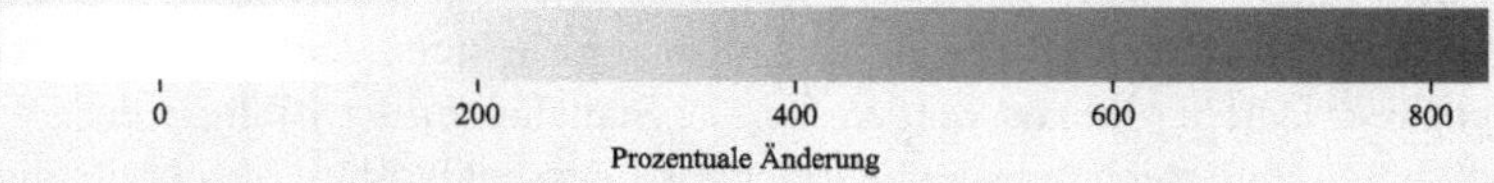

Abkürzungen

TC: Gesamtkosten, **P**: Profit, **IDC**: Investitionsabhängige Kosten und Erlöse, **OC**: Betriebsabhängige Kosten und Erlöse, **OthC**: Sonstige Kosten und Erlöse, **SubC**: Folgekosten und -erlöse, **AC**: Verwaltungskosten, **MC**: Materialkosten, **DC**: Abschreibungskosten, **EC**: Energiekosten, **IC**: Versicherungskosten, **InC**: Zinskosten, **MRO**: Wartungskosten, **PC**: Personalkosten, **PCC**: Prozessveränderungskosten, **RD**: Forschungs- und Entwicklungskosten, **RCS**: Erlöse durch investitionsabhängige Subventionen, **RCP**: Erlöse durch Kuppelprodukte, **REP**: Erlöse durch Endprodukte, **ROS**: Erlöse durch betriebsbedingte Subventionen, **RSEB**: Erlöse durch Equipment und Gebäude, **SC**: Dienstleistungskosten, **TF**: Steuern und Gebühren, **TranC**: Transportkosten, **WC**: Garantiekosten, **WTC**: Entsorgungskosten, **CC**: Klimawandel, **RFL**: Risiko für Zwangsarbeit

Abbildung 4.19 Änderungen der Auswirkungen bei Veränderung des Landes für die Hydrometallurgie

Beim Klimawandel können in 12 der 16 Ländern Reduktionen bei den negativen Auswirkungen erzielt werden. Diese liegen in einem Bereich von 12 % bis 19 %. In China, Japan und der Türkei würde es hingegen zu Steigerungen kommen, während sich bei der Hydrometallurgie in Südkorea keine Änderungen ergeben würden. Dies steht im direkten Zusammenhang mit dem erwarteten Elektrizitätsmix in den Regionen im Jahr 2035 im Vergleich zum Basisszenario.

Beim Risiko für Zwangsarbeit würde das Risiko bei der Hydrometallurgie in vier Fällen steigen. Dies gilt für China, Belgien, Südkorea und die Türkei. Dies ist eine Konsequenz aus den zugewiesenen Risiken innerhalb der SHDB zu diesen Ländern und lassen sich im Fall von Südkorea und Belgien insbesondere auf die Verknüpfung der entsprechenden Industrien mit Industrien in Ländern zurückführen, die mit einem hohen Risiko verbunden sind. In den übrigen Ländern könnte das Risiko im Bereich von 10 % bis 30 % gemindert werden, wobei der höchste Wert bei einem Recycling in Deutschland resultieren würde.

Darstellung der Ergebnisse bei Variation der Parameter

Um den Einfluss der DEALA-Aktivitäten auf die Ergebnisse hervorzuheben, werden die Parameter der DEALA-Aktivitäten mit dem größten Einfluss auf den Profit variiert. Dies bedeutet, dass für den Packproduzenten die DEALA-Aktivitäten für Garantie, das BMS, das CSC, die Steuern und das Modulgehäuse sowie der Preis für das Batteriepack angepasst werden. Bei der Garantie werden Werte zwischen 1 % und 10 % gewählt. Bei der Steuer werden die DEALA-Aktivitäten zwischen 1 % und 30 % genutzt, während bei den verbleibenden DEALA-Aktivitäten die Marktsphärenflüsse in einem Bereich von -100 % bis 100 % im Vergleich zum Basisszenario variiert werden. Diese Annahmen gelten ebenso beim Zellproduzenten. Beim Recycler stehen die Investitionen in die Gebäude im Vordergrund sowie die Steuern, Personalkostensätze sowie der Preis für Natriumhydroxid. Daneben werden auf Basis der oben genannten Annahmen die Preise der Sekundärmaterialien angepasst. Darüber hinaus werden für alle Stakeholder der Einfluss der DEALA-Aktivitäten zur Berechnung der Energiepreise, Personalkosten, Abschreibungen und kalkulatorischen Zinsen angegeben.

Abbildung 4.20 zeigt die Veränderungen der Auswirkungen der Wirkungskategorie Profit für den Batteriepackproduzenten. Dort hatte auf der Kostenseite die DEALA-Aktivität Garantie den größten Einfluss. Bei Änderung der DEALA-Aktivität fällt auf, dass der Batteriepackproduzent in diesem Bereich profitabel arbeiten würde. Die Nullstelle befindet sich bei einem Wert von 10,85 %, was einer Steigerung von 4,98 Prozentpunkten entsprechen würde. Beim BMS würde dieser Punkt bei einer Steigerung des Preises um 179 % erreicht werden. Bei Änderung des Preises für das CSC würde dieser Punkt später eintreten. Der Preis müsste um 200 % erhöht werden, damit der Batteriepackproduzent nicht mehr profitabel arbeiten würde. Die Steuern müssten auf einen Steuersatz von 54 % erhöht werden, damit der Profit nach Steuern negativ wird. Bei dem Modulgehäuse müsste der Preis hingegen um 256 % erhöht werden, bis der Batteriepackproduzent Verluste machen würde. Mit Blick auf den Preis des Batteriepacks auf der Erlösseite wird deutlich, dass der Preis um 13 % reduziert werden könnte, bis der Batteriepackproduzent nicht mehr profitabel arbeiten würde. Bei einer Erhöhung des Preises könnten erhebliche Gewinne eingeworben werden. Bei einer Verdopplung würde der Profit bei $ 3.183 liegen. Bei den verbleibenden abgebildeten Parametern ist der Einfluss auf den Profit deutlich geringer. Der Strompreis müsste verachtfacht werden, um unprofitabel zu werden. Dies kann bei einer Teilnahme am Spotmarkt jedoch realistisch sein. So sind aufgrund einer sogenannten Dunkelflaute die Preise in Deutschland am 6.11.2024 auf 800 Euro pro MWh gestiegen.[50] In diesem Bereich wäre die Batteriepackproduktion nicht mehr wirtschaftlich gewesen. Für den Personalkostensatz, den Preis für Maschinen und die Konstruktion von Gebäuden gilt dies bei einer Erhöhung der Preise von über 1.037 %, 581 % bzw. 1.251 %. Der Zinssatz müsste auf über 61 % angehoben werden, was einen geringen Einfluss widerspiegelt.

[50] Vgl. Stratmann (2024).

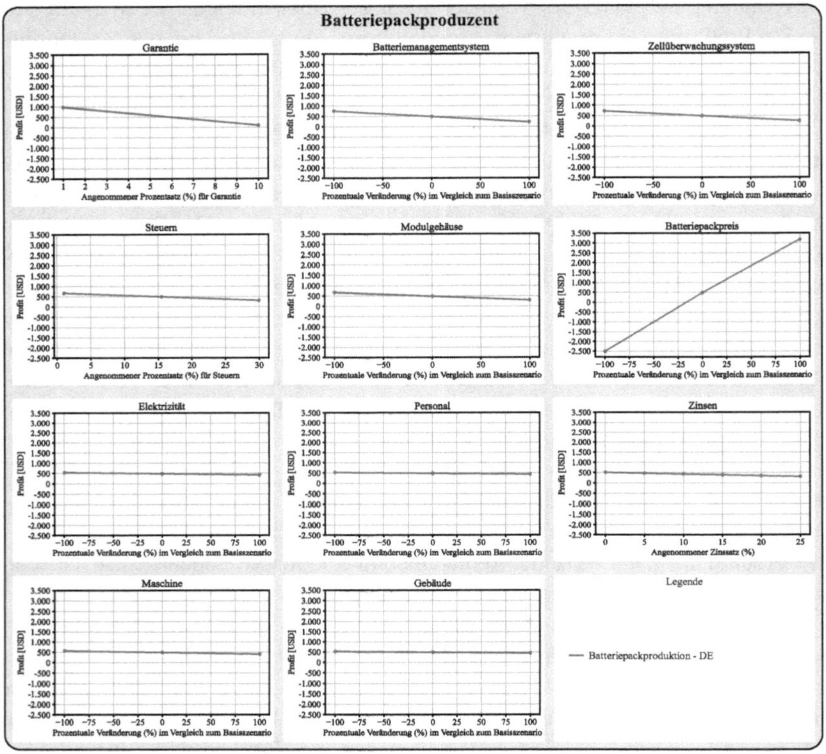

Abbildung 4.20 Veränderung des Profits bei Änderung der Parameter im Fall des Batteriepackproduzenten in Deutschland

Mit Blick auf die Batteriezellproduktion zeigt sich ein ähnliches Bild. Die Änderungen für die identifizierten Hotspots sowie länderspezifische Parameter sind in Abbildung 4.21 abgebildet. Bei der Hotspotanalyse hat das positive Aktivmaterial den größten Anteil auf der Kostenseite aufgewiesen. Dieser kann bei dem angenommenen Basisszenario auf ca. \$ 66 pro kg steigen, bis die Zellproduktion nicht mehr profitabel ist. Werden die Länder isoliert betrachtet, wird deutlich, dass dieser Punkt an unterschiedlichen Stellen liegt. Während bei einer Produktion zu 100 % in China erst bei einem Preis von \$ 68 pro kg die Nullstelle erreicht wird, wird diese bei einer reinen Produktion in Ungarn bereits bei \$ 54 pro kg erreicht. Dies ist insgesamt auf die höheren Kosten zurückzuführen, wie bei der Analyse auf Länderebene bereits gezeigt worden ist. Ähnliches gilt für die Änderung des Preises bei Lithiumhydroxid. Allerdings ist in diesem Fall die Steigung geringer. Die Produktion in Ungarn wird ab einem Preis von $ 89 pro kg unprofitabel und China bei einem Wert von $ 128 pro kg. Dies gilt ebenso in dem Fall der Änderung des Preises für Nickelsulfat. Hierbei handelt es sich um Preise, die in der Praxis bereits erreicht worden sind, wie das Fraunhofer ISI gezeigt hat, sodass in den Fällen die Zellproduktion bei gegebenem Preis nicht mehr profitabel wäre.[51] Bei der Änderung des Prozentsatzes der Garantie wird deutlich, dass es keine Änderung hinsichtlich des Rankings der Länder gibt. Dies ist darauf zurückzuführen, dass diese sich auf die Gesamtkosten bezieht und daher der gleiche Abstand bestehen bleibt. Der Prozentsatz für Steuern auf den Profit müssten im Bereich zwischen 73 % und 84 % erhöht werden, damit die Batterieproduktion keinen Profit mehr generiert. Den größten Einfluss auf die Profitabilität hat der Batteriezellpreis. Bereits bei einer Reduktion von 6 % im Vergleich zum Basisszenario wäre die Produktion in Frankreich unprofitabel. In China könnte er hingegen um bis zu 17 % reduziert werden. Die Änderung des Strompreises macht darüber hinaus die hohe Bedeutung dieses Parameters für die Zellproduktion in Ungarn deutlich. Könnte der Preis drastisch reduziert werden, könnte Ungarn den dritthöchsten Profit hinter China und dem Marktmix erzielen. Steigerungen würden hingegen zu dem Gegenteil führen. Die Produktion in Ungarn würde bereits bei einer Preissteigerung von 140 % unrentabel, während dieser Punkt in China erst bei einer Versiebenfachung des Preises erreicht werden würde. Weitere Auffälligkeiten zeigt Abbildung 4.21 bei der Änderung des Personalkostensatzes sowie bei der Variation des Preises für die Konstruktion von Gebäuden. So führen die prozentuale Veränderung des Personalkostensatzes zu deutlich stärkeren Änderungen im Falle der USA, Deutschland und Schweden, was dafür sorgen würde, dass diese auf den drei letzten Plätzen landen würden. Dies ist auf die bereits hohe Personalkostenstruktur und damit die Bedeutung dieser in den Ländern zurückzuführen. Gleiches gilt im Falle der Gebäude für die USA. Die Variation der Zinsen oder der Maschinenpreise weist keine weiteren Besonderheiten auf.

[51] Vgl. Neef & Jung Vgl. (2023).

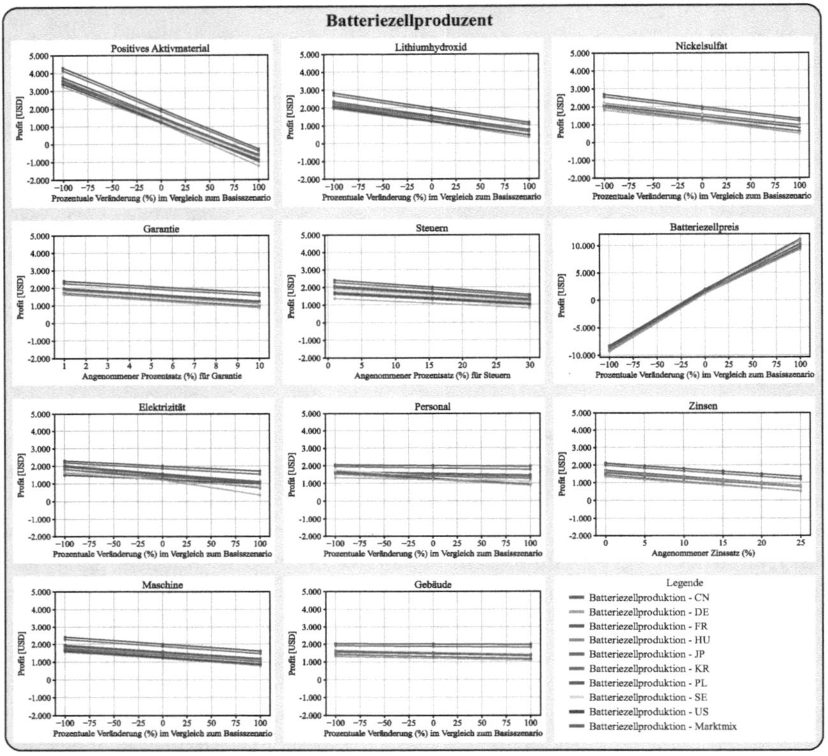

Abbildung 4.21 Veränderung des Profits bei Änderung der Parameter im Fall der Batteriezellproduktion

Bei Änderung der Parameter beim Recycler fällt zunächst auf, dass die stärksten Änderungen des Profits bei Änderungen des Preises für die Konstruktion von Gebäuden und dem Zinssatz auf der Kostenseite resultieren (Abbildung 4.22). Die stärkste Änderung im Fall der Gebäude fällt hierbei auf die Türkei. Dies ist insbesondere auf die investitionsabhängigen Kosten zurückzuführen, die in der Türkei sehr hoch sind, wie bereits die Hotspotanalyse gezeigt hat. Zudem würde eine Verdopplung der Konstruktionspreise dafür sorgen, dass das Recycling in den USA und der Schweiz weniger vorteilhaft erscheint, was auf bereits sehr hohe Preise zurückzuführen ist. Entsprechend würden niedrigere Preise aber auch zu einer deutlichen Zunahme der Profitabilität führen. Die Reduktion des Preises für die Konstruktion von Gebäuden würde zudem zu dem Fall führen, dass ab einer Reduktion von 44 % das Recycling in Bulgarien profitabler ist als in China, wo das Recycling in allen anderen abgebildeten Fällen vorteilhaft bleibt. Im Vergleich zu den Zinsen hat die Türkei eine deutlich geringere Steigung, was auf den bereits hohen Zinssatz in dem Land zurückzuführen ist. Die stärksten Änderungen ergeben sich daher für die Schweiz und USA, wobei bei einem Zinssatz von 25 % das Recycling in der Schweiz am wenigsten profitabel wäre. Im Falle der Steuern, Natriumhydroxid, Personal und Elektrizität sind die Veränderungen deutlich geringer, wobei ersterer Fall die größten Änderungen aufzeigt, was sich mit dem höchsten Anteil bei der Hotspotanalyse erklären lässt. Im Falle von Personal und Elektrizität gelten die Aussagen wie bei den vorherig beschriebenen Stakeholdern. Auf der Erlösseite werden die Ergebnisse aus der Hotspotanalyse bestätigt. Die größten Veränderungen ergeben sich bei der Änderung des Lithiumhydroxidpreises, gefolgt vom Nickelsulfat, Grafit, Kobaltsulfat und Kupferschrott. Auffällig hierbei ist, dass in keinem der isolierten Fälle eine Reduktion des Preises auf $ 0 dafür sorgt, dass das Recycling unprofitabel wird. Sollten diese allerdings gemeinsam fallen, würde das Recycling zu Verlusten führen. Darüber hinaus führen die niedrigen Steuersätze auf den Gewinn zu Vorteilen, weshalb bspw. Bulgarien oder die Schweiz bei den Erhöhungen Vorteile aufzeigen.

Ableitung von Schlussfolgerungen, Einschränkungen und Empfehlungen

Die Darstellung der Ergebnisse sowie die weiterführenden Analysen zeigen unterschiedliche Dinge auf. In Bezug auf die Standorte zeigt die Sensitivitätsanalyse, dass die ökonomischen Unterschiede insbesondere auf die unterschiedlichen Strompreise, Personalkostensätze, Zinssätze, Steuersätze auf den Profit sowie die Transportdistanzen und -modi zurückzuführen sind. Die resultierenden Unterschiede sind im Fall der Zellproduktion dabei moderat. Dies ist darauf zurückzuführen, dass einschränkend angenommen wurde, dass globale Marktpreise gelten. Die Marktpreise haben, wie gezeigt, allerdings einen starken Einfluss auf die Ergebnisse. Für die Zell- und Packproduzenten ist daher zu empfehlen, detaillierte Anfragen für unterschiedliche Preise durchzuführen, um einen genaueren Einblick in die regionalen Unterschiede sowie Unterschiede bei Anbietern zu bekommen. Zudem hat die Sensitivitätsanalyse hervorgehoben, dass Schwankungen bei den Materialpreisen aber auch bei den Strompreisen zu Verlusten in der Produktion führen können. Es müssen entsprechend Strategien entwickelt werden, um sich gegen derartige Schwankungen abzusichern. Ebenso hat der Standort der Zellproduktion auf das Risiko für Zwangsarbeit einen moderaten Einfluss. Die Ergebnisse haben vielmehr gezeigt, dass das Risiko in den vorgelagerten Prozessketten liegt, sodass an dieser Stelle die Wahl mit Bedacht durchgeführt werden muss und entsprechend regelmäßige Audits durchgeführt werden müssen, um Menschenrechtsverletzungen als Unternehmen

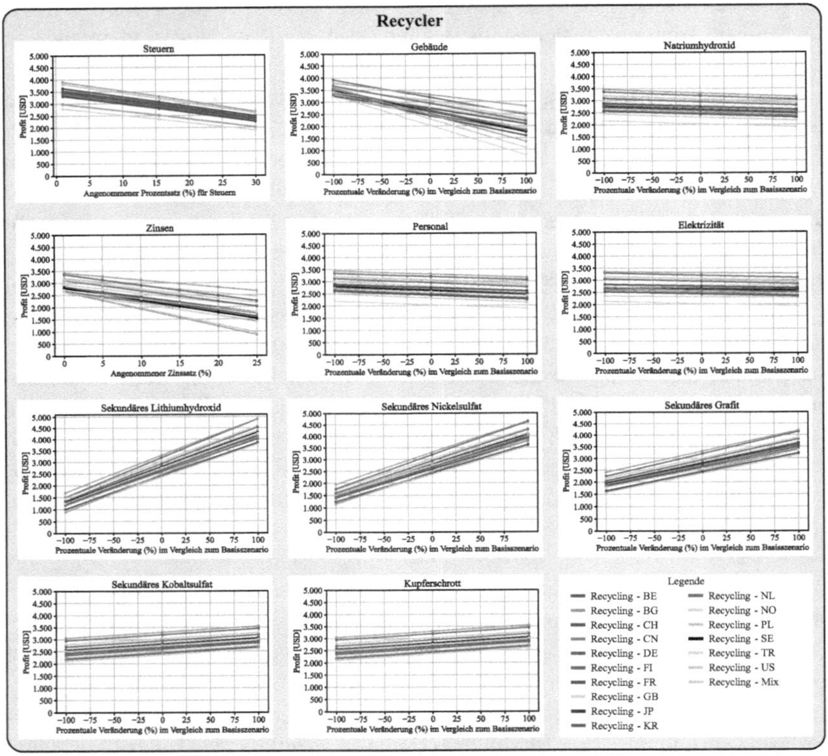

Abbildung 4.22 Veränderung des Profits bei Änderung der Parameter im Fall des Recyclers

ausschließen zu können. Die Effekte bei der Wirkungskategorie Klimawandel sind etwas höher. Dies ist insbesondere auf den Elektrizitätsmix in den Ländern zurückzuführen. Hierbei hat u. a. die Hotspotanalyse gezeigt, dass Elektrizitätsmixe mit einem hohen Anteil mit fossilen Kraftwerken einen negativen Einfluss haben. Entsprechend ist zu empfehlen, dass verstärkt auf erneuerbare Energien gesetzt wird, um weitere Reduktionen bei dieser Wirkungskategorie zu erzielen.

Bei der Analyse für das Recycling ist der Einfluss des Standorts auf die Gesamtkosten und damit den Profit deutlich größer. Dies ist insbesondere auf die Investitionen in Gebäude und damit die investitionsabhängigen Kosten zurückzuführen. Hierbei wurde für die Fläche der Gebäude auf bekannte Daten von

Pilotanlagen zurückgegriffen, wodurch die benötigten Flächen trotzt Berücksichtigung von Größendegressionseffekten tendenziell überschätzt worden sind. Es ist daher allgemein zu empfehlen, dass die Gebäude für das Recycling möglichst effizient gestaltet werden. Des Weiteren ist festzustellen, dass die Materialpreise einen signifikanten Einfluss auf die Erlöse bzw. Einnahmen ausüben. Diese hängen von der Menge der Sekundärmaterialien und deren Preisen ab. Sollte sich der Trend zu LFP-Batterien bspw. weiter verstärken, könnten keine Erlöse/Einnahmen durch den Verkauf von Nickelsulfat oder Kobaltsulfat erzielt werden. Die Hotspotanalyse hat allerdings gezeigt, dass diese einen erheblichen Einfluss haben. Es muss entsprechend sichergestellt werden, dass das Recycling flexibel gestaltet ist und auch bei sich ändernden Umweltbedingungen rentabel bleibt. Andernfalls muss die Politik oder der Inverkehrbringer der Batterien dieses subventionieren, um die Vorgaben der EU-Batterieverordnung zu erreichen. Die Reduktion von Emissionen im Vergleich zum Status Quo kann hierbei durch ein Recycling in Europa erreicht werden, was durch die Ergebnisse demonstriert wurde. Allerdings wurde an dieser Stelle noch nicht gezeigt, ob alle Sekundärmaterialien im Vergleich zu den Primärmaterialien vorteilhaft sind. Dies wird im Zuge des Entscheidungsunterstützungsmodells in Abschnitt 4.3.3 weitergehend aufgezeigt. Auch beim Risiko für Zwangsarbeit sind deutlich größere Unterschiede ersichtlich. Dieser Umstand ist u. a. auf die Berücksichtigung der Länder sowie den angenommenen Ländermix beim Recycling zurückzuführen. Dieser unterscheidet sich deutlich zu dem der Zellproduktion.

Für den Nutzer haben die Ergebnisse gezeigt, dass die negativen ökonomischen Auswirkungen insbesondere durch den Preis der Batterie und durch den Strompreis beeinflusst werden. Auf den Batteriepreis hat der Nutzer nur bedingt einen Einfluss, da dieser, wie gezeigt, insbesondere durch die vorgelagerten Wertschöpfungsketten beeinflusst wird. Beim Strompreis wurde der durchschnittliche Marktpreis des Jahres 2023 angenommen. Hierbei kann der Nutzer durch sein Ladeverhalten Einfluss auf die Kosten nehmen. In der Fallstudie wurde ein Unternehmen angenommen, das die Batterie gekauft hat. Wenn dieses zusätzlich Photovoltaikanlagen auf seinem Unternehmensgelände installiert, könnte er seine Abhängigkeiten vom Marktpreis reduzieren. Weitere Möglichkeiten wäre der Rückgriff auf flexible Strompreise und die Anpassung des Ladeverhaltens an die Börsenpreise. Der Bau von Photovoltaik kann ebenso einen positiven Einfluss auf den Wirkungsindikatorwert des Klimawandels haben. Ebenso kann ein Ökostromtarif abgeschlossen werden, um an dieser Stelle einen Einfluss auf die Zusammensetzung des genutzten Elektrizitätsmix zu nehmen. Auf das Risiko für Zwangsarbeit hat der Nutzer keinen direkten Einfluss und das Risiko wird in der Studie vor allem durch die Stromproduktion beeinflusst.

Hierbei kann der Nutzer nur auf Berichte achten und Unternehmen meiden, die negativ auffallen.

Darüber hinaus haben die Ergebnisse aufgezeigt, dass es Zielkonflikte zwischen den Wirkungskategorien der drei Nachhaltigkeitsdimensionen geben kann. Dies wird insbesondere durch die Länderszenarien deutlich. Eine Entscheidung über die beste Konfiguration der Batteriewertschöpfungskette aus ökonomischer, ökologischer oder sozialer Sicht ist hierdurch erschwert. Daher ist die Nutzung eines Entscheidungsunterstützungsmodells empfohlen, um weitergehende Einblicke für die Ableitungen von Empfehlungen zu bekommen. Dies ist zusätzlich zu empfehlen, da hierbei auch die genannten Gesetzgebungen besser mitberücksichtigt werden können.

Zusammenfassend zeigt dieser Teil der Fallstudie, dass die Wirkungsabschätzungsmethode DEALA im Rahmen des eoLCSA genutzt werden kann und die Auswirkungen der drei Dimensionen der Nachhaltigkeit innerhalb eines gemeinsamen Vorgehens mit äquivalenten Systemgrenzen und gemeinsamen Sachbilanzen berechnet werden können. Hierbei zeigt sich das mit der Nutzung der ökonomischen Wirkungsabschätzungsmethode DEALA, dass die Vorgehensweise vereinheitlicht werden kann und zahlreiche Möglichkeiten zur Darstellung, Analyse und Interpretation der Ergebnisse vorhanden sind. Es werden hiermit die Anforderungen 1 und 2 dieser Arbeit erfüllt.

4.3 Gestaltung einer Batteriewertschöpfungskette

Um aufzuzeigen, wie die Ergebnisse und auch die Beschaffenheit von DEALA und des eoLCSA in Entscheidungsunterstützungsmodellen genutzt werden können, wird in diesem Abschnitt ein mathematisches Optimierungsmodell eingeführt, welches im Wesentlichen auf Popien et al. (2024b) basiert. Das mathematische Optimierungsmodell wird allerdings im Vergleich um Nebenbedingungen erweitert sowie hinsichtlich der beschriebenen Ausgangssituation angepasst.

4.3.1 Beschreibung des Entscheidungsunterstützungsmodells

Die Handlungsempfehlung zur Nutzung eines Entscheidungsunterstützungsmodells zur Findung von Entscheidungen zur Gestaltung der Batteriewertschöpfungskette wird in diesem Abschnitt aus der Perspektive des Batteriepackproduzenten aufgegriffen. Hierbei handelt es sich bei dem Entscheidungsunterstützungsmodell um ein MODM-Problem, da neben ökonomischen Zielgrößen auch ökologische, soziale sowie rechtliche Ziele berücksichtigt werden müssen. Hierbei wird bei der Formulierung des MODM-Problems zweistufig verfahren. Zum einen wird auf die vorgestellte ε-constraint Methode zurückgegriffen (Abschnitt 3.3). Dies beruht auf zwei Gründen. Zunächst steht der Packproduzent im Vordergrund. Dieser muss sein Unternehmen so aufbauen, dass es profitabel ist, wodurch ökonomische Zielgrößen im Vordergrund stehen und eine ökonomische Zielgröße in der Zielfunktion berücksichtigt wird. Zudem werden durch die EU-Batterieverordnung Grenzwerte bspw. für den Klimawandel vorgegeben, die entsprechend in dem Entscheidungsunterstützungsmodell als Nebenbedingung angegeben und schrittweise angepasst werden können. Zum anderen wird das Entscheidungsunterstützungsmodell lexikografisch formuliert. Dies liegt an der Annahme, dass globale Marktpreise für alle Länder angenommen worden sind. Hierdurch resultieren vielfältige Optionen zur Gestaltung der Batteriewertschöpfungskette, die zu den gleichen Kosten führen würden. Daher werden zwei weitere Zielfunktion in dem Entscheidungsunterstützungsmodell berücksichtigt. Das resultierende Entscheidungsunterstützungsmodell wird im Folgenden mathematisch sowie verbal formuliert:

Mathematische Formulierung des Entscheidungsunterstützungsmodells

Notation des Entscheidungsunterstützungsmodells (Tabelle 4.12, Tabelle 4.13, Tabelle 4.14):

Tabelle 4.12 Mengen und Indizes des Entscheidungsunterstützungsmodells

Symbol	Beschreibung
ρ	Aktivitäten ($\rho \in \pi$)
$\pi^{Gewinnung}$	Submenge der Aktivitäten ρ, die die Gewinnung von Materialien repräsentieren
$\pi^{EU,Gewinnung}$	Submenge der Aktivitäten ρ, die die Gewinnung von Materialien in der EU repräsentieren
$\pi^{Verarbeitung}$	Submenge der Aktivitäten ρ, die die Verarbeitung von Materialien repräsentieren
$\pi^{EU,Verarbeitung}$	Submenge der Aktivitäten ρ, die die Verarbeitung von Materialien in der EU repräsentieren
$\pi^{Recycling}$	Submenge der Aktivitäten ρ, die die Produktion von Sekundärmaterialien repräsentieren
$\pi^{EU,Recycling}$	Submenge der Aktivitäten ρ, die die Produktion von Sekundärmaterialien in der EU repräsentieren
$\pi^{Kein\_Recycling}$	Submenge der Aktivitäten ρ, die die keine Produktion von Sekundärmaterialien repräsentieren
π^{RoW}	Submenge der Aktivitäten ρ, die außerhalb der EU lokalisiert sind
k	Objektarten ($k \in \kappa$)
$\kappa^{Technosphäre}$	Submenge der Objektarten k, die sich in der Technosphäre befinden
$\kappa^{Biosphäre}$	Submenge der Objektarten k, , die sich in der Biosphäre befinden (ohne Klimawandel)
$\kappa^{Klimawandel}$	Submenge der Objektarten k, die die Wirkungsindikatorwerte des Klimawandels repräsentieren
$\kappa^{Gesamtkosten}$	Submenge der Objektarten k, die die Gesamtkosten repräsentieren
$\kappa^{Transportkosten}$	Submenge der Objektarten k, die die Transportkosten repräsentieren
$\kappa^{Erlöse-Endprodukte}$	Submenge der Objektarten k, die die Erlöse durch Endprodukte repräsentieren
$\kappa^{Soziosphäre}$	Submenge der Objektarten k, , die sich in der Soziosphäre befinden (ohne Risiko für Zwangsarbeit)
$\kappa^{Zwangsarbeit}$	Submenge der Objektarten k, die die Wirkungsindikatorwerte des Risikos für Zwangsarbeit repräsentieren
$\kappa^{Vorgänger}$	Submenge der Objektarten k, die Vorläuferprodukte repräsentieren
$\kappa^{Gewinnung}$	Submenge der Objektarten k, die Rohmaterialien repräsentieren

(Fortsetzung)

Tabelle 4.12 (Fortsetzung)

Symbol	Beschreibung
$\kappa^{Verarbeitung}$	Submenge der Objektarten k, die die verarbeiteten Materialien repräsentieren
$\kappa^{Recycling}$	Submenge der Objektarten k, die Sekundärmaterialien repräsentieren

Tabelle 4.13 Entscheidungsvariablen des Entscheidungsunterstützungsmodells

Symbol	Beschreibung
λ_ρ	Aktivitätsniveau der Aktivitäten ρ

Tabelle 4.14 Parameter des Entscheidungsunterstützungsmodells

Symbol	Beschreibung
$v_{k,\rho}$	Menge der Objektart k, die durch die Aktivität ρ produziert oder verbraucht wird
d_k	Nachfrage nach Objektart k
r_k	Untere Grenze des Rezyklatgehalts von Objektart k
c_k	Obere Grenze des Rezyklatgehalts von Objektart k
g_k	Minimaler Anteil von Objektart k, der in der EU gewonnen werden muss
a_k	Minimaler Anteil von Objektart k, der in der EU verarbeitet werden muss
b_k	Minimaler Anteil von Objektart k, der in der EU recycelt werden muss
s_k	Maximaler Anteil von Objektart k, der aus einem Drittstaat importiert werden darf
h_k	Grenzwerte der ökologischen und sozialen Wirkungskategorien der Objektart k

Allgemeine Formulierung des Entscheidungsunterstützungsmodells:
Zielfunktion:

$$\text{lex}\min[ZF_1, ZF_2, ZF_3)] \tag{4.2}$$

$$ZF_1 = \sum_{\rho \in \pi^{\text{Kein\_Recycling}}} \sum_{k \in \kappa^{\text{Gesamtkosten}}} \lambda_\rho \cdot v_{k,\rho} - \sum_{\rho \in \pi^{Kein\_Recycling}} \sum_{k \in \kappa^{\text{Transportkosten}}} \lambda_\rho \cdot v_{k,\rho} - \sum_{\rho \in \pi^{\text{Recycling}}} \sum_{k \in \kappa^{\text{Erlöse-Endprodukte}}} \lambda_\rho \cdot v_{k,\rho} \tag{4.3}$$

$$ZF_2 = \sum_{\rho \in \pi} \sum_{k \in \kappa^{\text{Klimawandel}}} \lambda_\rho \cdot v_{k,\rho} \tag{4.4}$$

$$ZF_3 = \sum_{\rho \in \pi} \sum_{k \in \kappa^{\text{Zwangsarbeit}}} \lambda_\rho \cdot v_{k,\rho} \tag{4.5}$$

Nebenbedingungen:

$$\sum_{\rho \in \pi} \lambda_\rho \cdot v_{k,\rho} = d_k \qquad \forall k \in \kappa^{\text{Technosphäre}} \tag{4.6}$$

$$\sum_{\rho \in \pi} \lambda_\rho \cdot v_{k,\rho} = 0 \qquad \forall k \in \kappa^{\text{Vorgänger}} \tag{4.7}$$

$$\sum_{\rho \in \pi} \lambda_\rho \cdot v_{k,\rho} \leq h_k \qquad \forall k \in \kappa^{\text{Biosphäre}} \tag{4.8}$$

$$\sum_{\rho \in \pi} \lambda_\rho \cdot v_{k,\rho} \leq h_k \qquad \forall k \in \kappa^{\text{Klimawandel}} \tag{4.9}$$

$$\sum_{\rho \in \pi} \lambda_\rho \cdot v_{k,\rho} \leq h_k \qquad \forall k \in \kappa^{\text{Soziosphäre}} \tag{4.10}$$

$$\sum_{\rho \in \pi} \lambda_\rho \cdot v_{k,\rho} \leq h_k \qquad \forall k \in \kappa^{\text{Zwangsarbeit}} \tag{4.11}$$

$$\sum_{\rho \in \pi^{\text{Recycling}}} \lambda_\rho \cdot v_{k,\rho} \geq r_k \qquad \forall k \in \kappa^{\text{Recycling}} \tag{4.12}$$

$$\sum_{\rho \in \pi^{\text{Recycling}}} \lambda_\rho \cdot v_{k,\rho} \leq c_k \qquad \forall k \in \kappa^{\text{Recycling}} \tag{4.13}$$

$$\sum_{\rho \in \pi^{\text{EU, Gewinnung}}} \lambda_\rho \cdot v_{k,\rho} \geq g_k \cdot \sum_{\rho \in \pi^{\text{Gewinnung}}} \lambda_\rho \cdot v_{k,\rho} \qquad \forall k \in \kappa^{\text{Gewinnung}} \tag{4.14}$$

$$\sum_{\rho \in \pi^{\text{EU, Verarbeitung}}} \lambda_\rho \cdot v_{k,\rho} \geq a_k \cdot \sum_{\rho \in \pi^{\text{Verarbeitung}}} \lambda_\rho \cdot v_{k,\rho} \qquad \forall k \in \kappa^{\text{Verarbeitung}} \tag{4.15}$$

$$\sum_{\rho \in \pi^{\text{EU, Recycling}}} \lambda_\rho \cdot v_{k,\rho} \geq b_k \cdot \sum_{\rho \in \pi^{\text{Recycling}}} \lambda_\rho \cdot v_{k,\rho} \qquad \forall k \in \kappa^{\text{Recycling}} \tag{4.16}$$

$$s_k \cdot \sum_{\rho \in \pi} \lambda_\rho \cdot v_{k,\rho} \geq \lambda_\rho \cdot v_{k,\rho} \qquad \forall \rho \in \pi^{\text{RoW}}, \forall k \in \kappa^{\text{Gewinnung}} \tag{4.17}$$

$$\lambda_\rho \geq 0 \qquad \forall \rho \in \pi \tag{4.18}$$

Verbale Formulierung des mathematischen Entscheidungsunterstützungsmodells

Die Zielfunktion wird über die Gleichungen (4.2) bis (4.5) beschrieben. Zunächst beschreibt Gleichung (4.2) die allgemeine lexikografische Zielfunktion. Diese zielt auf eine Minimierung ab und beinhaltet drei Zielfunktionen. Die oberste Priorität hierbei hat Gleichung (4.3). Bei dieser sollen die Gesamtkosten für den Batteriepackproduzenten für die Beschaffung der Batteriezellen sowie der zugehörigen Materialien minimiert werden. Hierbei gibt es zwei Besonderheiten zu beachten. Zunächst werden von allen Aktivitäten in dem Model, die kein Sekundärmaterial als Output haben, die Transportkosten von den Gesamtkosten abgezogen. Dies hat den Hintergrund, dass ein globaler Marktpreis angenommen wurde und die Transportkosten somit die Entscheidung maßgeblich beeinflussen würden. Die vorherigen Auswertungen haben allerdings gezeigt, dass der Transport nur einen geringen Einfluss auf die Gesamtkosten hat, sodass dieser an dieser Stelle nicht berücksichtigt werden. Die zweite Besonderheit ist der dritte Teil der Gleichung. So werden im Fall der Produktion der Sekundärmaterialien die Erlöse für die Endprodukte berücksichtigt, die den globalen Marktpreisen entsprechen. Hiermit wird sichergestellt, dass die gleiche Basis für die Preise der Primär- und Sekundärmaterialien gilt. Die Möglichkeit der Nutzung unterschiedlicher Wirkungskategorien der DEALA-Methode hebt hierbei die Flexibilität und Einsatzmöglichkeiten in Entscheidungsunterstützungsmodellen hervor. Die zweite Zielfunktion (4.4) zielt anschließend darauf ab, den Wirkungsindikatorwert des Klimawandels, bei gleichbleibenden Kosten, zu minimieren. Sollte es an der Stelle weiterhin mehrere Lösungen geben, wird mit der Zielfunktion (4.5) zusätzlich der Wirkungsindikatorwert für das Risiko für Zwangsarbeit minimiert werden.

Die Nebenbedingungen (4.6) und (4.7) beziehen sich auf die Sicherstellung der Materialflüsse. Nebenbedingung (4.6) zielt hierbei auf die Sicherstellung der Nachfrage auf die Objektarten der Technosphäre ab, wobei der Primärbedarf nach

Batteriezellen im Vordergrund steht. Um den Sekundärbedarf nach den Vorläufern der Batteriezellen abzudecken, wird Nebenbedingung (4.7) eingeführt. In Summe soll der Sekundärbedarf nach den entsprechenden Objektarten über alle Aktivitäten gleich null sein.

Die Nebenbedingungen (4.8) bis (4.13) beziehen sich auf die Vorgaben der EU-Batterieverordnung. Nebenbedingung (4.8) begrenzt das Entscheidungsunterstützungsmodell hinsichtlich der Grenzwerte für die jeweiligen ökologischen Wirkungskategorien, die nicht überschritten werden dürfen. Hierbei ist der Grenzwert für den Klimawandel außen vorgelassen, da dieser im Rahmen der Lösung schrittweise reduziert werden soll. Daher wird der entsprechende Grenzwert separat über die Nebenbedingung (4.9) abgebildet. Die Grenzwerte für die sozialen Wirkungskategorien werden über Nebenbedingung (4.10) beschränkt. Ebenso gilt an dieser Stelle die Annahme wie für den Klimawandel, sodass der Grenzwert für das Risiko für Zwangsarbeit separat angegeben wird (Nebenbedingung (4.11)). Mit der Nebenbedingung (4.12) wird hingegen der minimale Rezyklatanteil der Sekundärmaterialien angegeben, der mindestens eingehalten werden muss. Zudem wird angenommen, dass der Einsatz von Sekundärmaterialien nach oben begrenzt ist, was durch die Nebenbedingung (4.13) angegeben wird.

Der CRMA wird über die Nebenbedingungen (4.14) bis (4.17) widergespiegelt. Der minimale Anteil an Materialien, der in der EU gewonnen werden muss, wird über Nebenbedingung (4.14) vorgegeben. Für die Verarbeitung sowie das Recycling der Materialien geschieht dies über die Nebenbedingungen (4.15) und (4.16). Die Nebenbedingung (4.17) hingegen legt fest, dass keine Waren aus Drittländern außerhalb der EU über einen bestimmten Prozentsatz hinaus importiert werden dürfen. Dabei ist dies an dieser Stelle auf die Gewinnung der Materialien beschränkt, da durch die vorherigen Nebenbedingungen kein Fall eintreten kann, bei dem diese Nebenbedingung bei gegebenem Grenzwert für die Verarbeitung und das Recycling nicht erfüllt werden kann. Abschließend wird über (4.18) die Nichtnegativitätsbedingung für die Entscheidungsvariablen eingeführt.

4.3.2 Beschreibung des Untersuchungsrahmens

Wie in Abschnitt 3.3 beschrieben und in Abbildung 3.15 dargestellt, müssen im ersten Schritt die entscheidungsrelevanten Aktivitäten definiert werden. Grundsätzlich wird sich hierbei an den beschriebenen Aktivitäten der Nachhaltigkeitsbewertung aus Abschnitt 4.2 orientiert. Aufgrund der angenommenen Perspektive des Batteriepackproduzenten sowie dem Fokus auf der EU-Batterieverordnung und dem CRMA wird sich im Rahmen des Entscheidungsunterstützungsmodells jedoch auf ausgewählte Aktivitäten fokussiert. Der Batterieproduzent hat einen Primärbedarf nach Batteriezellen. Folglich werden die Aktivitäten zur Batteriezellproduktion in dem Entscheidungsunterstützungsmodell berücksichtigt. Über den CRMA sowie die EU-Batterieverordnung werden zudem Vorgaben für die Gewinnung, Verarbeitung und das Recycling von Aluminium, Bauxit, Grafit, Kobalt, Kupfer, Lithium, Mangan und Nickel vorgegeben. Entsprechend werden alle der Zellproduktion vorgelagerten Aktivitäten, die diese Materialien beinhalten, zusätzlich berücksichtigt. Um die Batteriewertschöpfungskette gestalten zu können, müssen zudem unterschiedliche Länder berücksichtigt werden. Diese beschränken sich nicht nur auf die bisher berücksichtigten Länder der Nachhaltigkeitsbewertung. Es werden zusätzlich für die Gewinnung neben den Ländern, die aktuell die Materialien gewinnen, Länder mit Ressourcen des jeweiligen Materials berücksichtigt. Bei der Verarbeitung der Materialien wird die Perspektive derart erweitert, dass in den Ländern, in den ein Material gewonnen wird, dieses auch verarbeitet werden könnte, wenn dies bisher nicht geschieht. Zudem werden alle G20-Staaten, ohne Staatenbündnisse, berücksichtigt. Dies basiert auf der Annahme, dass dies die wirtschaftlich stärksten Länder der Welt sind, die ein erhebliches Interesse daran haben, einen Großteil der Wertschöpfung in ihrem eigenen Land zu haben. Die G20-Staaten werden auch beim Recycling und damit der Gewinnung der Sekundärmaterialien zusätzlich berücksichtigt.

Die definierten Aktivitäten werden im zweiten Schritt aktivitätsanalytisch modelliert, sodass für jede Aktivität die Menge der Inputs und Outputs der jeweiligen Objektarten bekannt ist. Die Aktivitäten werden darauf aufbauend mithilfe von Brightway2 sowie den definierten Wirkungsabschätzungsmethoden aus Abschnitt 4.2 hinsichtlich der drei Nachhaltigkeitsdimensionen bewertet. Die Wirkungsindikatorwerte werden anschließend zu den Aktivitätsvektoren hinzugefügt. Die Aktivitätsvektoren bilden anschließend eine Matrix, die den Parameter $v_{\rho,k}$ repräsentiert.

Der Primärbedarf nach den Batteriezellen in der Technosphäre wird durch die Definition des Batteriepacks bestimmt. Für die Produktion eines Batteriepacks benötigt der Batteriepackproduzent 400 Zellen. Die Nachfrage nach den übrigen Objektarten in der Technosphäre liegt bei 0. Dies definiert den Parameter d_k.[52]

Die Grenzwerte für die ökologischen und sozialen Wirkungskategorien werden durch das Basisszenario aus Abschnitt 4.2 vorgegeben. Diese Werte werden genutzt, da bisher noch keine Grenzwerte in der EU- Batterieverordnung vorgegeben worden sind. Die EU-Batterieverordnung gibt zudem für Lithium, Kobalt

[52] Vgl. Knehr et al. (2022).

und Nickel einen Mindestrezyklatanteil vor, der in den Batteriezellen vorhanden sein muss. In dieser Arbeit wird sich zunächst auf die vorgegebenen Rezyklatanteile für das Jahr 2031 beschränkt (Tabelle 4.2). Es wird davon ausgegangen, dass diese Werte für die verarbeiteten Materialien gelten. Für alle anderen Objektarten wird der Wert 0 angenommen. Der maximale Rezyklatanteil innerhalb der Batterien wird auf 50 % festgelegt und gilt für alle verarbeiteten Materialien, die im positiven und negativen Aktivmaterial eingesetzt werden. Dieser Wert wird definiert, da nicht davon ausgegangen werden kann, dass die Batterien ausschließlich mithilfe von Sekundärmaterialien produziert werden können.[53]

Die Vorgaben des CRMA sind in Tabelle 4.15 aufgelistet. Diese gelten für alle Prozesse in der EU im Durchschnitt. Allerdings wird für diese Fallstudie angenommen, dass jedes Unternehmen versucht, die Werte zu erreichen. Die Werte gelten daher für die Objektarten auf den unterschiedlichen Stufen der Batteriewertschöpfungskette, wobei der maximale Anteil der importierten Materialien aus einem Drittland nur für die Gewinnung von Materialien gilt, wie oben angeführt.

Tabelle 4.15 Vorgegebene Anteile des CRMA

Parameter	Vorgegebene Anteile des CRMA
Minimaler Anteil Gewinnung in Europa g_k	10 %
Minimaler Anteil Verarbeitung in Europa a_k	40 %
Minimaler Anteil Recycling in Europa b_k	25 %
Maximaler Anteil Import aus Drittland s_k	65 %

Insgesamt werden bei der Lösung des Entscheidungsunterstützungsmodells vier Szenarien untersucht. Zunächst werden nur die Nebenbedingungen (4.6) bis (4.7) und (4.13) berücksichtigt. Dieses Szenario wird verwendet, um die kostenminimale Batteriewertschöpfungskette unter den gegebenen Annahmen aufzuzeigen. Im zweiten Szenario werden die Auswirkungen der EU-Batterieverordnung aufgezeigt. Daher werden in diesem Szenario zusätzlich die Nebenbedingungen (4.8) bis (4.12) berücksichtigt. Darüber hinaus werden jeweils die Grenzwerte für die ausgewählten ökologischen und sozialen Wirkungskategorien schrittweise reduziert, um entsprechende Änderungen bei der Gestaltung der Batteriewertschöpfungskette aufzuzeigen. Im dritten Szenario werden die Nebenbedingungen berücksichtigt, die die Vorgaben des CRMA betreffen. Zusätzlich zu den Gleichungen (4.6), (4.7) und (4.13) werden die Nebenbedingungen (4.14) bis (4.17) betrachtet. Im vierten Szenario werden abschließend die EU-Batterieverordnung

[53] Vgl. Ginster et al. (2024); Zhou et al. (2024).

sowie der CRMA gemeinsam betrachtet. Zudem werden hierbei erneut die Grenzwerte für die zwei Wirkungskategorien schrittweise reduziert, bis eine unzulässige Lösung erzielt wird.

4.3.3 Darstellung der Ergebnisse des Entscheidungsunterstützungsmodells

Zur Lösung der Ergebnisse des Entscheidungsunterstützungsmodells wurde das Model in Python 3.11.6 implementiert und mithilfe von Gurobi 12.0.0 gelöst.[54] Hierbei wurde auf einen Rechner mit 32 GB RAM und einem Apple M2 Pro zurückgegriffen. Tabelle 4.16 zeigt die Lösungszeiten für die untersuchten Szenarien sowie die Anzahl der Nebenbedingungen und Variablen. Zudem zeigt Tabelle 4.16 die Endergebnisse für die drei ausgewählten Wirkungskategorien Gesamtkosten, Klimawandel und Risiko für Zwangsarbeit sowie die prozentuale Veränderung zum Basisszenario. Zudem spiegeln die Ergebnisse für Szenario 2a, 2b, 4a, 4b die Zustände wider, bei denen der Grenzwert für den Klimawandel bzw. der Grenzwert für das Risiko für Zwangsarbeit minimal sind.

Bei den Gesamtkosten fällt auf, dass es in vier der untersuchten Szenarien zu moderateren Reduktionen kommt. Die betroffenen Szenarien spiegeln hierbei für alle Fälle die kostenminimale Konfiguration dar, bei der keine Grenzwerte reduziert worden sind. Die größten Reduktionen entfallen auf Szenario 1 und 2. Bei den Szenarien 2a, 2b, 4a und 4b zeigen sich hingegen Steigerungen der Gesamtkosten, wobei der höchste Anstieg auf das Szenario 2a fällt. Dieses Szenario würde jedoch zu der Konfiguration mit dem niedrigsten Wirkungsindikatorwert für den Klimawandel führen. Die geringste Reduktion würde mit Szenario 2b erreicht, bei dem der Grenzwert für die soziale Wirkungskategorie reduziert wurde. Das Risiko für Zwangsarbeit kann in den Szenarien 2b und 4b um ca. 94 % reduziert werden. Das geringste Potenzial zur Reduktion des Risikos für Zwangsarbeit fällt hingegen auf das Szenario 2a. Nachfolgend wird aufgezeigt, wie sich die Produktionsanteile sowie die Wirkungsindikatorwerte der drei dargestellten Wirkungskategorien auf die Länder verteilen.

[54] Vgl. Gurobi Optimization (2023).

Tabelle 4.16 Endergebnisse der Szenarien nach der Lösung des Entscheidungsunterstützungsmodells

Szenario	Anzahl Nebenbedingungen	Anzahl Variablen	Lösungszeit pro Iteration	Gesamtkosten	Klimawandel	Risiko für Zwangsarbeit
S1 – Kosten	23	651	< 1 s	$ 8.567 –2,13 %	5.495 kg CO_2-äq. –36,27 %	10.343 mRS –82,08 %
S2 – EU/Kosten	65	651	< 1 s	$ 8.567 –2,13 %	5.676 kg CO_2-äq. –34,17 %	10.890 mRS –81,13 %
S2a – EU/Klima	65	651	< 1 s	$ 9.128 4,27 %	2.587 kg CO_2-äq. –70,00 %	28.721 mRS –50,23 %
S2b – EU/Risiko	65	651	< 1 s	$ 8.872 1,35 %	7.065 kg CO_2-äq. –18,06 %	3.463 mRS –94,00 %
S3 – CRMA	3.586	651	< 1 s	$ 8.729 –0,28 %	5.097 kg CO_2-äq. –40,88 %	6.398 mRS –88,91 %
S4 – EU&CRMA/ Kosten	3.628	651	< 1 s	$ 8.729 –0,28 %	6.062 kg CO_2-äq. –29,69 %	8.615 mRS –85,07 %
S4a – EU&CRMA/ Klima	3.628	651	< 1 s	$ 9.000 2,81 %	4.570 kg CO_2-äq. –47,00 %	18.830 mRS –67,37 %
S4b – EU&CRMA/ Risiko	3.628	651	< 1 s	$ 9.024 3,09 %	4.950 kg CO_2-äq. –42,59 %	3.463 mRS –94,00 %

Abbildung 4.23 zeigt die Verteilung auf die Länder sowie der drei Wirkungskategorien für Szenario 1. In diesem Szenario wird die kostenminimale Konfiguration der Batteriewertschöpfungskette ohne Berücksichtigung der Gesetzgebungen ermittelt. Hierbei werden die Batteriezellen zu 100 % aus China zu dem Packproduzenten in Deutschland geliefert. Das positive Aktivmaterial wird hingegen aus Frankreich importiert. Die Verarbeitung der benötigten Batteriematerialien findet in unterschiedlichen Ländern statt. So wird Lithiumhydroxid ebenfalls in Frankreich produziert, während Kobaltsulfat, Grafit und Nickelsulfat in Norwegen lokalisiert werden. Beim Mangansulfat verteilt sich die Produktion auf diese beiden Länder. Hierbei ist darauf hinzuweisen, dass die Produktion von Mangansulfat in Norwegen auf das Recycling von Altbatterien zurückzuführen ist. Ebenfalls zu 50 % aus dem Recycling kommt Kobaltsulfat sowie Nickelsulfat. Dies ist darauf zurückzuführen, dass diese unter den gegebenen Annahmen vom gleichen Preisen bei der Lösung des Entscheidungsunterstützungsmodells bei der zweiten Zielfunktion zu den besten Resultaten führen. Die Produktion von Aluminium findet in Kanada statt, während Kupfer sowohl in Norwegen als auch in der D.R. Kongo produziert wird. Die Gewinnung der entsprechenden Materialien für die verarbeiteten Produkte findet hingegen in Brasilien für Bauxit, Sambia für Kupfer, D.R. Kongo für Kobalt und Mangan, Frankreich für Lithium sowie Russland für Nickel statt. Wie beschrieben führt diese Konfiguration der Batteriewertschöpfungskette zu Reduktionen bei den Gesamtkosten, Klimawandel und Risiko für Zwangsarbeit. Dies wird auch in Abbildung 4.23 deutlich, in der die Anteile der Länder an den Wirkungsindiaktorwerten aufgezeigt werden. Hierbei zeigt sich, dass sich der Großteil der Kosten auf drei Länder verteilt. Der größte Anteil fällt auf Frankreich, gefolgt von China und Norwegen. Dabei wird deutlich, dass der Anteil von China deutlich zurückgegangen ist, da dort im Vergleich zum Basisszenario nur noch die Zellproduktion und keine Verarbeitung und Gewinnung von Materialien lokalisiert ist. In Frankreich und Norwegen werden hingegen die Materialien verarbeitet bzw. gewonnen, die einen hohen Wert haben, wie auch die vorherigen Analysen bereits gezeigt haben. Beim Klimawandel fällt der größte Anteil weiterhin auf China. Die Reduktion des Anteils von China ist dabei deutlich geringer im Vergleich zu den Gesamtkosten. Die Anteile von Frankreich und Norwegen sind hierbei deutlich geringer, da insbesondere der Strommix dieser Länder einen geringen CO_2-Fußabdruck aufweisen. Zudem weist die Nickelgewinnung in Russland einen Anteil über 5 % für diese Wirkungskategorie auf. Das Risiko für Zwangsarbeit kann deutlich reduziert werden. Dies liegt u. a. daran, dass kein Grafit mehr aus Mosambik bezogen wird, welches beim Basisszenario den größten Anteil des Risikos für Zwangsarbeit verursacht hat. Zudem ist durch den beschriebenen Wechsel bei der Gewinnung und Verarbeitung der Materialien der Anteil von China kleiner geworden. Einen Anteil über 5 % von der Summe für diese Wirkungskategorie weisen zudem die Länder D.R. Kongo, Sambia sowie Frankreich auf.

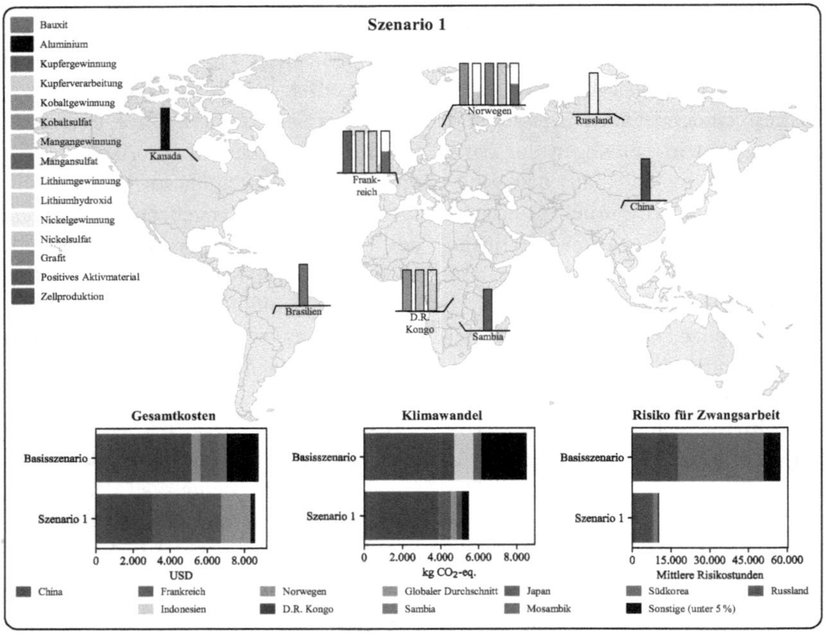

Abbildung 4.23 Anteile der Länder an der Wertschöpfungskette, den Gesamtkosten, Klimawandel sowie Risiko für Zwangsarbeit bei Szenario 1

Bei der Lösung des Entscheidungsunterstützungsmodells unter Berücksichtigung der EU-Batterieverordnung ohne Reduktion der Grenzwerte kommt es zu Änderungen der Konfiguration (Szenario 2). Die Zellproduktion findet zwar weiterhin zu 100 % in China statt, was den gleichen Wert bei den Gesamtkosten begründet. Allerdings wird das positive Aktivmaterial nicht mehr ausschließlich in Frankreich produziert, sondern ebenfalls mit einem Anteil von 30 % in Kanada. Veränderungen gibt es ebenfalls bei der Gewinnung von Nickel, das nun ebenfalls in Australien gewonnen wird. Zudem findet die Verarbeitung von Kobalt in Norwegen anstelle von Frankreich statt. Dies gilt ebenso für den Anteil von

Mangansulfat, das nun in der D.R. Kongo produziert wird. Die Gewinnung von Lithium sowie die Verarbeitung verlagert sich nach Neuseeland, wobei die Verarbeitung nur zu 94 % dort liegt. Dies liegt an der Bedingung, dass 6 % recyceltes Lithiumhydroxid in den Batterien verwendet werden muss. Das recycelte Material kommt aus Norwegen. Insgesamt führen diese Änderungen zu den etwas höheren Wirkungsindikatorwerten beim Klimawandel sowie beim Risiko für Zwangsarbeit im Vergleich zu Szenario 1. Zudem ändern sich die Verteilungen der drei Wirkungskategorien auf die Länder, wie Abbildung 4.24 zeigt. Bei den Gesamtkosten ist der Anteil von Frankreich deutlich geringer. Dieser hat sich vor allem auf die Länder Kanada und Neuseeland umverteilt. Beim Klimawandel spielt letztgenanntes Land keine nennenswerte Rolle. Allerdings hat nun auch Kanada und Australien einen Anteil über 5 %. Beim Risiko für Zwangsarbeit werden ähnliche Effekte deutlich.

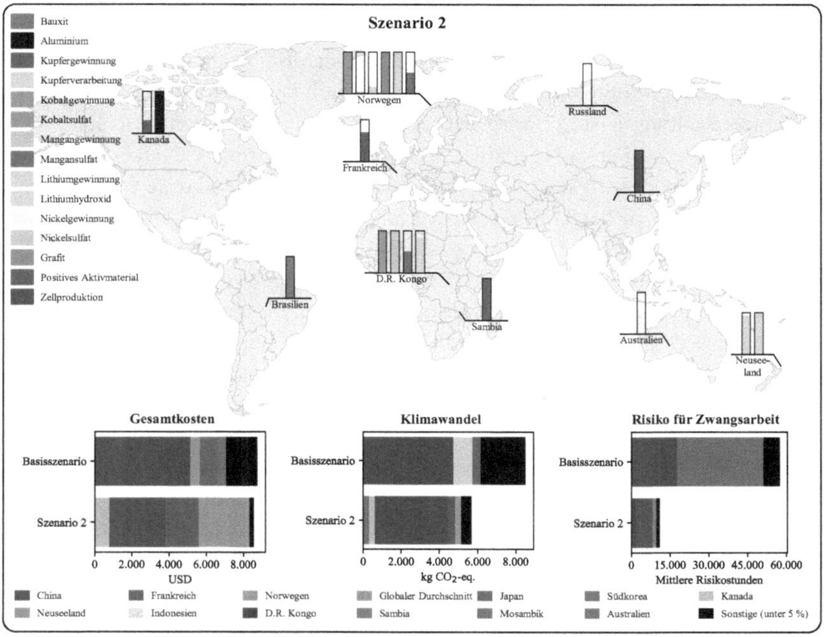

Abbildung 4.24 Anteile der Länder an der Wertschöpfungskette, den Gesamtkosten, Klimawandel sowie Risiko für Zwangsarbeit bei Szenario 2

In dem Szenario 2a, bei dem der Grenzwert für die Wirkungskategorie Klimawandel minimal ist, zeigt sich eine deutlich veränderte Konfiguration der Batteriewertschöpfungskette. Abbildung 4.25 zeigt den Zustand, bei dem der Grenzwert auf sein Minimum gebracht worden ist und somit die geringsten Klimawirkungen resultieren würden. Hierbei ist erwähnenswert, dass die Grenzwerte und damit die Nebenbedingungen bei den Wirkungskategorien Klimawandel, Versauerung, Humantoxizität, Ozonabbau, Wassernutzung sowie das Risiko für Arbeitslosigkeit dafür sorgen, dass keine weitere Konfiguration gefunden werden kann. Es zeigt sich, dass keine Zellen mehr in China produziert werden. Anstelle dessen werden diese mehrheitlich in Norwegen und zu einem geringen Prozentsatz in Portugal produziert. Dies führt entsprechend zu den steigenden Gesamtkosten im Vergleich zum Basisszenario. Das positive Aktivmaterial wird wieder zu einem größeren Anteil aus Frankreich beschafft und nicht mehr aus Kanada. Zudem werden ca. 9 % aus Brasilien importiert. Die Gewinnung und Verarbeitung von Lithium finden weiterhin in Neuseeland statt. Änderungen gibt es beim Recycling. Das Recycling findet in diesem Szenario in der Schweiz statt. Die Anteile der Sekundärmaterialien verändern sich im Vergleich zu Szenario S2 allerdings nicht. Weitere Veränderungen zeigen sich bei der Nickelgewinnung und Nickelverarbeitung. Ersteres wird neben Russland auch zu einem kleinen Anteil in China sowie in Papua-Neuguinea gewonnen. Das primäre Nickelsulfat wird aus Sambia importiert. Zudem wird das Aluminium in Mexiko gewonnen sowie Kupfer zu 100 % in der D.R. Kongo verarbeitet. Es wird ein kleiner Anteil des Kobaltsulfates aus der D.R. Kongo beschafft. Mit Blick auf die Verteilungen bei den drei Wirkungskategorien zeigt sich, dass Norwegen den größten Anteil der Gesamtkosten, verursacht durch die Zellproduktion, vereinnahmt. Zudem haben Frankreich, Neuseeland, Sambia und die Schweiz einen nennenswerten Anteil. Beim Klimawandel könnten deutliche Reduktionen erzielt werden. Auf China fällt beim Szenario 2a kein nennenswerter Anteil mehr. Anstelle dessen entfällt der größte Block auf Norwegen. Zudem fällt auf, dass eine Vielzahl an Ländern einen Anteil über 5 % am Klimawandel haben. Beim Risiko für Zwangsarbeit konzentriert sich der größte Anteil hingegen auf die Produktion in Sambia, wobei der größte Anteil durch die Nickelsulfatproduktion verursacht wird. Dies ist auch der Grund, warum das Potenzial zur Reduktion des Risikos für Zwangsarbeit in diesem Szenario am geringsten ist.

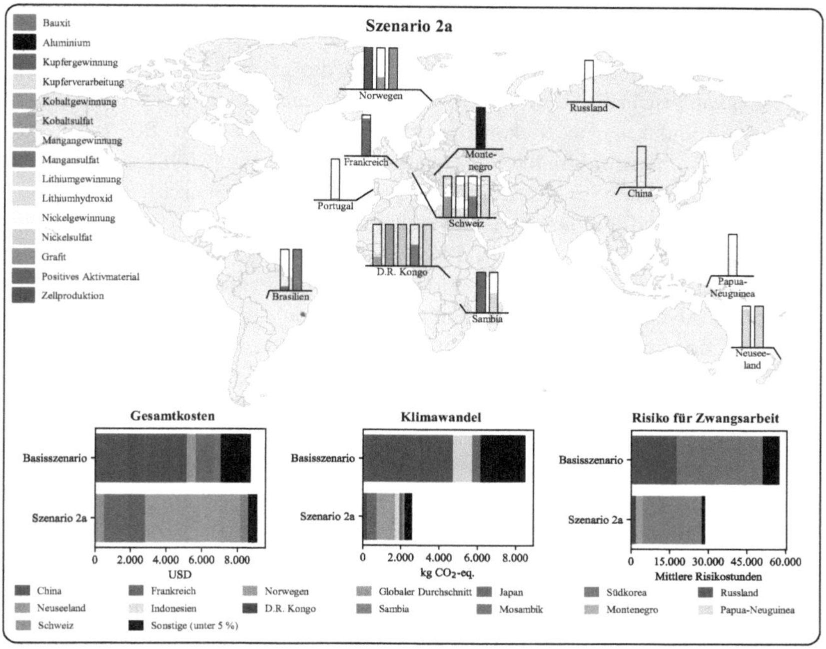

Abbildung 4.25 Anteile der Länder an der Wertschöpfungskette, den Gesamtkosten, Klimawandel sowie Risiko für Zwangsarbeit bei Szenario 2a

Wenn der Grenzwert für das Risiko für Zwangsarbeit reduziert wird, werden, im Falle des minimalen Risikos, die Zellen in Portugal und Indonesien produziert (Abbildung 4.26). Hierbei sind es die Nebenbedingungen mit den Grenzwerten für die Wirkungskategorien Risiko für Zwangsarbeit, Versauerung, Frischwassereutrophierung, Humantoxizität, ionisierende Strahlung, Ozonabbau sowie Risiko für Arbeitslosigkeit, die eine weitere Reduktion verhindern. Bei dieser Konfiguration wird ein Großteil der Verarbeitung und Gewinnung der Batteriematerialien nach Mexiko verlagert. So wird bspw. 60 % des positiven Aktivmaterials dort produziert. Das übrige positive Aktivmaterial wird in Frankreich hergestellt. Kobalt wird vollständig aus Kuba importiert, während Grafit und Aluminium in Kanada produziert werden. Der Anteil der Nickelgewinnung in Russland reduziert sich zudem deutlich zugunsten des Anteils in Australien. Bauxit wird in den USA gewonnen. Zudem gibt es Veränderungen in Bezug auf die Sekundärmaterialien.

Diese werden in Deutschland produziert. Allerdings ist auffällig, dass nur noch Kobaltsulfat und Mangansulfat zu 50 % von dort bezogen werden. Beim Lithiumhydroxid und Nickelsulfat werden nur noch die gesetzlichen Quoten erfüllt. Darüber hinaus ist in Szenario 2b die Gewinnung und Verarbeitung von Lithium sowie die Produktion von Nickelsulfat in Frankreich lokalisiert. 50 % der Produktion von Kobaltsulfat finden in Schweden statt. Insgesamt führt dies zu leicht höheren Gesamtkosten im Vergleich zum Benchmark. Dabei entfallen die größten Blöcke auf Portugal, Frankreich und Mexiko. Zudem haben Kanada und Indonesien Anteile über 5 %. Das Potenzial für die Reduktion des Klimawandels ist bei diesem Szenario zudem am geringsten. Dies liegt insbesondere an den Emissionen für den Abbau von Kobalt in Kuba, gefolgt von der Batteriezellproduktion in Portugal und Indonesien. Weitere nennenswerte Anteile entfallen auf Australien, Mexiko sowie Frankreich. Das Risiko für Zwangsarbeit ist im Vergleich zum Basisszenario verschwindend gering, wobei der größte Anteil auf Portugal fällt.

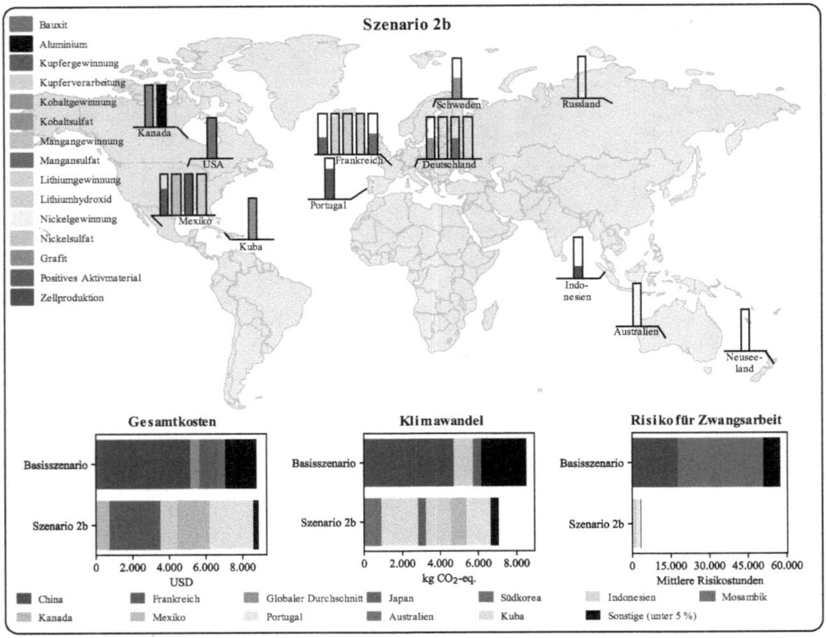

Abbildung 4.26 Anteile der Länder an der Wertschöpfungskette, den Gesamtkosten, Klimawandel sowie Risiko für Zwangsarbeit bei Szenario 2b

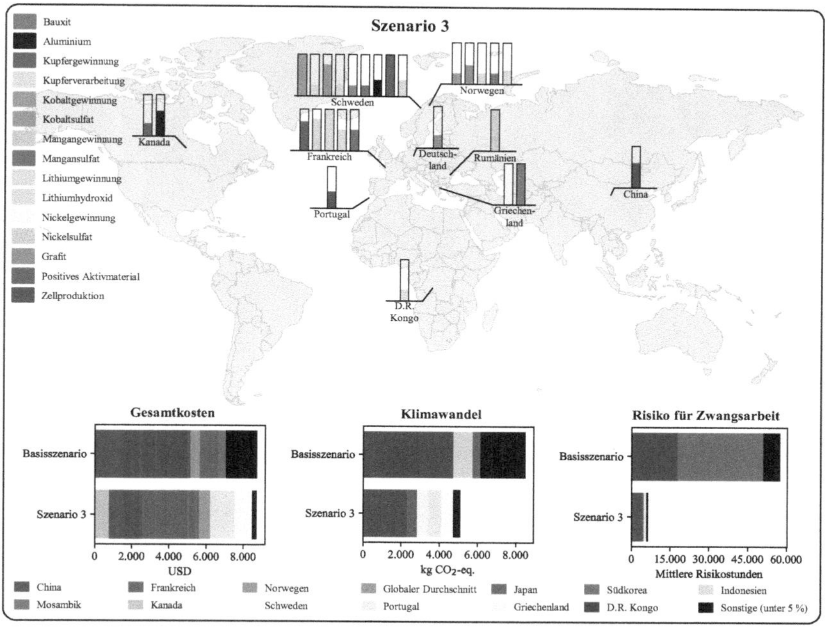

Abbildung 4.27 Anteile der Länder an der Wertschöpfungskette, den Gesamtkosten, Klimawandel sowie Risiko für Zwangsarbeit bei Szenario 3

Im Szenario 3 wird der Einfluss des CRMA ohne die EU-Batterieverordnung auf die Konfiguration der Batteriewertschöpfungskette untersucht. Hierbei wird in Abbildung 4.27 eine deutliche Verlagerung der Wertschöpfungsschritte in die EU deutlich. Zwar wird bei der kostenminimalen Konfiguration der Großteil der Batteriezellen noch in China produziert, allerdings wird der Rest, gemäß der gesetzlichen Vorgaben, in Portugal produziert. Weitere Länder außerhalb der EU sind Kanada, Norwegen und die D.R. Kongo. In Kanada wird 30 % des positiven Aktivmaterials sowie 60 % des Aluminiums produziert. In Norwegen findet die Produktion von Grafit sowie das Recycling zur Produktion von Mangansulfat, Nickelsulfat und Kobaltsulfat statt. Die Sekundärmaterialien haben hierbei jeweils einen Anteil von 25 %. Weitere 25 % werden in Schweden erzeugt, damit die Vorgaben des CRMA eingehalten werden. Dort wird zudem auch sekundäres Grafit sowie Lithiumhydroxid gewonnen, welches auch 25 % des Gesamtbedarfs ausmacht. Insgesamt vereint Schweden die meisten Objektarten, da dort zusätzlich Kobalt und Kupfer gewonnen und verarbeitet werden sowie Aluminium

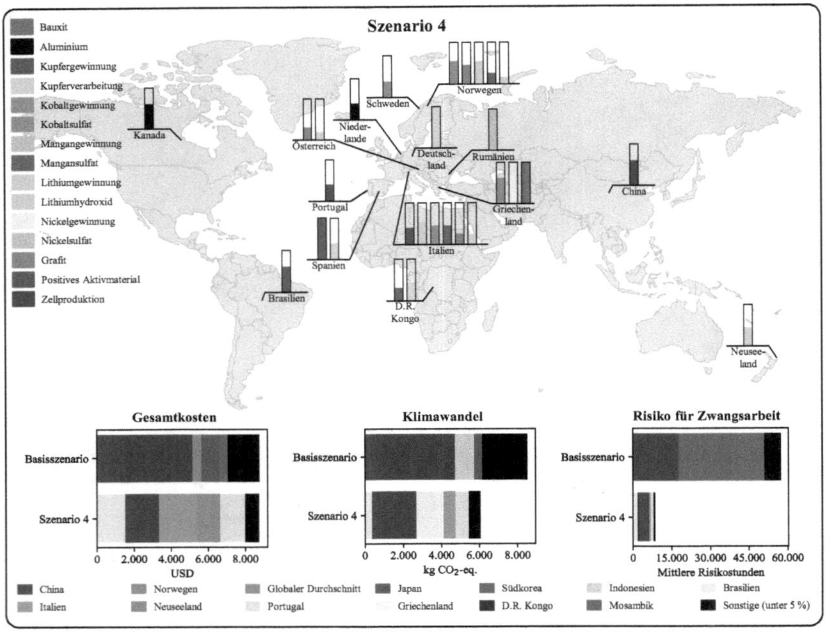

Abbildung 4.28 Anteile der Länder an der Wertschöpfungskette, den Gesamtkosten, Klimawandel sowie Risiko für Zwangsarbeit bei Szenario 4

produziert wird. Das EU-Land mit den zweitmeisten Produktionsschritten ist Frankreich, wo die Produktion für das positive Aktivmaterial, Lithiumhydroxid, Mangansulfat und Nickelsulfat sowie die Gewinnung von Lithium lokalisiert ist. Weitere Länder in der EU sind Deutschland für Grafit, Rumänien für Mangangewinnung sowie Griechenland für Nickel und Bauxit. Durch die Produktion in Portugal steigen die Gesamtkosten im Vergleich zum Basisszenario leicht. Der größte Anteil der Gesamtkosten entfällt jedoch wie bei Szenario 1 auf Frankreich, gefolgt von China und Portugal. Weitere nennenswerte Anteile entfallen auf Schweden, Kanada und Norwegen. Die Klimawirkungen können um ca. 41 % reduziert werden. Dabei entfällt der größte Anteil auf China. Etwa gleichteilige Anteile entfallen zudem auf Portugal, Frankreich, Norwegen, Schweden und Griechenland. Beim Risiko für Zwangsarbeit hat die Zellproduktion in China den größten Einfluss.

In Szenario 4 werden sowohl die EU-Batterieverordnung als auch der CRMA zusammen im Entscheidungsunterstützungsmodell berücksichtigt. Abbildung 4.28 zeigt hierbei den Zustand, bei dem die Grenzwerte für die Wirkungskategorien unverändert sind. Im Vergleich zum Szenario 3 zeigt sich, dass die Verteilung der Batteriezellproduktion unverändert bleibt, wodurch der gleiche Wert bei den Gesamtkosten erklärbar ist. Darüber hinaus gibt es deutliche Veränderungen in der Konfiguration der Batteriewertschöpfungskette. So wird in Schweden nur noch Kupfer gewonnen. In Frankreich findet keine Wertschöpfung statt. Stattdessen befindet sich ein Großteil der Wertschöpfung in Italien. Dies ist insbesondere auf den Grenzwert für das Risiko für Arbeitslosigkeit zurückzuführen. Dieses ist auf Basis der Daten der SHDB in Frankreich und Portugal vergleichsweise hoch, sodass stattdessen Italien präferiert wird, um die Gesamtkosten minimal zu halten und die Grenzwerte des Basisszenarios einzuhalten. Zudem ist auffällig, dass, mit Ausnahme von der Kobaltgewinnung, Nickelgewinnung, Bauxitgewinnung sowie der Lithiumgewinnung, Mangangewinnung und Aluminiumproduktion, nur so weit in der EU produziert wird, wie es die gesetzlichen Vorgaben vorgeben. Der Rest wird in Kanada, Brasilien, Norwegen, der D.R. Kongo oder Neuseeland produziert. Folglich führt diese Konfiguration dazu, dass die höchsten Gesamtkosten in Italien anfallen. Weitere große Anteile entfallen auf China, Portugal und Brasilien, gefolgt von Norwegen und Neuseeland. Beim Klimawandel hat China den größten Anteil, gefolgt von Griechenland. Weitere nennenswerte Anteile hat Italien, Portugal und Brasilien. Beim Risiko für Zwangsarbeit hat wiederum China den größten Einfluss.

Ein vergleichbares Bild erscheint zunächst beim Szenario 4a, bei dem in Abbildung 4.29 die Konfiguration mit den geringsten Klimawirkungen unter Einhaltung der EU-Batterieverordnung und des CRMA abgebildet ist. Hierbei sind bei der schrittweisen Reduktion die Wirkungskategorien Klimawandel, Humantoxizität, Landnutzung, Ozonabbau, Wassernutzung sowie das Risiko für Arbeitslosigkeit begrenzend. Bei der Zellproduktion wird ähnlich zum Szenario 2a deutlich, dass keine Zellen mehr in China produziert werden. Stattdessen werden diese in Portugal gefolgt von Norwegen und Vietnam produziert. Dies führt entsprechend zu Steigerungen der Gesamtkosten im Vergleich zum Basisszenario. Darüber hinaus gibt es bei der Produktion von Aluminium eine Verlagerung von Kanada nach Montenegro. Zudem werden vier Materialien in Sambia gewonnen bzw. verarbeitet. Zudem fällt die Verlagerung der Produktion von Grafit mit einem Anteil von 33 % in Nordkorea auf, was auf die geringsten Auswirkungen für die Wirkungskategorie Klimawandel bei der Grafitproduktion zurückzuführen ist. Dies ist eine Konsequenz des Elektrizitätsmix in der ecoinvent Datenbank. Darüber hinaus gibt es verschiedene Verschiebungen der Anteile innerhalb der

EU zu unterschiedlichen Ländern. Bei den Gesamtkosten fallen dabei die größten Anteile auf Italien, Portugal und Norwegen. Weitere Anteile über 5 % haben Österreich und Brasilien. Beim Klimawandel zeigt sich im Vergleich zum Szenario 2a, dass die Klimawirkungen in diesem Szenario nicht in der gleichen Intensität reduziert werden können. Hier fallen die größten Anteile auf Portugal, Griechenland und Italien. Darüber hinaus haben die Produktionsschritte in Finnland, Vietnam, Brasilien und Norwegen einen Anteil über 5 %. Beim Risiko für Zwangsarbeit fällt der größte Anteil auf Sambia, gefolgt von Nordkorea, Portugal und Vietnam.

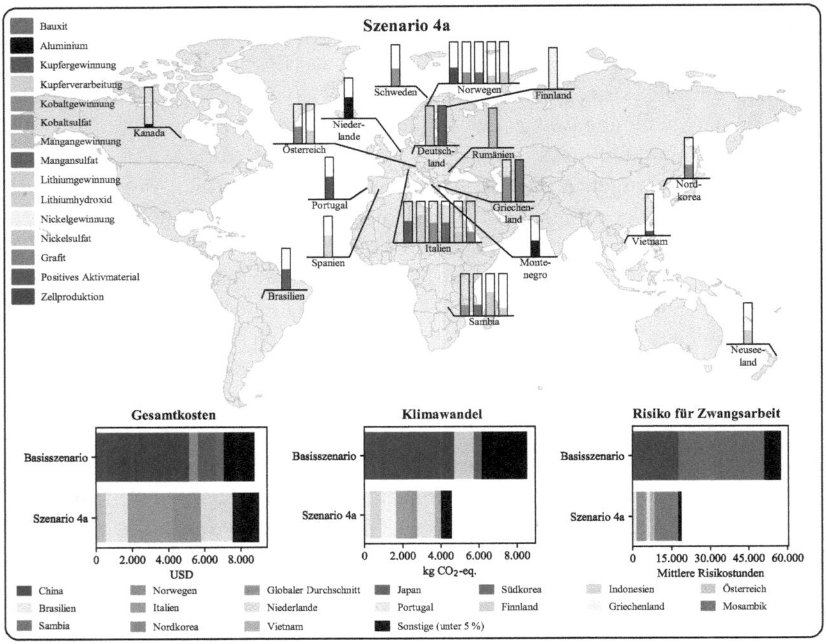

Abbildung 4.29 Anteile der Länder an der Wertschöpfungskette, den Gesamtkosten, Klimawandel sowie Risiko für Zwangsarbeit bei Szenario 4a

Wird statt des Grenzwertes für Klimawandel der Grenzwert für das Risiko für Zwangsarbeit reduziert, folgt im letztmöglichen Schritt folgende Konfiguration der Batteriewertschöpfungskette (Abbildung 4.30). Hierbei sind die Wirkungskategorien Risiko für Zwangsarbeit, Frischwassereutrophierung, Humantoxizität,

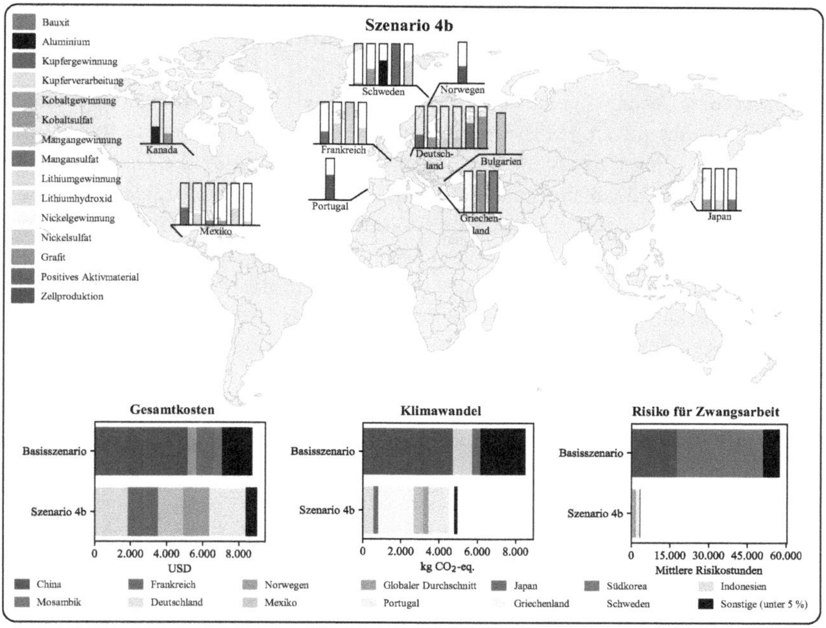

Abbildung 4.30 Anteile der Länder an der Wertschöpfungskette, den Gesamtkosten, Klimawandel sowie Risiko für Zwangsarbeit bei Szenario 4b

ionisierende Strahlung und Ozonabbau begrenzend. In diesem Fall werden die Zellen in Portugal und Norwegen produziert. Zudem gibt es eine starke Konzentration der Aktivitäten auf Schweden, Frankreich, Deutschland sowie Mexiko. Zudem fällt auf, dass die Sekundärmaterialien Kobaltsulfat, Nickelsulfat sowie Mangansulfat zu 25 % in Japan produziert werden. Insgesamt führt diese Konfiguration zu dem zweithöchsten Anstieg der Gesamtkosten, wobei der größte Teil auf Portugal entfällt. Der Rest verteilt sich auf Deutschland, Frankreich, Mexiko und Norwegen, die wie beschrieben die meisten Schritte innerhalb der Wertschöpfungskette vereinigen. Beim Klimawandel entfällt der größte Anteil auf Griechenland gefolgt von Portugal. Weitere große Anteile über 5 % entfallen auf Deutschland, Frankreich, Mexiko, Norwegen und Schweden. Das Risiko für Zwangsarbeit kann genauso stark reduziert werden, wie bei Szenario 2b, wobei hier der Großteil auf die Zellproduktion in Portugal entfällt.

4.3.4 Interpretation der Ergebnisse des Entscheidungsunterstützungsmodells

Die Ergebnisse können genutzt werden, um die vierte Forschungsfrage dieses Kapitels zu beantworten. Hierbei ermöglichen die vier Szenarien unterschiedliche Einblicke und führen zu unterschiedlichen Empfehlungen für die Gestaltung der Batteriewertschöpfungskette aus Sicht eines Batteriepackproduzenten. So zeigt Szenario 1, bei dem rein die monetären Größen von Relevanz sind, dass hierbei die Zellproduktion in China bevorzugt wird, um die Kosten im Vergleich zum Benchmark weiter zu reduzieren. Dies deckt sich mit den Erkenntnissen aus der Länderanalyse aus Abschnitt 4.2.4, bei der China das Land war, welches zu den stärksten Reduktionen geführt hat. Aufgrund der Annahme von Weltmarktpreisen bei den verbleibenden Objektarten führt diese Anpassung der Batteriewertschöpfungskette allerdings nur zu moderaten Änderungen bei den Gesamtkosten. Dies ist zudem darauf zurückzuführen, dass bereits ein großer Anteil der Batteriezellen im Basisszenario in China produziert wird. Durch die Berücksichtigung der weiteren Zielfunktionen werden hingegen Standorte bevorzugt, die einen Elektrizitätsmix mit geringem CO_2-Fußabdruck aufweisen. Bei steigender Relevanz des Kriteriums des Klimawandels sollten Unternehmen daher, neben niedrigen Kosten und einer sehr guten Qualität, auch darauf achten, dass sie einen geringen CO_2-Fußabdruck besitzen, um als Lieferanten attraktiv zu bleiben. Es zeigt sich in diesem Zusammenhang zudem, dass die dritte Zielfunktion keine bessere Lösung bereitstellen kann.

Werden nun die Richtlinien der EU-Batterieverordnung mitberücksichtigt, zeigt sich bei der Zellproduktion und damit bei den Gesamtkosten keine Änderung (Szenario 2). Allerdings gibt es bei den vorgelagerten Ketten Veränderungen. Insbesondere Frankreich wird deutlich weniger als Produktionsstandort empfohlen. Dies liegt daran, dass durch den hohen Anteil an Atomstrom im Elektrizitätsmix der Grenzwert für die Wirkungskategorie ionisierende Strahlung überschritten wird. Es zeigt sich somit, dass die Hinzunahme und die Berücksichtigung weiterer Wirkungskategorien einen erheblichen Einfluss auf die Gestaltung der Batteriewertschöpfungskette haben, die auch Zielkonflikte innerhalb einer Nachhaltigkeitsdimension nach sich ziehen können. Weitere Zielkonflikte zwischen den Nachhaltigkeitsdimensionen decken die Szenarien 2a und 2b auf. So zeigt sich bei der schrittweisen Reduktion des Grenzwertes für den Klimawandel, dass die Kosten und das Risiko für Zwangsarbeit im Vergleich zu Szenario 2 steigen. Bei der schrittweisen Reduktion des Grenzwertes für Zwangsarbeit resultiert hingegen die geringste Reduktion des Wirkungsindikatorwertes für Klimawandel im letzten möglichen Schritt. Dabei steigen die Gesamtkosten etwas weniger.

Eine isolierte Betrachtung dieser Extrempunkte könnte allerdings auch zu verzerrten Handlungsempfehlungen führen. Werden bspw. die Punkte zwischen Szenario 2 und Szenario 2a berücksichtigt, wird deutlich, dass erst im letzten Schritt der Reduktion das Risiko für Zwangsarbeit deutlich steigt, was insbesondere auf den Wechsel der Produktion von Nickelsulfat in Sambia statt Norwegen zurückzuführen ist (Abbildung 4.31). Vorher gibt es diverse Punkte, bei denen nur eine moderate Erhöhung der Gesamtkosten aber erhebliche Reduktionen beim Klimawandel und Risiko für Zwangsarbeit erzielt werden könnten. Es empfiehlt sich daher auch diese Punkte, als Pareto-optimale Lösungen, bei der Entscheidung mitzuberücksichtigen.

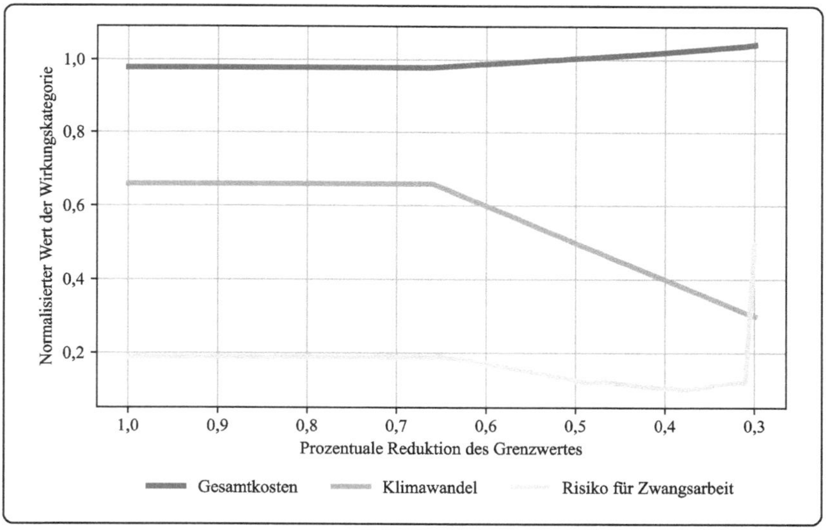

Abbildung 4.31 Veränderungen im Vergleich zum Basisszenario im Szenario 2 bei Reduktion des Grenzwertes für den Klimawandel

Allgemein zeigt sich bei diesem Szenario, dass bei der Reduktion des Grenzwertes für Klimawandel Länder mit geringem CO2-Fußabdruck stärker bevorzugt werden, während bei der Reduktion des Grenzwertes des Risikos für Zwangsarbeit eher westlich geprägte Länder bevorzugt werden. Der isolierte Einfluss des CRMA wurde in Szenario 3 untersucht, welcher sich eindeutig auf die Gestaltung der Batteriewertschöpfungskette auswirkt. So gibt es eine deutliche Verlagerung der Produktionsschritte in die EU, wobei bei einigen Materialien, wie den Batteriezellen, nur die gesetzlichen Vorschriften eingehalten werden, da die Produktion dieser außerhalb der EU zu größeren Vorteilen hinsichtlich des Klimawandels führen. Die Gesamtkosten steigen durch die Einführung dieses Gesetzes moderat an, allerdings können weiterhin Reduktionen im Vergleich zum Basisszenario erzielt werden. Hierbei kann auf Basis der Ergebnisse eine Zellproduktion in Portugal empfohlen werden, da die Produktion dort einen guten Kompromiss zwischen den drei Nachhaltigkeitsdimensionen abbildet. Vergleichbare Trends zur Produktion in der EU gibt es bspw. in der Textilbranche.[55] Im Vergleich zum Basisszenario, Szenario 1 und 2 wird zudem deutlich, dass die Wirkungsindikatorwerte für den Klimawandel sowie das Risiko für Zwangsarbeit durch die Einführung des CRMA reduziert werden können, was insbesondere auf die Reduktion des Anteils der Zellproduktion in China zurückzuführen ist.

Werden die EU-Batterieverordnung sowie der CRMA gemeinsam betrachtet (Szenario 4), wird deutlich, dass die Gesamtkosten bei Reduktion der Grenzwerte nicht ähnlich hoch steigen wie bei Szenario 2. Allerdings ist auch das Potenzial zur Reduktion der negativen Klimawirkungen durch die Vorgaben des CRMA beschränkt. Das Potenzial zur Reduktion des Risikos für Zwangsarbeit bleibt hingegen unverändert. Dabei resultieren grundsätzlich ähnliche Erkenntnisse wie bei Szenario 2. Es werden je nach Ausrichtung Länder mit geringem CO2-Fußabdruck oder eher westlich geprägte Länder ausgewählt. Hierbei resultiert bei Szenario 4a die Besonderheit, dass Nordkorea als Land für die Produktion für Grafit empfohlen wird, wenn der Grenzwert minimal ist. Dies ist auf den geringsten Wert beim Klimawandel für die Produktion von Grafit aller berücksichtigten Länder zurückzuführen. Da in der Systembeschreibung kein Land ausgeschlossen worden ist und keine weiteren Handelsbeschränkungen im Modell berücksichtigt worden sind, ist diese Empfehlung entsprechend nachvollziehbar. Allerdings sollten solche Aspekte bei der weiteren Entscheidung des Batteriepackproduzenten berücksichtigt werden. Darüber hinaus zeigt dieses Szenario, wie in Szenario 3, dass die Batteriewertschöpfungsketten durch die Berücksichtigung des CRMA deutlich diversifizierter sind, was dem Ziel dieser Richtlinie entspricht.

Es zeigt sich, dass die Berücksichtigung der Gesetzgebungen einen erheblichen Einfluss auf die Gestaltung der Batteriewertschöpfungsketten haben können. Hierbei zeigt sich allerdings je nach Fokus, dass diese unterschiedlich gestaltet werden können und dass es Zielkonflikte zwischen den Nachhaltigkeitsdimensionen und innerhalb dieser geben kann. Es müssen bei einer finalen Auswahl weitere Präferenzen und Kriterien der Entscheidungsträger berücksichtigt werden.

---

[55] Vgl. Moreira et al. (2023).

Hierbei können bspw. MADM-Verfahren weiterhelfen. Darüber hinaus scheint es empfehlenswert zu sein, nicht auf die Extrempunkte zu schauen, sondern Kompromisse zu suchen, sodass bei allen drei Nachhaltigkeitsdimensionen Verbesserungen im Vergleich zum Basisszenario erzielt werden können. Darüber hinaus sollte weitergehend der Einfluss der einzelnen Grenzwerte untersucht werden. So hat die Nebenbedingung für den Grenzwert des Risikos für Arbeitslosigkeit in einigen Fällen begrenzend gewirkt. Die Produktion vor Ort wäre jedoch aus sozialer Sicht vorteilhaft für das Land, sodass die einzelnen Werte durch die Entscheidungsträger kritisch geprüft werden müssen.

Zusammenfassend kann mit diesem Teil der Fallstudie nachgewiesen werden, dass DEALA und das eoLCSA im Rahmen von Entscheidungsunterstützungsmodellen eingesetzt und zielgerichtete Ergebnisse abgeleitet werden können. Dabei bieten insbesondere die aktivitätsanalytische Modellierung sowie die Gliederung der Wirkungskategorien vielfältige Analysemöglichkeiten und eine gute Flexibilität bei der Durchführung an. Anforderung 4 der Arbeit wird somit erfüllt.

5 Kritische Würdigung und Ausblick

In diesem Kapitel wird abschließend die Arbeit kritisch gewürdigt. Auf Basis der kritischen Würdigung wird anschließend ein Ausblick auf weitere Forschungsbedarfe gegeben. Das Kapitel unterteilt sich hierfür in drei Abschnitte. Zunächst werden das eoLCSA sowie die erzielten Ergebnisse in Abschnitt 5.1 gewürdigt. Daran anschließend werden in Abschnitt 5.2 die Grenzen des eoLCSA und der Ergebnisse aufgezeigt, um in Abschnitt 5.3 mit dem Ausblick auf weiterführende Forschungsarbeiten zu enden.

5.1 Würdigung des eoLCSA und der erzielten Ergebnisse

Die stetigen Veränderungen der Umwelt von Produktionssystemen erfordern regelmäßige Anpassungen dieser. Neue Technologien oder Wettbewerber erfordern Überprüfungen der eigenen Prozesse, ob diese technologisch sowie ökonomisch noch wettbewerbsfähig sind. Darüber hinaus verändern sich gesellschaftliche Normen und die natürliche Umwelt permanent. Durch den anthropogenen Klimawandel ist eine globale Erderwärmung zu beobachten, die u. a. zu einer Zunahme von Extremwetterereignissen führt. Diese Aspekte müssen auch bei der Gestaltung der Produktionssysteme von Unternehmen berücksichtigt werden. Hinzu kommen Gesetzgebungen wie die EU-Batterieverordnung oder der CRMA, die einen erheblichen Einfluss auf die Gestaltung von Produktionssystemen haben können. So resultiert aus den Gesetzgebungen bspw. die zunehmende Berücksichtigung von ökologischen und sozialen Auswirkungen. Daher sind zielführende Nachhaltigkeitsbewertungen zur Analyse der Produktionssysteme notwendig, die darüber hinaus geeignet sind, um Entscheidungen zur Gestaltung treffen zu können. Hierfür ist eine einheitliche Vorgehensweise bei der

J.-L. Popien, *Entscheidungsorientiertes Life Cycle Sustainability Assessment*, Produktion und Logistik, https://doi.org/10.1007/978-3-658-50001-6_5

Bewertung der Auswirkungen der drei Nachhaltigkeitsdimensionen notwendig, was jedoch häufig vernachlässigt worden ist. Zudem hat die Analyse der aktuellen Vorgehensweisen gezeigt, dass insbesondere die Integration der ökonomischen Bewertung im Rahmen der Nachhaltigkeitsbewertung herausfordernd ist. Dies liegt u. a. daran, dass im LCM keine allgemeinen Standards hierfür existieren. Zudem werden betriebswirtschaftliche Standards häufig missachtet bzw. vernachlässigt. Erste Ansätze, die in der Literatur existieren, weisen zudem Limitationen hinsichtlich der Anwendung und Auswahl an ökonomischen Wirkungskategorien auf. Es sind daher ökonomische Wirkungsabschätzungsmethoden für ein eoLCSA notwendig, die auf betriebswirtschaftlichen Standards basieren und sich eignen, um mithilfe von Entscheidungsunterstützungsmodellen vertrauenswürdige und nachvollziehbare Empfehlungen ableiten zu können.

Konzeptioneller Beitrag der Arbeit

Vor diesem Hintergrund liegt der konzeptionelle Beitrag dieser Arbeit in der Herleitung und Entwicklung des eoLCSA, welches einen Ansatz zur ganzheitlichen Bewertung und Gestaltung von Produktionssysteme unter Berücksichtigung sich ändernder Umwelten repräsentiert. Hierzu müssen die Auswirkungen der drei Nachhaltigkeitsdimensionen einheitlich bewertet sowie in Entscheidungsunterstützungsmodellen eingesetzt werden können. Eine gemeinsame Bewertung sowie die Verwendung von äquivalenten Systemgrenzen, gemeinsamen Sachbilanzen und Bewertungstools wird in der Literatur jedoch häufig vernachlässigt. Zudem werden wissenschaftliche Standards nicht berücksichtigt. Dies zeigt sich insbesondere bei der Bewertung der ökonomischen Auswirkungen, bei der meist nicht auf die Grundlagen des betrieblichen Rechnungswesens zurückgegriffen wird, was die Ableitung geeigneter Handlungsempfehlungen einschränken kann. Zudem wurden in der Literatur für den Einsatz im eoLCSA bisher nur eingeschränkte ökonomische Wirkungsabschätzungsmethoden eingeführt.

Um das eoLCSA für ganzheitliche Bewertungen und für die Gestaltung von Produktionssystemen einsetzen zu können, wird die bestehende ökonomische Wirkungsabschätzungsmethode DEALA erweitert, sodass diese die Kriterien für den Einsatz an ein eoLCSA erfüllt. Hierbei wird insbesondere auf die betriebswirtschaftliche Fundierung sowie die Anforderungen des LCM geachtet. Es wird ein detaillierter Leitfaden etabliert, der die einheitliche Vorgehensweise beim eoLCSA vorgibt. Zudem wird ein Framework eingeführt, der die Integration des eoLCSA und DEALA mit mathematischen Optimierungsmodellen beschreibt, sodass auf Basis der Methode geeignete Handlungsempfehlungen abgeleitet werden können. Hierbei wird auf eine aktivitätsanalytische Modellierung zurückgegriffen. Insgesamt gelingt es durch die Weiterentwicklung der DEALA-Methode, der Entwicklung des Leitfadens sowie des Frameworks die Anforderungen aus Abschnitt 2.4 zu erfüllen.

Wissenschaftlicher Beitrag des eoLCSA und der Ergebnisse

Auf Basis dieses Konzept werden zunächst weitere ökonomische Wirkungskategorien und Charakterisierungsmodelle mitsamt entsprechender Wirkungspfade zur DEALA-Methode hinzugefügt. Insgesamt folgen hieraus drei unterschiedliche Charakterisierungsmodelle mit insgesamt 73 Wirkungskategorien, die je nach Zielsetzung eingesetzt werden können. Für die Berechnung der resultierenden Wirkungsindikatoren sind über 1.000 Marktsphärenflüsse erstellt worden.

Das Charakterisierungsmodell DEALA-Kosten kann für die Bewertung von Kostenstrukturen und damit der Beeinflussung dieser sowie des Kostenniveaus und -verlaufs genutzt werden. Darüber hinaus können die Ergebnisse genutzt werden, um im Rahmen des Kostenmanagements beim Target Costing die Zielkosten zu berechnen. DEALA-Profit kann für die Bestimmung des Profits verwendet werden. Hiermit kann folglich die Vorteilhaftigkeit eines Produktionssystems innerhalb einer Periode aufgezeigt werden. DEALA-Investition kann hingegen als Grundlage für die Investitionsrechnung genutzt werden und bspw. mit der Kapitalwertmethode oder der Berechnung der Amortisationszeit gekoppelt werden. Die drei Charakterisierungsmodelle sind darüber hinaus ins betriebliche Rechnungswesen sowie das LCM eingeordnet, um eine wissenschaftliche Fundierung sicherzustellen. Die DEALA-Methode ist in Python implementiert und mit dem Bewertungstool Brightway2 gekoppelt und kann so für verschiedene Fallstudien verwendet werden.

Zur Unterstützung bei der Anwendung wird im Rahmen dieser Arbeit zudem ein detaillierter Leitfaden der DEALA-Methode und des eoLCSA bereitgestellt. Dieser teilt sich in fünf Teile mit unterschiedlichen Blöcken und orientiert sich an der Vorgehensweise des ELCA und greift auf Grundlagen des betrieblichen Rechnungswesens und des LCM zurück, was insgesamt die Integration der unterschiedlichen Wissenschaftsdisziplinen stärkt.

Der eingeführte eoLCSA-Ansatz sowie die weiterentwickelte DEALA-Methode werden für die Entscheidungsfindung in mathematische Optimierungsmodelle integriert. Hierfür wird ein Framework entwickelt, der auf einer aktivitätsanalytischen Modellierung basiert und die Methoden mit MODM-Problemen koppelt. Das Framework ist allgemein formuliert und kann entsprechend für unterschiedliche Anwendungsfälle verwendet werden.

Die Fallstudie ist zweigeteilt, um den Einsatz des eoLCSA bei der ganzheitlichen Bewertung sowie der Gestaltung von Produktionssystemen zu demonstrieren. Im ersten Teil wird im Kontext einer ganzheitlichen Nachhaltigkeitsbewertung eine Batteriewertschöpfungskette unter Berücksichtigung von vier Stakeholdern bewertet. Hiermit wird gezeigt, dass sich die Vorgehensweise und damit der Leitfaden des eoLCSA eignet, die ökonomischen, ökologischen und sozialen Auswirkungen von Produktionssystemen zu bestimmen. Bei der Auswertung der Ergebnisse zeigen sich zudem Vorteile der DEALA-Methode für zukünftige wissenschaftliche Anwendungen, da durch die Struktur und Bereitstellung der drei Charakterisierungsmodelle vielfältige Analysemöglichkeiten bereitstehen. Durch die Aufteilung der Charakterisierungsmodelle auf jeweils drei Aggregationsebenen können unterschiedliche Ergebnisse ausgegeben werden. Zudem ermöglicht dies eine differenzierte und transparentere Analyse der Ergebnisse. So werden bspw. Fehler in den Ergebnissen oder Unstimmigkeiten besser identifiziert bzw. vermieden. Die Ergebnisdarstellung sowie die Auswertung der Ergebnisse zeigt zudem zahlreiche Darstellungsmöglichkeiten auf, die sich gut eignen, um die Ergebnisse auf verständliche Weise darzustellen und zu erklären. Insgesamt wurden für die eoLCSA 11.011 DEALA-Aktivitäten sowie 551 Prozessmodule im Vordergrund-, Zwischen- und Hintergrundsystem erstellt, die für weiterführende Analysen verwendet werden können.

Im zweiten Teil der Fallstudie werden die Ergebnisse der eoLCSA und damit die DEALA-Wirkungskategorien in ein aktivitätsanalytisch modelliertes statisches Entscheidungsunterstützungsmodell integriert, wodurch die Entscheidungsorientierung des eoLCSA hervorgehoben wird. Für die Durchführung der Fallstudie werden zusätzliche Aktivitäten zur Gestaltung der Batteriewertschöpfungskette ergänzt, wobei es sich hierbei um weitere Standorte handelt. Es werden hierdurch verschiedene Gestaltungsmöglichkeiten unter Berücksichtigung der EU-Batterieverordnung sowie des CRMA dargestellt. Zudem wird aufgezeigt, wie DEALA in der Modellierungsform verwendet werden kann. So können die ökonomischen Wirkungskategorien derart verwendet werden, dass ein fairer Vergleich zwischen Aktivitäten durchgeführt werden kann. Dies wird mit der Verwendung der Gesamtkosten, Transportkosten und Erlöse durch Endprodukte für die Sekundärmaterialien in der Zielfunktion gezeigt. Zudem werden alle Werte der ökonomischen, ökologischen und sozialen Wirkungskategorien bei den Endergebnissen ausgegeben, sodass eine gute und transparente Auswertung der Ergebnisse garantiert werden kann. Mit dem eoLCSA und DEALA stehen somit für Entscheidungsunterstützungsmodelle flexible Methoden zur Verfügung, die je nach Anwendungsfall verwendet werden können.

Praxisrelevanter Beitrag des eoLCSA und der Ergebnisse

Die entwickelte Methode dieser Arbeit sowie die Ergebnisse der Fallstudie leisten einen praxisrelevanten Beitrag, der nachfolgend dargestellt wird. Der eoLCSA-Ansatz sowie die DEALA-Methode erweisen sich nicht nur als theoretischer Ansatz für die Wissenschaft, sondern könnten auch effektiv in der Praxis implementiert werden. Die Verfügbarkeit verschiedener Charakterisierungsmodelle ermöglicht eine gezielte Anwendung für diverse Zwecke. Insbesondere die Integration der Methode in unternehmensinterne ERP-Systeme würde neue Perspektiven für die ökonomische, aber auch für die ökologische und soziale Bewertung bieten. Durch diese Verknüpfung könnte ein tiefgreifendes Verständnis der materiellen Ströme und der damit verbundenen ökonomischen Implikationen gefördert werden, was einen signifikanten Mehrwert für Unternehmen darstellen könnte.

Darüber hinaus verdeutlicht die Einbindung des eoLCSA in ein Entscheidungsunterstützungsmodell, wie Entscheidungsträger sowohl in Unternehmen als auch in politischen Institutionen wertvolle Einblicke in mögliche Gestaltungsspielräume erhalten. Die direkte Anbindung an unternehmensinterne Datenquellen würde es ermöglichen, differenzierte Informationen zu erhalten, etwa mithilfe von Angeboten von Lieferanten, was eine der Limitationen in der Ergebnisdarstellung – die Nutzung globaler Marktpreise – adressiert. Die Flexibilität der DEALA-Methode erlaubt zudem eine vielseitige Anwendung bei weiteren Entscheidungsunterstützungsmodellen, bspw. bei Investitionsentscheidungen, technologischen Auswahlprozessen oder der Preisgestaltung von Produkten.

Die aus den Ergebnissen gewonnenen Erkenntnisse machen deutlich, dass es innerhalb der Dimensionen der Nachhaltigkeit sowohl Zielkonflikte als auch Synergien geben kann. Unternehmen, die sich im Wettbewerb um ökonomischen Erfolg bewähren müssen, stellen monetäre Größen in den Vordergrund. Auf der anderen Seite muss auch die Politik den wirtschaftlichen Erfolg im Blick behalten, gleichzeitig jedoch die sozialen und ökologischen Rahmenbedingungen berücksichtigen, um kostenintensive negative Auswirkungen zu vermeiden. Die Ergebnisse dieser Arbeit zeigen auf, wie unterschiedliche Fokusse die Entscheidungen beeinflussen können. Zudem zeigen die Ergebnisse Ansätze zur Verbesserung in allen drei Dimensionen der Nachhaltigkeit auf. Besonders die Hotspotanalyse hat aufgezeigt, dass bestimmte Materialien wie Lithiumhydroxid und Nickelsulfat eine entscheidende Rolle in der Zellproduktion spielen, während für die Nutzer von Batterien vor allem die Preise für Elektrizität und die Batteriekosten ausschlaggebend sind. Des Weiteren zeigt sich, dass für Recycler neben dem Preis der Endprodukte auch deren Mengen sowie die erforderlichen Investitionen maßgeblich sind. Entsprechende Aspekte müssen von Unternehmen und der Politik berücksichtigt werden.

Die gewonnenen Erkenntnisse bieten verschiedene Handlungsmöglichkeiten sowohl für Unternehmen als auch Politik, um Wertschöpfungsketten zu gestalten. Ein Beispiel ist die Notwendigkeit, die ökonomische, ökologische und soziale Verträglichkeit des Abbaus von Batteriematerialien innerhalb der EU zu gewährleisten, um die Vorgaben des CRMA zu erfüllen. Zudem ist der Aufbau und die Unterstützung einer Recyclingindustrie für Batterien von immenser Bedeutung, um die EU-weiten Rezyklatziele zu erreichen und damit ein wirtschaftliches Geschäft für Unternehmen unabhängig von der Zellchemie zu ermöglichen.

Gleichzeitig zeigen die Ergebnisse auch, dass gesetzgeberische Maßnahmen nicht nur Vorteile, sondern auch Herausforderungen mit sich bringen können. Die Analyse des CRMA hebt hervor, dass dessen Potenzial zur Minderung des Klimawandels geringer ausfallen kann als in alternativen Szenarien. Daher ist es entscheidend, geeignete Grenzwerte bei der EU-Batterieverordnung sowie für die individuellen Prozessschritte innerhalb des CRMA vorzugeben, um negative Auswirkungen zu vermeiden. Diese Arbeit liefert hierfür Einblicke, die in der Politik und von Unternehmen aufgegriffen werden können, um diese Herausforderungen anzugehen.

5.2 Grenzen des eoLCSA und seiner Anwendung

Für die Weiterentwicklung der DEALA-Methode, die Einführung des eoLCSA, die Entwicklung des Entscheidungsunterstützungsmodells sowie der Durchführung der Fallstudie wurden unterschiedliche Annahmen getroffen, die die Aussagekraft der Ergebnisse einschränken. Im Folgenden soll auf die entsprechenden Grenzen dieser Arbeit eingegangen werden.

Methodisch wurde die DEALA-Methode derart erweitert, dass diese im Kontext eines eoLCSA sowie in Entscheidungsunterstützungsmodellen für verschiedene Zwecke eingesetzt werden kann. Hierbei gibt es aktuell drei Charakterisierungsmodelle, die Wirkungskategorien auf Midpoint-Level beinhalten. Hierdurch ist die Aussage auf betriebswirtschaftliche Aussagen begrenzt. Sollten jedoch weiterführende Aspekte wie die Produktivität, Resilienz oder Prosperität berücksichtigt werden, muss der Ansatz um Endpoint-Kategorien erweitert werden. Beispiele für derartige Verknüpfungen und Weiterführungen der Wirkungspfade stellen Neugebauer et al. (2016) vor. Darüber hinaus geben die drei Charakterisierungsmodelle Wirkungskategorien auf Basis der Kostenrechnung, der VDI MT 3800 oder gängigen Werten in der Industrie vor. Wie in Kapitel 2 jedoch gezeigt, gibt es spezifische Standards wie die ISO 15686-5 für LCCs von Gebäuden. Diese Standards erfordern angepasste Wirkungskategorien, die aktuell nicht über die DEALA-Methode abgedeckt werden können. Hierfür bietet die Berechnungsstruktur der DEALA-Methode einen flexiblen Ansatz an, derartige Standards entsprechend zu ergänzen.

Mit dem Entscheidungsunterstützungsmodell wurde anschaulich illustriert, wie DEALA und das eoLCSA verwendet werden können. Hierbei handelt es sich jedoch um ein statisches Modell, dass nur den Zeitraum eines Jahres berücksichtigt. Bei der Gestaltung von Wertschöpfungsketten handelt es sich jedoch um strategische Fragestellungen, sodass diese über mehrere Jahre gestaltet werden sollten.[1] Dies kann das statische Modell nicht beantworten. Es wird daher ein dynamisches Modell benötigt. Zudem wurden in dem Modell zwei Gesetzgebungen berücksichtigt. Der Fall der Produktion von Grafit in Nordkorea hat jedoch gezeigt, dass weitere Restriktionen berücksichtigt werden müssen, um praxistaugliche Handlungsempfehlungen ableiten zu können. Zudem werden tarifäre Hemmnisse wie Zölle auf Produkte oder eine CO_2-Steuer nicht berücksichtigt, die einen Einfluss auf die Gestaltung der Batteriewertschöpfungsketten haben könnten. Darüber hinaus wurden im Zuge des Entscheidungsunterstützungsmodells angenommen, dass gewisse Materialien bereits in der EU gewonnen und verarbeitet werden können, auch wenn diese noch nicht in der Produktion sind. Dies ist auch eine Folge der statischen Betrachtung und könnte bei einer Dynamisierung des Modells detaillierter betrachtet werden.

In Bezug auf die Fallstudie zeigen sich zudem einige Grenzen aufgrund der getroffenen Annahmen. Zwar wurden vielfältige Prozessmodule und DEALA-Aktivitäten modelliert, allerdings entstehen durch die Systemgrenzen Limitationen bei der Ableitung von Handlungsempfehlungen. Zum einen wurden für die Batteriematerialien globale Marktpreise angenommen. Dies ist eine gute erste Annahme, um die Funktionalität der Methode darzustellen und erste Aussagen ableiten zu können. In der Praxis werden jedoch je nach Lieferanten und Quelle unterschiedliche Preise für die Materialien anfallen.[2] Dies muss entsprechend bei der Bewertung der ökonomischen Auswirkungen als auch im Entscheidungsunterstützungsmodell berücksichtigt werden und würde zusätzlich zu deutlich größeren Differenzen bspw. bei den Materialkosten bzw. Gesamtkosten führen. Zudem könnten die Transportkosten im Entscheidungsunterstützungsmodell wieder berücksichtigt werden und somit vollständigere Ergebnisse aufzeigen.

Die unterschiedlichen Standorte, Quellen und Lieferanten werden zudem einen starken Einfluss auf die ökologischen und sozialen Auswirkungen haben. In der Fallstudie wurde hierfür auf generische Daten aus der ecoinvent Datenbank zurückgegriffen und diese hinsichtlich der Inputs regionalisiert. Allerdings wurden keine Anpassungen an die Ressourcen, äußeren Bedingungen oder den Automatisierungsgrad in dem Land vorgenommen. In verschiedenen Studien

---

[1] Vgl. Rohde et al. (2000).

[2] Vgl. Webb (2019).

wurde jedoch gezeigt, dass dies einen erheblichen Einfluss auf die Ergebnisse haben kann. Chordia et al. (2022) und Schenker et al. (2022) haben dies bspw. für Lithium, Ali et al. (2023) und Valencia et al. (2025) für Nickel, Engels et al. (2022) für Grafit, Vogt et al. (2022) für die Zellproduktion und Egede et al. (2015) für die Nutzung gezeigt. Entsprechend können Verzerrungen bei den Ergebnissen resultieren und damit die Handlungsempfehlungen beeinflussen. Des Weiteren beschränkt sich die Fallstudie auf eine Zellchemie. Die Einführung in die Batterieindustrie (Abschnitt 4.1) hat jedoch gezeigt, dass unterschiedliche Zellchemien auf dem Markt für BEVs verwendet werden. Popien et al. (2023b) und Degen et al. (2024) haben aufgezeigt, dass die unterschiedlichen Zellchemien einen erheblichen Einfluss auf die ökonomischen, ökologischen und sozialen Auswirkungen der Batteriewertschöpfungskette haben können. Entsprechend muss die technologische Umwelt weitergehend bei der Entscheidungsfindung berücksichtigt werden. Gleiches gilt für unterschiedliche Produktions- bzw. Recyclingverfahren, wie bspw. die Studie von Blömeke et al. (2022) gezeigt hat. Darüber hinaus zeigt die soziale Bewertung in der Fallstudie lediglich die Risiken auf Länderebene für die einzelnen Prozessmodule auf. Dies entspricht dem ersten Teil des SLCA. Auf Basis dessen können jedoch nur Empfehlungen gegeben werden, an welchen Stellen Unternehmen und die Politik weiterführende Analysen durchführen müssen, um letztlich die Auswirkungen zu bestimmen. Insgesamt bietet die Modellierung dieser Arbeit hierfür dennoch einen geeigneten Ausgangspunkt für weiterführende Analysen.

5.3 Ausblick auf weiterführende Forschungsbedarfe

Aufbauend auf den dargestellten Grenzen innerhalb der Arbeit lassen sich weiterführende Forschungsbedarfe ableiten. Diese beziehen sich insbesondere auf zwei Aspekte. Zum einen beziehen sich diese auf die Erweiterung der DEALA-Methode. Zum anderen besteht die Möglichkeit, die DEALA-Methode sowie das eoLCSA mit diversen Methoden zu koppeln, um fundiertere Aussagen bei unterschiedlichen Entscheidungsproblemen treffen zu können.

Erweiterung der DEALA-Methode

Innerhalb der DEALA-Methode wird auf Standards aus Normen und dem betrieblichen Rechnungswesen zurückgegriffen, woraus drei unterschiedliche Charakterisierungsmodelle resultieren. Daneben gibt es jedoch weitere Standards und Vorgaben, sodass diese als Grundlage für weitere Charakterisierungsmodelle verwendet werden sollten. Hierfür kann die beschriebene Berechnungslogik genutzt werden. Die fortlaufende Ergänzung von Wirkungskategorien sowie von Charakterisierungsmodellen kann somit die weitergehende Verwendung bei unterschiedlichen Anwendungsfällen der DEALA-Methode und damit auch die einfache Kopplung mit der ökologischen und sozialen Bewertung fördern.

Daneben sollten neben den rein monetären Größen weitergehende Wirkungskategorien auf dem Endpoint-Level ergänzt werden. Hierdurch können tiefergehende Aussagen insbesondere auf Ebene der Politik abgeleitet werden. Dies bezieht sich auf Wirkungskategorien wie Produktivität, Resilienz der Wertschöpfungsketten oder Prosperität. Hierfür bieten die bestehenden Charakterisierungsmethoden einen guten Startpunkt entlang des Wirkungspfades, die durch weitergehende Analysen und Daten als Elementarflüsse ergänzt werden könnten. Hierbei müssen allerdings mögliche Schnittstellen mit der ökologischen und sozialen Dimension berücksichtigt werden, um die Kriterien des eoLCSA und damit auch die Anforderungen des LCM zu erfüllen.

Kopplung des eoLCSA mit weiteren Methoden

Die beschriebenen Grenzen bei dem Entscheidungsunterstützungsmodell sowie der Fallstudie können durch weitergehende Berücksichtigung und Kopplung des eoLCSA und der DEALA-Methode mit weiteren Methoden aufgehoben werden. So sollte die Integration des eoLCSA in systemdynamische Simulationen erfolgen. Ginster et al. (2024) haben bspw. das ELCA erfolgreich in ein derartiges Simulationsmodell integriert und die Erreichbarkeit der Rezyklatanteile der EU-Batterieverordnung sowie die resultierenden ökologischen Auswirkungen bewertet. Innerhalb der Simulation werden dabei Abhängigkeiten innerhalb des Systems berücksichtigt sowie ein langfristiger Horizont betrachtet. Eine ökonomische Bewertung wurde hierbei jedoch nicht integriert. Da DEALA und das eoLCSA jedoch auf der gleichen Berechnungslogik basieren, könnten die Methoden zusätzlich in solchen Simulationsmodellen integriert werden, um auch die ökonomische Dimension und entsprechende Auswirkungen von Gesetzesvorhaben zu untersuchen. Innerhalb der Simulationsmodelle könnte zudem stärker darauf eingegangen werden, an welchen Zeitpunkten Kapazitäten in der EU für die Materialgewinnung- und -verarbeitung, die Zellproduktion sowie das Recycling bereitstehen. Entsprechend könnten Kapazitäten besser in Entscheidungsunterstützungsmodellen berücksichtigt werden. Zudem können für ein dynamisches Entscheidungsunterstützungsmodell die Daten des Simulationsmodells verwendet werden.

Für derartige systemdynamische Modelle werden jedoch eine Vielzahl von Daten im Zeitverlauf benötigt. Zudem sollten die Daten für unterschiedliche Lieferanten und Standorte besser unterschieden werden. Hierfür gibt es unterschiedliche

Möglichkeiten. Zum einen könnten Primärdaten für die unterschiedlichen Standorte gesammelt und entsprechend genutzt werden. Dieser Weg ist allgemein zu bevorzugen, widerspricht aber dem Grundsatz der Wirtschaftlichkeit und ist in der Praxis herausfordernd. Daher bietet sich besonders in der Wissenschaft bspw. die Nutzung von Fließschemasimulationen an[3], um Daten für unterschiedliche Quellen, Standorte, Produktions- oder Recyclingverfahren abzuschätzen. Hierbei können die resultierenden Material- und Energieflüsse mit passenden DEALA-Aktivitäten für die nachfolgenden Bewertungen im eoLCSA gekoppelt werden. Hierbei bleibt die Herausforderung der Schätzung der Investitionen oder des Personalbedarfs. Hierbei muss entsprechend auf Erfahrungswerte und Anfragen von Lieferanten gesetzt werden.

Insgesamt können durch die Erweiterung der DEALA-Methode sowie weitere Kopplung tiefergreifende Aussagen abgeleitet sowie weiterführende Analysen durchgeführt werden, die dabei unterstützen Produktionssysteme, auch über Batteriewertschöpfungsketten hinaus, zu gestalten.

[3] Beispiele für Fließschemasimulationen als Basis für Nachhaltigkeitsbewertungen: Ali et al. (2024); Rinne et al. (2024).

6 Zusammenfassung

Unternehmen streben langfristig nach Gewinn, um sich im Wettbewerb zu behaupten. Um dieses Ziel zu erreichen, müssen sie ihre Produktionssysteme effizient gestalten und anpassen. Dabei werden Unternehmen von verschiedenen externen Umwelteinflüssen wie Wettbewerb, neuen Technologien, gesellschaftlichen Normen sowie politischen Vorgaben beeinflusst. Politische Vorgaben sind hierbei häufig eine Antwort auf die Veränderungen der natürlichen Umwelt. Daher sind geeignete Methoden notwendig, die es ermöglichen, betriebswirtschaftliche Größen neben ökologischen und sozialen Auswirkungen zu bestimmen. Darüber hinaus muss es möglich sein, die Ergebnisse bzw. die Methoden zu nutzen, um Entscheidungen über die Gestaltung der Produktionssysteme zu ermöglichen.

Für die Bewertung der drei Nachhaltigkeitsdimensionen eignet sich das LCSA. In diesem Zusammenhang zeigt insbesondere die Methode für die ökonomische Bewertung, das LCC, Limitationen auf. Für diese Methode gibt es keine Standards und einheitlichen Vorgehensweisen, sodass Ergebnisse nur schwer vergleichbar sind und eine Anwendung durch fachfremde Personen erschwert ist. Dies liegt auch daran, dass die Vorgehensweisen und Definitionen von Wirkungskategorien nicht transparent gemacht werden. Zudem werden häufig betriebswirtschaftliche Grundlagen vernachlässigt, sodass unzuverlässige Ergebnisse resultieren können, auf deren Basis keine validen Entscheidungen getroffen werden sollten.

J.-L. Popien, *Entscheidungsorientiertes Life Cycle Sustainability Assessment*, Produktion und Logistik, https://doi.org/10.1007/978-3-658-50001-6_6

Vor diesem Hintergrund ist die Zielsetzung dieser Arbeit die Einführung des eoLCSA, das Unternehmen ermöglichen soll, ihre Produktionssysteme unter Berücksichtigung der Umwelteinflüsse zu bewerten und zu gestalten. Hierbei wird das eoLCSA hinsichtlich der Anwendung, Vorteile und Limitationen im Kontext des Automobilsektors am Beispiel einer Batteriewertschöpfungskette illustriert.

Für die Zielerreichung werden zunächst die interdisziplinären Herausforderungen bei Nachhaltigkeitsbewertungen hervorgehoben (Abschnitt 2.1). Um die interdisziplinären Herausforderungen anzugehen, werden anschließend die Grundlagen des betrieblichen Rechnungswesens sowie des LCM eingeführt (Abschnitt 2.2 und 2.3). Diese dienen als Basis für die Entwicklung des eoLCSA. Zum anderen wird aufgezeigt, wie sich das eoLCSA in das betriebliche Rechnungswesen und LCM einordnet. Anschließend hieran werden in Abschnitt 2.4 die Anforderungen an das eoLCSA abgeleitet. So muss es mit dem eoLCSA-Ansatz möglich sein, die Auswirkungen aller drei Nachhaltigkeitsdimensionen gemeinsam zu bewerten, wobei insbesondere auf äquivalente Systemgrenzen, gemeinsame Sachbilanzen und ein gemeinsames Bewertungstool geachtet werden muss. Darüber hinaus hat die Literaturanalyse gezeigt, dass insbesondere im Kontext der ökonomischen Bewertung Limitationen bestehen, die vor allem auf das Fehlen einer geeigneten ökonomischen Wirkungsabschätzungsmethode zurückgeführt werden, woraus die Anforderung resultiert, dass innerhalb des eoLCSA eine ökonomische Wirkungskategorie genutzt werden muss. Als gut geeignete Wirkungsabschätzungsmethode wurde die DEALA-Methode identifiziert. Diese erfüllt allerdings noch nicht alle Kriterien für die Anwendung innerhalb des eoLCSA, sodass die Erweiterung der DEALA-Methode einer weiteren Anforderung der Arbeit entspricht. Zudem wird der eoLCSA-Ansatz im Rahmen von Entscheidungsunterstützungsmodellen eingesetzt.

Auf Basis der Grundlagen und abgeleiteten Anforderungen wird das eoLCSA allgemein vorgestellt. Hierfür wird zunächst die ökonomische Wirkungsabschätzungsmethode DEALA erweitert, damit diese die Kriterien an das eoLCSA erfüllt (Abschnitt 3.1). Hierbei wird insbesondere die Berechnungslogik sowie der Aufbau der drei Charakterisierungsmodelle vorgestellt. Die resultierenden Charakterisierungsmodelle können für unterschiedliche Ziele verwendet werden. DEALA-Kosten eignet sich zum Aufzeigen von Kostenstruktur, -verlauf und -niveau. DEALA-Profit wird hingegen für die Bestimmung der Profitabilität und damit des Erfolgs innerhalb einer Periode verwendet. Der Erfolg über mehrere Perioden wird hingegen über die Verwendung des Charakterisierungsmodells DEALA-Investition aufgezeigt. Auf die allgemeine Einführung der Struktur und des Aufbaus der DEALA-Methode folgt eine detaillierte Beschreibung in Form eines Leitfadens zur Anwendung des eoLCSA (Abschnitt 3.2). Hierbei wird sich an der DIN EN ISO 14040 und DIN EN ISO 14044 sowie den Grundlagen des betrieblichen Rechnungswesens und LCM orientiert. Insgesamt wird der Leitfaden in 12 Blöcke unterteilt, bei denen unterschiedliche Aspekte berücksichtigt werden müssen. Diese sind detailliert, u. a., in Form von morphologischen Kästen vorgegeben.

Für die Durchführung der Fallstudie wird zudem ein Framework für die Kopplung des eoLCSA mit der DEALA-Methode in Entscheidungsunterstützungsmodellen entwickelt (Abschnitt 3.3). Das Framework setzt sich hierbei aus sechs Schritten zusammen, die hierfür berücksichtigt werden müssen. Für die Durchführung wird auf Lösungsansätze von MCDM-Problemen im allgemeinen und MODM-Problemen im Speziellen eingegangen.

Vor dem Hintergrund der Bedeutung der Elektromobilität zur Verlangsamung des anthropogenen Klimawandels und der hohen ökonomischen Bedeutung dieser Transformation wird in Kapitel 4 eine Fallstudie zum Thema der Batteriewertschöpfungskette durchgeführt. Die Fallstudie umfasst hierbei zwei Teile. Zunächst wird eine exemplarische Batteriewertschöpfungskette unter Berücksichtigung von vier Stakeholdern hinsichtlich ihrer ökonomischen, ökologischen und sozialen Auswirkungen innerhalb des eoLCSA bewertet. Die Stakeholder sind ein Zellproduzent, Packproduzent, Nutzer sowie Recycler einer Batterie. Zur Veranschaulichung der Analysemöglichkeiten des eoLCSA werden in den Ergebnissen zahlreiche Darstellungsmöglichkeiten eingeführt, auf deren Basis die Ergebnisse vorgestellt und diskutiert werden.

Für den Batteriepackproduzenten liegen die ökonomischen Hotspots bei der Beschaffung der Komponenten zur Überwachung und Steuerung der Packs und Module. Beim Zellproduzenten liegen die höchsten Kosten jedoch bei Batteriematerialien wie dem positiven Aktivmaterial, Lithiumhydroxid und Nickelsulfat. Der Nutzer wird vor allem durch den Batteriepreis und die Energiepreise beeinflusst. Der Recycler hat bei den gegebenen Annahmen vor allem investitionsabhängige Kosten als Herausforderung. Die Ergebnisse haben zudem gezeigt, dass unter der Annahme globaler Marktpreise die Zell- und Packproduktion sowie das Recycling profitabel arbeiten können. Hierbei zeigen Szenarien, dass dies für alle Länder gilt, die aktuell Batterien produzieren bzw. recyceln. Allerdings werden auch Unterschiede zwischen den Ländern in allen drei Nachhaltigkeitsdimensionen deutlich, wodurch eine direkte Entscheidung zur Gestaltung erschwert ist. Dies gilt zudem, wenn gesetzliche Vorgaben bei der Gestaltung der Wertschöpfungsketten berücksichtigt werden müssen.

Die Gestaltung der Batteriewertschöpfungsketten umfasst den zweiten Teil der Fallstudie. Es wird ein lineares, statisches MODM-Problem formuliert. Hierbei wird auf eine Kombination aus einer lexikografischen und ε-contraint Formulierung zurückgegriffen. Innerhalb des Modells ist das primäre Ziel die Reduktion der Gesamtkosten aus Sicht eines Batteriepackproduzenten in Deutschland. Die nachfolgenden Ziele fokussieren auf die Minimierung des Klimawandels sowie des Risikos für Zwangsarbeit. Zudem wird innerhalb des Modells der Einfluss zweier Gesetzgebungen untersucht: der EU-Batterieverordnung und des CRMA. Hierbei wird in unterschiedlichen Szenarien untersucht, welchen individuellen Einfluss die Gesetzgebungen besitzen. In diesem Zusammenhang zeigen die Ergebnisse, dass die Gesetzgebungen einen erheblichen Einfluss auf die Gestaltung der Batteriewertschöpfungsketten haben können. Dabei können in vielen Konfigurationen Verbesserungen bei den Wirkungskategorien der Nachhaltigkeitsdimensionen im Vergleich zum Status Quo aus dem ersten Teil der Fallstudie erzielt werden. Es zeigt sich jedoch auch, dass die Gesetzgebungen das Potenzial für die Reduktion des Klimawandels oder der sozialen Risiken einschränken können. Dies erfordert Kompromisse bei den finalen Entscheidungen für die Gestaltung von Wertschöpfungsketten. Hierfür können weitergehende Methoden genutzt werden, die den Entscheidungsträgern vordefinierte Konfigurationen aus den Ergebnissen bereitstellen.

Zusammenfassend wird die Arbeit in Kapitel 5 kritisch gewürdigt. Durch die Weiterentwicklung der DEALA-Methode für den Einsatz in einem eoLCSA können tiefgehende Analysen von Produktionssystemen durchgeführt werden. Zudem ist das eoLCSA durch die Struktur der Modellierung gut geeignet, um in aktivitätsanalytisch modellierten Entscheidungsunterstützungsmodellen eingesetzt zu werden. Hierbei bestehen durch die Bereitstellung von Wirkungskategorien auf unterschiedlichen Aggregationsebenen eine Vielzahl an Darstellungs- und Auswertungsmöglichkeiten. Zudem führen der Leitfaden sowie die Methode zu einer erhöhten Transparenz bei der Durchführung solcher Studien. Die Einordnung und Berücksichtigung der Grundlagen des betrieblichen Rechnungswesens ermöglicht vertrauenswürdige Ergebnisse, die essenziell für die Entscheidungsunterstützung sind. Die Berücksichtigung der betriebswirtschaftlichen Grundlagen fördern zudem die Integration dieser Disziplin in das LCM. Darüber hinaus ist es möglich, auf Basis der Ergebnisse der Fallstudie Schlussfolgerungen und Empfehlungen für Unternehmen und Politik aufzuzeigen. Möglichkeiten für weitere Forschungsarbeiten bestehen hingegen in der Ergänzung weiterer Charakterisierungsmodelle auf Basis von Standards und Normen sowie die Erweiterung der Wirkungspfade um Endpoint-Kategorien. Zudem sollte das eoLCSA mit weiteren Methoden wie systemdynamischen Simulationen oder Fließschemasimulationen gekoppelt werden, um bei der Ableitung von Handlungsempfehlungen für die Politik und Unternehmen weitere Verbesserungen erzielen zu können.

Insgesamt leistet diese Dissertation durch die Einführung des eoLCSA, der Weiterentwicklung der DEALA-Methode und der Integration dieser Methoden in Entscheidungsunterstützungsmodelle einen wesentlichen Beitrag zur besseren Integration des betrieblichen Rechnungswesens mit dem LCM. Es wird eine umfassende wissenschaftliche Basis für die Bewertung und Gestaltung von Produktionssystemen unter Berücksichtigung von Umwelteinflüssen geschaffen, die in weiterführenden Arbeiten in Forschung und Industrie eingesetzt werden kann.

Verzeichnis der Rechtsquellen und Normen

Rechtsquellen

Lieferkettensorgfaltspflichtengesetz	Lieferkettensorgfaltspflichtengesetz vom 16. Juli 2021 (BGBl. I S. 2959)
Public Law No. 117–169 (08/16/2022)	Inflation Reduction Act of 2022 des 117. Kongresses der USA
Resolution A/RES/70/1	Resolution der Generalversammlung, verabschiedet am 25. September 2015 – 70/1. Transformation unserer Welt: die Agenda 2030 für nachhaltige Entwicklung
Verordnung (EU) 2021/1119	Verordnung (EU) 2021/1119 des Europäischen Parlaments und des Rates vom 30. Juni 2021 zur Schaffung des Rahmens für die Verwirklichung der Klimaneutralität und zur Änderung der Verordnungen (EG) Nr. 401/2009 und (EU) 2018/1999 („Europäisches Klimagesetz“)
Verordnung (EU) 2023/1542	Verordnung (EU) 2023/1542 des Europäischen Parlaments und des Rates vom 12. Juli 2023 über Batterien und Altbatterien, zur Änderung der Richtlinie 2008/98/EG und der Verordnung (EU) 2019/1020 und zur Aufhebung der Richtlinie 2006/66/EG

J.-L. Popien, *Entscheidungsorientiertes Life Cycle Sustainability Assessment*, Produktion und Logistik, https://doi.org/10.1007/978-3-658-50001-6

Verordnung (EU) 2024/1252	Verordnung (EU) 2024/1252 des Europäischen Parlaments und des Rates vom 11. April 2024 zur Schaffung eines Rahmens zur Gewährleistung einer sicheren und nachhaltigen Versorgung mit kritischen Rohstoffen und zur Änderung der Verordnungen (EU) Nr. 168/2013, (EU) 2018/858, (EU) 2018/1724 und (EU) 2019/1020

Normen

ASTM international standard LCC method	Standard Practice for Measuring Life-Cycle Costs of Buildings and Building Systems (ASTM E917-17e)
DIN EN 15643	Nachhaltigkeit von Bauwerken – Allgemeine Rahmenbedingungen zur Bewertung von Gebäuden und Ingenieurbauwerken; Deutsche Fassung EN 15643:2021
DIN EN 16627	Nachhaltigkeit von Bauwerken – Bewertung der ökonomischen Qualität von Gebäuden – Berechnungsmethoden; Deutsche Fassung EN 16627:2015
DIN EN ISO 14008	Monetäre Bewertung von Umweltauswirkungen und damit verbundenen Umweltaspekten (ISO 14008:2019)
DIN EN ISO 14040	Umweltmanagement – Ökobilanz – Grundsätze und Rahmenbedingungen (ISO 14040:2006 + Amd 1:2020)
DIN EN ISO 14044	Umweltmanagement – Ökobilanz – Anforderungen und Anleitungen (ISO 14044:2006 + Amd 1:2017 + Amd 2:2020)
DIN EN ISO 14045	Umweltmanagement – Ökoeffizienzbewertung von Produktsystemen – Prinzipien, Anforderungen und Leitlinien (ISO 14045:2012)

DIN EN ISO 14046	Umweltmanagement – Wasser-Fußabdruck – Grundsätze, Anforderungen und Leitlinien (ISO 14046:2014)
DIN EN ISO 14067	Treibhausgase – Carbon Footprint von Produkten – Anforderungen an und Leitlinien für Quantifizierung (ISO 14067:2018)
DIN EN ISO 14071	Umweltmanagement – Ökobilanz – Kritische Prüfungsverfahren und Kompetenzen der Prüfer (ISO 14071:2024)
DIN EN ISO 15459-1	Energetische Bewertung von Gebäuden – Wirtschaftlichkeitsberechnungen für Energieanlagen in Gebäuden – Teil 1: Berechnungsverfahren, Modul M1–14; Deutsche Fassung EN 15459-1:2017
ISO 14075:2024	Umweltmanagement – Grundsätze und Rahmenbedingungen für die lebenszyklusbasierte Sozialbilanz (14075:2024-10)
ISO 15392	Nachhaltiges Bauen – Allgemeine Grundsätze (ISO 15392:2019-12)
ISO 15686-5	Hochbau und Bauwerke – Planung der Lebensdauer – Teil 5: Kostenberechnung für die Gesamtlebensdauer (ISO 15686-2017-07)
VDI 4600	Kumulierter Energieaufwand (KEA) – Begriffe, Berechnungsmethoden (VDI 4600:2012-01)
VDI MT 3800	Ermittlung der Aufwendungen für Maßnahmen zum betrieblichen Umweltschutz (VDI-MT 3800:2023-02)

Literaturverzeichnis

Abdelbaky, M., Peeters, J. R., & Dewulf, W. (2021). On the influence of second use, future battery technologies, and battery lifetime on the maximum recycled content of future electric vehicle batteries in Europe. *Waste Management*, *125*, 1–9. https://doi.org/10.1016/j.wasman.2021.02.032.

Ahmad, S., Wong, K. Y., & Rajoo, S. (2019). Sustainability indicators for manufacturing sectors. *Journal of Manufacturing Technology Management*, *30*(2), 312–334. https://doi.org/10.1108/JMTM-03-2018-0091.

Ali, A.-R., Bartie, N., Husmann, J., Cerdas, F., Schröder, D., & Herrmann, C. (2024). Simulation-based life cycle assessment of secondary materials from recycling of lithium-ion batteries. *Resources, Conservation and Recycling*, *202*, 107384. https://doi.org/10.1016/j.resconrec.2023.107384.

Ali, A.-R., Lackner, J., Cerdas, F., & Herrmann, C. (2023). Analysis of nickel sulphate datasets used in lithium-ion batteries. *Procedia CIRP*, *116*, 348–353. https://doi.org/10.1016/j.procir.2023.02.059.

Allacker, K., Mathieux, F., Pennington, D., & Pant, R. (2017). The search for an appropriate end-of-life formula for the purpose of the European Commission Environmental Footprint initiative. *The International Journal of Life Cycle Assessment*, *22*(9), 1441–1458. https://doi.org/10.1007/s11367-016-1244-0.

Amienyo, D., & Azapagic, A. (2016). Life cycle environmental impacts and costs of beer production and consumption in the UK. *International Journal of Life Cycle Assessment*, *21*(4), 492–509. https://doi.org/10.1007/s11367-016-1028-6.

Andes, L., Lützkendorf, T., Ströbele, B., Kopfmüller, J., & Rösch, C. (2019). *Methodensammlung zur Nachhaltigkeitsbewertung – Grundlagen, Indikatoren, Hilfsmittel.*

Angelis-Dimakis, A., Whitehouse, A., Vyrkou, A., Hebden, A., Rana, S., & Goswami, P. (2022). Life cycle environmental impact and economic assessment of British Wool face masks. *Cleaner Environmental Systems*, *6*. https://doi.org/10.1016/j.cesys.2022.100084.

Arcadis. (2024). *International Construction Costs 2024.* https://images.connect.arcadis.com/Web/Arcadis/%7B856573cb-2409-4448-96a6-852638aa24fd%7D_International-Construction-Costs-2024.pdf.

Arulnathan, V., Heidari, M. D., Doyon, M., Li, E. P. H., & Pelletier, N. (2022). Economic Indicators for Life Cycle Sustainability Assessment: Going beyond Life Cycle Costing. *Sustainability*, *15*(1), 13. https://doi.org/10.3390/su15010013.

J.-L. Popien, *Entscheidungsorientiertes Life Cycle Sustainability Assessment*, Produktion und Logistik, https://doi.org/10.1007/978-3-658-50001-6

Babí Almenar, J., Petucco, C., Sonnemann, G., Geneletti, D., Elliot, T., & Rugani, B. (2023). Modelling the net environmental and economic impacts of urban nature-based solutions by combining ecosystem services, system dynamics and life cycle thinking: An application to urban forests. *Ecosystem Services, 60*. https://doi.org/10.1016/j.ecoser.2022.101506.

Bachmann, T. M., van der Kamp, J., Bianchi, M., Pihkola, H., & Saavedra del Oso, M. (2024). Life cycle costing as part of a life cycle sustainability assessment of products: methodology and case studies. *The International Journal of Life Cycle Assessment, 29*(10), 1863–1879. https://doi.org/10.1007/s11367-024-02347-1.

Balcioglu, G., Jeswani, H. K., & Azapagic, A. (2023). Energy from forest residues in Turkey: An environmental and economic life cycle assessment of different technologies. *Science of the Total Environment, 874*. https://doi.org/10.1016/j.scitotenv.2023.162316.

Barke, A. (2023). *Towards sustainable aviation – Quantification of novel aircraft propulsion concepts' contribution to achieve global sustainability goals*. Technische Universität Braunschweig.

Barke, A., Cistjakov, W., Steckermeier, D., Thies, C., Popien, J., Michalowski, P., Pinheiro Melo, S., Cerdas, F., Herrmann, C., Krewer, U., Kwade, A., & Spengler, T. S. (2023). Green batteries for clean skies: Sustainability assessment of lithium-sulfur all-solid-state batteries for electric aircraft. *Journal of Industrial Ecology, 27*(3), 795–810. https://doi.org/10.1111/jiec.13345.

Behzadian, M., Kazemzadeh, R. B., Albadvi, A., & Aghdasi, M. (2010). PROMETHEE: A comprehensive literature review on methodologies and applications. *European Journal of Operational Research, 200*(1), 198–215. https://doi.org/10.1016/j.ejor.2009.01.021.

Ben, M., David, H., Matthias, B., Cyril, F., Van den bergh, W., & Amaryllis, A. (2022). On the road again! An economic and environmental break-even and hotspot analysis of reclaimed asphalt pavement and rejuvenators. *Resources, Conservation and Recycling, 177*. https://doi.org/10.1016/j.resconrec.2021.106014.

Benayoun, R., de Montgolfier, J., Tergny, J., & Laritchev, O. (1971). Linear programming with multiple objective functions: Step method (stem). *Mathematical Programming, 1*(1), 366–375. https://doi.org/10.1007/BF01584098.

Benchmark Source. (2023). *Infographic: China controls three-quarters of graphite anode supply chain*. https://source.benchmarkminerals.com/article/infographic-china-controls-three-quarters-of-graphite-anode-supply-chain.

Berger, D., & Feil, A. S. (15. Januar 2025). Deutschland im Griff der Rezession. *ZDF Heute*. https://www.zdf.de/nachrichten/wirtschaft/bip-rueckgang-rezession-deutschland-100.html.

Bernhart, W., Hotz, T., & Knoche, K. (2023). Overarching Market View and Policy. In H. Heimes & W. Bernhart (Hrsg.), *Battery Monitor 2023: The Value Chain Between Economy and Ecology*.

Bjørn, A., & Hauschild, M. Z. (2013). Absolute versus Relative Environmental Sustainability. *Journal of Industrial Ecology, 17*(2), 321–332. https://doi.org/10.1111/j.1530-9290.2012.00520.x.

Bjørn, A., Laurent, A., Owsianiak, M., & Olsen, S. I. (2018a). Goal Definition. In M. Z. Hauschild, R. K. Rosenbaum, & S. I. Olsen (Hrsg.), *Life Cycle Assessment* (S. 67–74). Springer International Publishing. https://doi.org/10.1007/978-3-319-56475-3_7.

Bjørn, A., Moltesen, A., Laurent, A., Owsianiak, M., Corona, A., Birkved, M., & Hauschild, M. Z. (2018b). Life Cycle Inventory Analysis. In M. Z. Hauschild, R. K. Rosenbaum, & S. I. Olsen (Hrsg.), *Life Cycle Assessment* (S. 117–165). Springer International Publishing. https://doi.org/10.1007/978-3-319-56475-3_9.

Bjørn, A., Owsianiak, M., Laurent, A., Olsen, S. I., Corona, A., & Hauschild, M. Z. (2018c). Scope Definition. In M. Z. Hauschild, R. K. Rosenbaum, & S. I. Olsen (Hrsg.), *Life Cycle Assessment* (S. 75–116). Springer International Publishing. https://doi.org/10.1007/978-3-319-56475-3_8.

Blagoeva, D., Pavel, C., Wittmer, D., Huisman, J., & Pasimeni, F. (2019). *Materials dependencies for dual-use technologies relevant to Europes's defence sector*. https://doi.org/10.2760/570491.

Blohm, H., Lüder, K., & Schaefer, C. (2012). *Investition* (10. Aufl.). Vahlen. https://doi.org/10.15358/9783800639380.

Blömeke, S., Scheller, C., Cerdas, F., Thies, C., Hachenberger, R., Gonter, M., Herrmann, C., & Spengler, T. S. (2022). Material and energy flow analysis for environmental and economic impact assessment of industrial recycling routes for lithium-ion traction batteries. *Journal of Cleaner Production, 377*. https://doi.org/10.1016/j.jclepro.2022.134344.

BloombergNEF. (10. Dezember 2024). *Lithium-Ion Battery Pack Prices See Largest Drop Since 2017, Falling to $115 per Kilowatt-Hour: BloombergNEF*. https://about.bnef.com/blog/lithium-ion-battery-pack-prices-see-largest-drop-since-2017-falling-to-115-per-kilowatt-hour-bloombergnef/.

Bobba, S., Mathieux, F., & Blengini, G. A. (2019). How will second-use of batteries affect stocks and flows in the EU? A model for traction Li-ion batteries. *Resources, Conservation and Recycling, 145*, 279–291. https://doi.org/10.1016/j.resconrec.2019.02.022.

Brans, J. P., & Vincke, Ph. (1985). A Preference Ranking Organisation Method. *Management Science, 31*(6), 647–656. https://doi.org/10.1287/mnsc.31.6.647.

Brundtland, G. H. (1987). *Our Common Future: Report of the World Commission on Environment and Development*.

Burger, A. (1999). *Kostenmanagement* (3. Aufl.). DE GRUYTER. https://doi.org/10.1515/9783486791143.

Cacace, F., Bottani, E., Rizzi, A., & Vignali, G. (2020). Evaluation of the economic and environmental sustainability of high pressure processing of foods. *Innovative Food Science and Emerging Technologies, 60*. https://doi.org/10.1016/j.ifset.2019.102281.

Cadena, E., & Thomassen, G. (2024). Life cycle costing. In S. Valdivia & G. Sonnemann (Hrsg.), *Handbook on Life Cycle Sustainability Assessment* (S. 77–88). Edward Elgar Publishing. https://doi.org/10.4337/9781800378650.00017.

Calvin, K., Dasgupta, D., Krinner, G., Mukherji, A., Thorne, P. W., Trisos, C., Romero, J., Aldunce, P., Barrett, K., Blanco, G., Cheung, W. W. L., Connors, S., Denton, F., Diongue-Niang, A., Dodman, D., Garschagen, M., Geden, O., Hayward, B., Jones, C., … Ha, M. (2023). *IPCC, 2023: Climate Change 2023: Synthesis Report. Contribution of Working Groups I, II and III to the Sixth Assessment Report of the Intergovernmental Panel on Climate Change [Core Writing Team, H. Lee and J. Romero (eds.)]. IPCC, Geneva, Switzerland.* https://doi.org/10.59327/IPCC/AR6-9789291691647.

Celauro, C., Cardella, A., & Guerrieri, M. (2023). LCA of Different Construction Choices for a Double-Track Railway Line for Sustainability Evaluations. *Sustainability (Switzerland), 15*(6). https://doi.org/10.3390/su15065066.

Cerdas, F., Andrew, S., Thiede, S., & Herrmann, C. (2018). Environmental Aspects of the Recycling of Lithium-Ion Traction Batteries. In *Recycling of Lithium-Ion Batteries : the LithoRec Way* (S. 267–288). https://doi.org/10.1007/978-3-319-70572-9_16.

Charnes, A., & Cooper, W. W. (1957). Management Models and Industrial Applications of Linear Programming. *Management Science, 4*(1), 38–91. https://doi.org/10.1287/mnsc.4.1.38.

Charnes, A., Cooper, W. W., & Ferguson, R. O. (1955). Optimal Estimation of Executive Compensation by Linear Programming. *Management Science, 1*(2), 138–151. https://doi.org/10.1287/mnsc.1.2.138.

Cheng, Q. (2024). Corporate Social Responsibility's Impact on Purchase Intention: The Role of Involvement. *International Journal of Interdisciplinary Studies in Social Science, 1*(3), 23–30. https://doi.org/10.62309/8q03rg95.

Chiandussi, G., Codegone, M., Ferrero, S., & Varesio, F. E. (2012). Comparison of multi-objective optimization methodologies for engineering applications. *Computers & Mathematics with Applications, 63*(5), 912–942. https://doi.org/10.1016/j.camwa.2011.11.057.

Chmielewicz, K. (1982). *Betriebliches Rechnungswesen 1 – Finanzrechnung und Bilanz* (3. Aufl.). Westdeutscher Verlag GmbH.

Chordia, M., Nordelöf, A., & Ellingsen, L. A. W. (2021). Environmental life cycle implications of upscaling lithium-ion battery production. *International Journal of Life Cycle Assessment, 26*(10), 2024–2039. https://doi.org/10.1007/s11367-021-01976-0.

Chordia, M., Wickerts, S., Nordelöf, A., & Arvidsson, R. (2022). Life cycle environmental impacts of current and future battery-grade lithium supply from brine and spodumene. *Resources, Conservation and Recycling, 187*. https://doi.org/10.1016/j.resconrec.2022.106634.

Cimprich, A., Young, S. B., Helbig, C., Gemechu, E. D., Thorenz, A., Tuma, A., & Sonnemann, G. (2017). Extension of geopolitical supply risk methodology: Characterization model applied to conventional and electric vehicles. *Journal of Cleaner Production, 162*, 754–763. https://doi.org/10.1016/j.jclepro.2017.06.063.

Cinelli, M., Kadziński, M., Miebs, G., Gonzalez, M., & Słowiński, R. (2022). Recommending multiple criteria decision analysis methods with a new taxonomy-based decision support system. *European Journal of Operational Research, 302*(2), 633–651. https://doi.org/10.1016/j.ejor.2022.01.011.

Ciroth, A., Finkbeiner, M., Hildenbrand, J., Klöpffer, W., Mazijn, B., Prakash, S., Sonnemann, G., Traverso, M., Ugaya, C. M. L., Valdivia, S., & Vickery-Niederman, G. (2011). *Towards a Life Cycle Sustainability Assessment – Making informed choices on products.*

Ciroth, A., Franze, J., & GreenDeltaTC Berlin. (2009). *Life Cycle Costing in SimaPro.* https://pre-sustainability.com/files/2020/09/LCCinSimaPro_english.pdf.

Cobalt Institute. (2024). *Cobalt Market Report 2023.* https://www.cobaltinstitute.org/wp-content/uploads/2024/05/Cobalt-Market-Report-2023_FINAL.pdf.

Coenenberg, A. G., Fischer, T. M., & Günther, T. (2012). *Kostenrechnung und Kostenanalyse* (8. Aufl.). Schäffer-Poeschel Verlag Stuttgart.

Coenenberg, A. G., Haller, A., & Schultze, W. (2018). *Jahresabschluss und Jahresabschlussanalyse*. Schäffer-Poeschel. https://doi.org/10.34156/9783791041230.

Cornet, A., Heuss, R., Schaufuss, P., & Tschiesner, A. (2023). *A road map for Europe's automotive industry*. https://www.mckinsey.de/~/media/mckinsey/locations/europe%20and%20middle%20east/deutschland/news/presse/2023/2023-08-30%20automotive%20masterplan/mckinsey%20-%20a%20road%20map%20for%20the%20automotive%20industry%20in%20europe_august%202023.pdf.

Costa, D., Quinteiro, P., & Dias, A. C. (2019). A systematic review of life cycle sustainability assessment: Current state, methodological challenges, and implementation issues. In *Science of the Total Environment* (Bd. 686, S. 774–787). Elsevier B.V. https://doi.org/10.1016/j.scitotenv.2019.05.435.

Danielis, R., Scorrano, M., & Giansoldati, M. (2022). Decarbonising transport in Europe: Trends, goals, policies and passenger car scenarios. *Research in Transportation Economics, 91*, 101068. https://doi.org/10.1016/j.retrec.2021.101068.

de Andres, A., Medina-Lopez, E., Crooks, D., Roberts, O., & Jeffrey, H. (2017). On the reversed LCOE calculation: Design constraints for wave energy commercialization. *International Journal of Marine Energy, 18*, 88–108. https://doi.org/10.1016/j.ijome.2017.03.008.

de Blas, I., Mediavilla, M., Capellán-Pérez, I., & Duce, C. (2020). The limits of transport decarbonization under the current growth paradigm. *Energy Strategy Reviews, 32*, 100543. https://doi.org/10.1016/j.esr.2020.100543.

De Luca, A. I., Stillitano, T., Falcone, G., Squeo, G., Caponio, F., Strano, A., & Gulisano, G. (2018). Economic and environmental assessment of extra virgin olive oil processing innovations. *Chemical Engineering Transactions, 67*, 133–138. https://doi.org/10.3303/CET1867023.

Debreu, G. (1959). *Theory of value: an axiomatic analysis of economic equilibrium*. Yale University Press.

Degen, F., Mitterfellner, M., & Kampker, A. (2024). Comparative life cycle assessment of lithium-ion, sodium-ion, and solid-state battery cells for electric vehicles. *Journal of Industrial Ecology*. https://doi.org/10.1111/jiec.13594.

Degen, F., & Schütte, M. (2022). Life cycle assessment of the energy consumption and GHG emissions of state-of-the-art automotive battery cell production. *Journal of Cleaner Production, 330*, 129798. https://doi.org/10.1016/j.jclepro.2021.129798.

Demary, V., Matthes, J., Plünnecke, A., & Schaefer, T. (2021). *Gleichzeitig: Wie vier Disruptionen die deutsche Wirtschaft verändern. Herausforderungen und Lösungen*. Institut der deutschen Wirtschaft Köln Medien GmbH. http://hdl.handle.net/10419/246089.

Deng, C., Wu, J., & Shao, X. (2016). Research on eco-balance with LCA and LCC for mechanical product design. *International Journal of Advanced Manufacturing Technology, 87*(5–8), 1217–1228. https://doi.org/10.1007/s00170-013-4887-z.

Duffner, F., Kronemeyer, N., Tübke, J., Leker, J., Winter, M., & Schmuch, R. (2021). Post-lithium-ion battery cell production and its compatibility with lithium-ion cell production infrastructure. *Nature Energy, 6*(2), 123–134. https://doi.org/10.1038/s41560-020-007 48-8.

Duyan, Ö., & Ciroth, A. (2013). *Life Cycle Costing Quick Explanation: Two different methods to perform Life Cycle Costing in openLCA*. https://www.openlca.org/wp-content/uploads/2015/11/How-to-perform-Life-Cycle-Costing-in-openLCA.pdf.

Dyckhoff, H., & Spengler, T. S. (2010). *Produktionswirtschaft* (Bd. 0). Springer Berlin Heidelberg. https://doi.org/10.1007/978-3-642-13684-9.

Dyer, J. S. (2005). Maut – Multiattribute Utility Theory. In J. Figueria, S. Greco, & M. Ehrogott (Hrsg.), *Multiple Criteria Decision Analysis: State of the Art Surveys* (1. Aufl., S. 265–292). Springer-Verlag. https://doi.org/10.1007/0-387-23081-5_7.

Egede, P., Dettmer, T., Herrmann, C., & Kara, S. (2015). Life Cycle Assessment of Electric Vehicles – A Framework to Consider Influencing Factors. *Procedia CIRP*, *29*, 233–238. https://doi.org/10.1016/j.procir.2015.02.185.

Ehrlenspiel, K., Lindemann, U., Kiewert, A., & Steiner, M. (1997). Konstruktionsbegleitende Kalkulation in der integrierten Produktentwicklung. In *Frühzeitiges Kostenmanagement* (S. 145–159). Gabler Verlag. https://doi.org/10.1007/978-3-322-84502-3_9.

Eisele, W., & Knobloch, A. P. (2011). *Technik des betrieblichen Rechnungswesens* (8. Aufl.). Vahlen. https://doi.org/10.15358/9783800643509.

Ekvall, T., Björklund, A., Sandin, G., Jelse, K., Lagergren, J., & Rydberg, M. (2020). *Modeling recycling in life cycle assessment*. https://www.lifecyclecenter.se/wp-content/uploads/2020_05_Modeling-recyling-in-life-cycle-assessment-1.pdf.

Elkington, J. (1997). *Cannibals with forks: the triple bottom line of 21st century business* (1. Aufl.). Capstone Publishing Limited.

Ellingsen, L. A.-W., Majeau-Bettez, G., Singh, B., Srivastava, A. K., Valøen, L. O., & Strømman, A. H. (2014). Life Cycle Assessment of a Lithium-Ion Battery Vehicle Pack. *Journal of Industrial Ecology*, *18*(1), 113–124. https://doi.org/10.1111/jiec.12072.

Ellram, L. (1993). Total Cost of Ownership: Elements and Implementation. *International Journal of Purchasing and Materials Management*, *29*(3), 2–11. https://doi.org/10.1111/j.1745-493X.1993.tb00013.x.

Ellram, L. M. (1995). Total cost of ownership: An analysis approach for purchasing. *International Journal of Physical Distribution & Logistics Management*, *25*(8), 4–23. https://doi.org/10.1108/09600039510099928.

Engels, P., Cerdas, F., Dettmer, T., Frey, C., Hentschel, J., Herrmann, C., Mirfabrikikar, T., & Schueler, M. (2022). Life cycle assessment of natural graphite production for lithium-ion battery anodes based on industrial primary data. *Journal of Cleaner Production*, *336*, 130474. https://doi.org/10.1016/j.jclepro.2022.130474.

European Commission: Directorate-General for Internal Market, I. E. and Sme., Grohol, M., & Veeh, C. (2023). *Study on the critical raw materials for the EU 2023 – final report*. https://data.europa.eu/doi/10.2873/725585.

European Commission, J. R. C., Grassano, N., Hernández Guevara, H., Fako, P., Nindl, E., Georgakaki, A., Napolitano, L., Tübke, A., & Rentocchini, F. (2022). *The 2022 EU industrial R&D investment scoreboard – Extended summary of key findings and policy implications*. https://doi.org/10.2760/08410.

Ewert, R., Wagenhofer, A., & Rohlfing-Bastian, A. (2023). *Interne Unternehmensrechnung* (9. Aufl.). Springer Berlin Heidelberg. https://doi.org/10.1007/978-3-662-65283-1.

Fandel, G., Fey, A., Heuft, B., & Pitz, T. (2004). *Kostenrechnung* (2. Aufl.). Springer-Verlag. https://doi.org/10.1007/3-540-35054-3.

Fathollahi, A., & Coupe, S. J. (2021). Life cycle assessment (LCA) and life cycle costing (LCC) of road drainage systems for sustainability evaluation: Quantifying the contribution of different life cycle phases. *Science of the Total Environment*, *776*, 145937. https://doi.org/10.1016/j.scitotenv.2021.145937.

Finkbeiner, M., Schau, E. M., Lehmann, A., & Traverso, M. (2010). Towards life cycle sustainability assessment. *Sustainability, 2*(10), 3309–3322. https://doi.org/10.3390/su2103309.

Fischer, T. M., Möller, K., & Schultze, W. (2015). *Controlling: Grundlagen, Instrumente und Entwicklungsperspektiven* (2. Aufl.). Schäffer Poeschel Verlag Stuttgart.

Foolmaun, R. K., & Ramjeawon, T. (2013). Life cycle sustainability assessments (LCSA) of four disposal scenarios for used polyethylene terephthalate (PET) bottles in Mauritius. *Environment, Development and Sustainability, 15*(3), 783–806. https://doi.org/10.1007/s10668-012-9406-0.

Franz, K.-P. (1990). Die Prozeßkostenrechnung. In D. Ahlert, K.-P. Franz, & H. Göppl (Hrsg.), *Finanz- und Rechnungswesen als Führungsinstrument* (S. 109–136). Gabler Verlag. https://doi.org/10.1007/978-3-322-83759-2_6.

Friedl, B. (2019). *Praxishandbuch Kostenmanagement* (2. Aufl.). UVK Verlagsgesellschaft mbH. https://doi.org/10.24053/9783739801803.

Fuller, S., & Petersen, S. (1995). *LIFE-CYCLE COSTING MANUAL for the Federal Energy Management Program.* National Institute of Standards and Technology.

Gaasbeek, A., & Meijer, E. (2013). *Handbook on a novel methodology for the sustainability impact assessment of new technologies.* https://backend.orbit.dtu.dk/ws/portalfiles/portal/155571940/01_64_PROSUITE_HANDBOOK_update_FINAL_11dec2013.pdf.

Gao, B., & Xu, Z. (2024). Adjustment of supply chain investment by transnational corporations in the Ukrainian crisis and geopolitical risks – Taking the three levels as the analytical framework. *Transnational Corporations Review, 16*(3), 200076. https://doi.org/10.1016/j.tncr.2024.200076.

García-Herrero, L., De Menna, F., & Vittuari, M. (2019). Food waste at school. The environmental and cost impact of a canteen meal. *Waste Management, 100*, 249–258. https://doi.org/10.1016/j.wasman.2019.09.027.

Geldermann, J. (2014). *Anlagen- und Energiewirtschaft.* Vahlen. https://doi.org/10.15358/9783800647897.

Gemechu, E. D., Helbig, C., Sonnemann, G., Thorenz, A., & Tuma, A. (2016). Import-based Indicator for the Geopolitical Supply Risk of Raw Materials in Life Cycle Sustainability Assessments. *Journal of Industrial Ecology, 20*(1), 154–165. https://doi.org/10.1111/jiec.12279.

Geoffrion, A. M., Dyer, J. S., & Feinberg, A. (1972). An Interactive Approach for Multi-Criterion Optimization, with an Application to the Operation of an Academic Department. *Management Science, 19*(4-part-1), 357–368. https://doi.org/10.1287/mnsc.19.4.357.

Ginster, R., Blömeke, S., Popien, J., Scheller, C., Cerdas, F., Herrmann, C., & Spengler, T. S. (2024). Circular battery production in the EU: Insights from integrating life cycle assessment into system dynamics modeling on recycled content and environmental impacts. *Journal of Industrial Ecology, 28*(5), 1165–1182. https://doi.org/10.1111/jiec.13527.

Giusti, G., Marques, T. L., Figueirêdo, M. C. B. de, & Silva, D. A. L. (2022). Integrating water footprint in the eco-efficiency assessment of Brazilian chilled chicken. *Sustainable Production and Consumption, 33*, 331–342. https://doi.org/10.1016/j.spc.2022.07.009.

Götze, U. (2010). *Kostenrechnung und Kostenmanagement* (5. Aufl.). Springer Berlin Heidelberg. https://doi.org/10.1007/978-3-642-11824-1.

Götze, U. (2014). *Investitionsrechnung* (7. Aufl.). Springer Berlin Heidelberg. https://doi.org/10.1007/978-3-642-54622-8.

Graupner, Y., Weckenborg, C., & Spengler, T. S. (2024). Effects of European emissions trading on the transformation of primary steelmaking: Assessment of economic and climate impacts in a case study from Germany. *Journal of Industrial Ecology*, *28*(6), 1524–1540. https://doi.org/10.1111/jiec.13544.

Günkaya, Z. (2020). A Comparison of the Environmental Impact of Different Heating Systems Using the Life Cycle Approach. *Environmental Engineering Science*, *37*(3), 214–228. https://doi.org/10.1089/ees.2019.0272.

Günther, H.-O., & Tempelmeier, H. (2020). *Supply Chain Analytics* (H.-O. Günther & Tempelmeier Horst, Hrsg.; 13. Aufl.). Books on Demand.

Günther, T. (2018). Strategisches Kostenmanagement – Stand der Umsetzung und neue Methoden. In *Rechnungslegung, Steuern, Corporate Governance, Wirtschaftsprüfung und Controlling* (S. 543–558). Springer Fachmedien Wiesbaden. https://doi.org/10.1007/978-3-658-21634-4_31.

Gurobi Optimization, L. (2023). *Gurobi Optimizer Reference Manual*. https://www.gurobi.com.

Haberstock, P. (2022). *Kostenrechnung I* (15. Aufl.). Erich Schmidt Verlag.

Haimes, Y. Y., Lasdon, L. S., & Wismer, D. A. (1971). On a Bicriterion Formulation of the Problems of Integrated System Identification and System Optimization. *IEEE Transactions on Systems, Man, and Cybernetics*, *SMC-1*(3), 296–297. https://doi.org/10.1109/TSMC.1971.4308298.

Harper, G., Sommerville, R., Kendrick, E., Driscoll, L., Slater, P., Stolkin, R., Walton, A., Christensen, P., Heidrich, O., Lambert, S., Abbott, A., Ryder, K., Gaines, L., & Anderson, P. (2019). Recycling lithium-ion batteries from electric vehicles. *Nature*, *575*(7781), 75–86. https://doi.org/10.1038/s41586-019-1682-5.

Hauschild, M. Z. (2018). Introduction to LCA Methodology. In M. Z. Hauschild, R. K. Rosenbaum, & S. I. Olsen (Hrsg.), *Life Cycle Assessment* (S. 59–66). Springer International Publishing. https://doi.org/10.1007/978-3-319-56475-3_6.

Hauschild, M. Z., Bonou, A., & Olsen, S. I. (2018). Life Cycle Interpretation. In M. Z. Hauschild, R. K. Rosenbaum, & S. I. Olsen (Hrsg.), *Life Cycle Assessment* (S. 323–334). Springer International Publishing. https://doi.org/10.1007/978-3-319-56475-3_12.

Hauschild, M. Z., Kara, S., & Røpke, I. (2020). Absolute sustainability: Challenges to life cycle engineering. *CIRP Annals*, *69*(2), 533–553. https://doi.org/10.1016/j.cirp.2020.05.004.

Heijungs, R., Settanni, E., & Guinée, J. (2013). Toward a computational structure for life cycle sustainability analysis: Unifying LCA and LCC. *International Journal of Life Cycle Assessment*, *18*(9), 1722–1733. https://doi.org/10.1007/s11367-012-0461-4.

Heijungs, R., & Suh, S. (2002). *The Computational Structure of Life Cycle Assessment* (Bd. 11). Springer Netherlands. https://doi.org/10.1007/978-94-015-9900-9.

Helbig, C., Gemechu, E. D., Pillain, B., Young, S. B., Thorenz, A., Tuma, A., & Sonnemann, G. (2016). Extending the geopolitical supply risk indicator: Application of life cycle sustainability assessment to the petrochemical supply chain of polyacrylonitrile-based carbon fibers. *Journal of Cleaner Production*, *137*, 1170–1178. https://doi.org/10.1016/j.jclepro.2016.07.214.

Herrmann, C. (2010). *Ganzheitliches Life Cycle Management*. Springer Berlin Heidelberg. https://doi.org/10.1007/978-3-642-01421-5.

Hoogmartens, R., Van Passel, S., Van Acker, K., & Dubois, M. (2014). Bridging the gap between LCA, LCC and CBA as sustainability assessment tools. *Environmental Impact Assessment Review*, *48*, 27–33. https://doi.org/10.1016/j.eiar.2014.05.001.

Horváth, P., Gleich, R., & Seiter, M. (2020). *Controlling* (14. Aufl.). Verlag Franz Vahlen GmbH. https://doi.org/10.15358/9783800658701.

Horváth, P., & Mayer, R. (1989). Prozeßkostenrechnung. *Controlling*, *1*(4), 214–219. https://doi.org/10.15358/0935-0381-1989-4-214.

Hosseini, S. M., Aslani, A., & Kasaeian, A. (2023). Life cycle cost and environmental assessment of CO2 utilization in the beverage industry: A natural gas-fired power plant equipped with post-combustion CO2 capture. *Energy Reports*, *9*, 414–436. https://doi.org/10.1016/j.egyr.2022.11.200.

Hoyer, C., Kieckhäfer, K., & Spengler, T. S. (2015). Technology and capacity planning for the recycling of lithium-ion electric vehicle batteries in Germany. *Journal of Business Economics*, *85*(5), 505–544. https://doi.org/10.1007/s11573-014-0744-2.

Hummel, S., & Männel, W. (1986). *Kostenrechnung 1* (4. Aufl.). Gabler Verlag. https://doi.org/10.1007/978-3-322-84743-0.

Hunkeler, D., Lichtenvort, K., & Rebitzer, G. (2008a). Environmental life cycle costing. In D. Hunkeler, K. Lichtenvort, & G. Rebitzer (Hrsg.), *Environmental Life Cycle Costing*. Society of Environmental Toxicology and Chemistry (SETAC). https://doi.org/10.1201/9781420054736.

Hunkeler, D., Lichtenvort, K., Rebitzer, G., Ciroth, A., Huppes, G., Klöpffer, W., Rüdenauer, I., Bengt, S., Swarr, T., Seuring, S., Schmidt, W.-P., Günther, E., Hoppe, H., Nakamura, S., Verghese, K., Tresher, C., Gensch, C.-O., Ludvig, K., Notarnicola, B., … Prox, M. (2008b). *Environmental Life Cycle Costing* (D. Hunkeler, K. Lichtenvort, & G. Rebitzer, Hrsg.; 1. Aufl.). Society of Environmental Toxicology and Chemistry.

Husmann, J., Popien, J.-L., Cerdas, F., Barke, A., Spengler, T. S., & Herrmann, C. (2024). Sustainability implications of establishing a circular European supply chain of battery materials. *Procedia CIRP*, *122*, 121–126. https://doi.org/10.1016/j.procir.2024.01.017.

Hwang, C.-L., & Masud, A. S. Md. (1979). *Multiple Objective Decision Making – Methods and Applications* (Bd. 164). Springer Berlin Heidelberg. https://doi.org/10.1007/978-3-642-45511-7.

IEA. (2023). *Critical Minerals Market Review 2023*. https://www.iea.org/reports/critical-minerals-market-review-2023.

IEA. (2024a). *Global Critical Minerals Outlook 2024*. https://www.iea.org/reports/global-critical-minerals-outlook-2024.

IEA. (2024b). *Global EV Outlook 2024*. https://www.iea.org/reports/global-ev-outlook-2024.

IEA. (2024c). *Share of battery capacity of electric vehicle sales by chemistry and region, 2021–2023*. https://www.iea.org/data-and-statistics/charts/share-of-battery-capacity-of-electric-vehicle-sales-by-chemistry-and-region-2021-2023.

Ignizio, J. P. (1983). Generalized goal programming An overview. *Computers & Operations Research*, *10*(4), 277–289. https://doi.org/10.1016/0305-0548(83)90003-5.

Iodice, S., Garbarino, E., Cerreta, M., & Tonini, D. (2021). Sustainability assessment of Construction and Demolition Waste management applied to an Italian case. *Waste Management*, *128*, 83–98. https://doi.org/10.1016/j.wasman.2021.04.031.

Jannesar Niri, A., Poelzer, G. A., Zhang, S. E., Rosenkranz, J., Pettersson, M., & Ghorbani, Y. (2024). Sustainability challenges throughout the electric vehicle battery value chain. *Renewable and Sustainable Energy Reviews*, *191*, 114176. https://doi.org/10.1016/j.rser.2023.114176.

Jiang, W., & Marggraf, R. (2021). The origin of cost–benefit analysis: a comparative view of France and the United States. *Cost Effectiveness and Resource Allocation*, *19*(1), 74. https://doi.org/10.1186/s12962-021-00330-3.

Joint Research Centre (JRC) of the European Commission. (2023). *EF 3.1 EN15804*. https://eplca.jrc.ec.europa.eu/LCDN/EN15804.html.

Joos, T. (2014). *Controlling, Kostenrechnung und Kostenmanagement* (5. Aufl.). Springer Fachmedien Wiesbaden. https://doi.org/10.1007/978-3-658-01344-8.

Kambanou, M. L. (2020). Life Cycle Costing: Understanding How It Is Practised and Its Relationship to Life Cycle Management – A Case Study. *Sustainability*, *12*(8), 3252. https://doi.org/10.3390/su12083252.

Kaplan, R. S., & Atkinson, A. A. (1998). *Advanced Management Accounting* (3. Aufl.). Prentice Hall.

Kaplan, R. S., & Cooper, R. (1998). *Cost & Effect: Using Integrated Cost Systems to Drive Profitability and Performance*. Harvard Business Press.

Kara, S., Hauschild, M., Sutherland, J., & McAloone, T. (2022). Closed-loop systems to circular economy: A pathway to environmental sustainability? *CIRP Annals*, *71*(2), 505–528. https://doi.org/10.1016/j.cirp.2022.05.008.

Keeney, R. L. (1977). The art of assessing multiattribute utility functions. *Organizational Behavior and Human Performance*, *19*(2), 267–310. https://doi.org/10.1016/0030-5073(77)90065-4.

Kemminer, J. (1999). *Lebenszyklusorientiertes Kosten- und Erlösmanagement*. Deutscher Universitätsverlag. https://doi.org/10.1007/978-3-663-08693-2.

Kern, W. (1974). *Investitionsrechnung* (1. Aufl.). Poeschel.

Kilger, W. (1987). *Einführung in die Kostenrechnung* (3. Aufl.). Gabler Verlag. https://doi.org/10.1007/978-3-322-89523-3.

Kim, B., & Sim, J. E. (2015). Impacts of government and market on firm's efforts to reduce pollution. *Cogent Economics & Finance*, *3*(1). https://doi.org/10.1080/23322039.2015.1062634.

Kim, M. H., Song, Y. E., Song, H. B., Kim, J. W., & Hwang, S. J. (2011). Evaluation of food waste disposal options by LCC analysis from the perspective of global warming: Jungnang case, South Korea. *Waste Management*, *31*(9–10), 2112–2120. https://doi.org/10.1016/j.wasman.2011.04.019.

Kloepffer, W. (2008). Life cycle sustainability assessment of products (with Comments by Helias A. Udo de Haes, p. 95). *International Journal of Life Cycle Assessment*, *13*(2), 89–95. https://doi.org/10.1065/lca2008.02.376.

Klöpffer, W., & Grahl, B. (2014). *Life Cycle Assessment (LCA): A Guide to Best Practice* (W. Klöpffer & B. Grahl, Hrsg.). Wiley. https://doi.org/10.1002/9783527655625.

Knehr, K. W., Kubal, J. J., Nelson, P. A., & Ahmed, S. (2022). *Battery Performance and Cost Modeling for Electric-Drive Vehicles: A Manual for BatPaC v5.0*. https://doi.org/10.2172/1877590.

Koch, H. (1966). *Grundprobleme der Kostenrechnung*. VS Verlag für Sozialwissenschaften. https://doi.org/10.1007/978-3-663-02538-2.

Kölsch, D. (2011). *Sozioökonomische Bewertung von Chemikalien*. https://doi.org/10.5445/KSP/1000021736.

Koopmans, T. C. (1951). Analysis of production as an efficient combination of activities. In *Activity analysis of production and allocation* (Bd. 1, S. 33–97). Wiley.

Kosiol, E. (1953). *Kalkulatorische Buchhaltung (Betriebsbuchhaltung)* (5. Aufl.). Gabler Verlag. https://doi.org/10.1007/978-3-663-02612-9.

Kosiol, E. (1979). *Kostenrechnung der Unternehmung* (2. Aufl.). Gabler Verlag. https://doi.org/10.1007/978-3-322-85826-9.

Kremin-Buch, B. (2007). *Strategisches Kostenmanagement* (4. Aufl.). Gabler. https://doi.org/10.1007/978-3-8349-9216-1.

Kruschwitz, L., & Lorenz, D. (2019). *Investitionsrechnung* (15. Aufl.). De Gruyter. https://doi.org/10.1515/9783110598025.

Kwade, A., Haselrieder, W., Leithoff, R., Modlinger, A., Dietrich, F., & Droeder, K. (2018). Current status and challenges for automotive battery production technologies. *Nature Energy*, *3*(4), 290–300. https://doi.org/10.1038/s41560-018-0130-3.

Leroy-Parmentier, N., Valdivia, S., Loubet, P., & Sonnemann, G. (2023). Alignment of the life cycle initiative's "principles for the application of life cycle sustainability assessment" with the LCSA practice: A case study review. *International Journal of Life Cycle Assessment*, *28*(6), 704–740. https://doi.org/10.1007/s11367-023-02162-0.

Leroy-Parmentier, N., Wiche, P., & Sonnemann, G. (2024). Life cycle assessment. In S. Valdivia & G. Sonnemann (Hrsg.), *Handbook on Life Cycle Sustainability Assessment* (S. 60–76). Edward Elgar Publishing. https://doi.org/10.4337/9781800378650.00016.

Lichtenvort, K., Rebitzer, G., Huppes, G., Ciroth, A., Seuring, S., Schmidt, W.-P., Günther, E., Hoppe, H., Swarr, T., & Hunkeler, D. (2008). Introduction: History of Life Cycle Costing, Its Categorization, and Its Basic Framework. In D. Hunkeler, K. Lichtenvort, & G. Rebitzer (Hrsg.), *Environmental Life Cycle Costing* (S. 1–16). CRC Press. https://doi.org/10.1201/9781420054736-9.

Lorenzo-Toja, Y., Vázquez-Rowe, I., Amores, M. J., Termes-Rifé, M., Marín-Navarro, D., Moreira, M. T., & Feijoo, G. (2016). Benchmarking wastewater treatment plants under an eco-efficiency perspective. *Science of the Total Environment*, *566–567*, 468–479. https://doi.org/10.1016/j.scitotenv.2016.05.110.

Lu, Y., & Zhu, T. (2024). Status and prospects of lithium iron phosphate manufacturing in the lithium battery industry. *MRS Communications*, *14*(5), 888–899. https://doi.org/10.1557/s43579-024-00644-2.

Lücke, W. (1991). *Investitionslexikon* (2. Aufl.). Vahlen.

Ma, X., Yang, D., Zhai, Y., Shen, X., Zhang, R., & Hong, J. (2019). Cost-combined life cycle assessment of ferronickel production. *International Journal of Life Cycle Assessment*, *24*(10), 1840–1850. https://doi.org/10.1007/s11367-019-01600-2.

Maisham, M., Adnan, H., Adillah Ismail, N. A., & Asyikin Mahat, N. A. (2019). Developing a Research Methodology for Life Cycle Costing Framework for Application in Green Projects. *IOP Conference Series: Earth and Environmental Science*, *385*(1), 012066. https://doi.org/10.1088/1755-1315/385/1/012066.

Manjong, N. B., Bach, V., Usai, L., Marinova, S., Burheim, O. S., Finkbeiner, M., & Strømman, A. H. (2023). A comparative assessment of value chain criticality of lithium-ion battery cells. *Sustainable Materials and Technologies*, *36*, e00614. https://doi.org/10.1016/j.susmat.2023.e00614.

McKerracher, C. (9. Juli 2024). *China's Batteries Are Now Cheap Enough to Power Huge Shifts*. Bloomberg. https://www.bloomberg.com/news/newsletters/2024-07-09/china-s-batteries-are-now-cheap-enough-to-power-huge-shifts.

Meyr, H., Wagner, M., & Rohde, J. (2015). Structure of Advanced Planning Systems. In H. Stadtler, C. Kilger, & H. Meyr (Hrsg.), *Supply Chain Management and Advanced Planning* (5. Aufl., S. 99–106). https://doi.org/10.1007/978-3-642-55309-7_5.

Miettinen, K. (1998). *Nonlinear Multiobjective Optimization* (1. Aufl., Bd. 12). Springer US. https://doi.org/10.1007/978-1-4615-5563-6.

Mohr, M., Peters, J. F., Baumann, M., & Weil, M. (2020). Toward a cell-chemistry specific life cycle assessment of lithium-ion battery recycling processes. *Journal of Industrial Ecology*, *24*(6), 1310–1322. https://doi.org/10.1111/jiec.13021.

Monden, Y. (1999). *Wege zur Kostensenkung: Target costing und Kaizen costing*. Vahlen.

Monden, Y., & Hamada, K. (1991). Target Costing and Kaizen Costing in Japanese Automobile Companies. *Journal of Management Accounting*, *3*(1), 16–34. https://doi.org/10.1142/9781848160385_0005.

Moreau, V., & Weidema, B. P. (2015). The computational structure of environmental life cycle costing. *International Journal of Life Cycle Assessment*, *20*(10), 1359–1363. https://doi.org/10.1007/s11367-015-0952-1.

Moreira, L., Galvão, A. R., Braga, V., Braga, A., & Teixeira, J. (2023). Sustainability as a Gateway to Textile International Markets: The Portuguese Case. *Sustainability*, *15*(5), 4669. https://doi.org/10.3390/su15054669.

Müller, A., Choudry, S., Bornschlegl, M., & Mantwill, F. (2017). Der modulare Lebenszykluskosten-Baukasten. *Zeitschrift für wirtschaftlichen Fabrikbetrieb*, *112*(7–8), 501–505. https://doi.org/10.3139/104.111759.

Mutel, C. (2017). Brightway: An open source framework for Life Cycle Assessment. *The Journal of Open Source Software*, *2*(12), 236. https://doi.org/10.21105/joss.00236.

Neef, C., & Jung, A.-C. (24. August 2023). *Preisschwankungen bei Batterie-Rohstoffen: Wie die Automobilindustrie reagiert und welche Auswirkungen sie auf die Zellkosten haben*. Fraunhofer ISI. https://www.isi.fraunhofer.de/de/blog/themen/batterie-update/batterie-rohstoffe-preis-schwankungen-wie-reagiert-automobil-industrie-auswirkungen-zellkosten.html.

Neugebauer, S., Forin, S., & Finkbeiner, M. (2016). From Life Cycle Costing to Economic Life Cycle Assessment – Introducing an Economic Impact Pathway. *Sustainability*, *8*(5), 428. https://doi.org/10.3390/su8050428.

Neugebauer, S., Martinez-Blanco, J., Scheumann, R., & Finkbeiner, M. (2015). Enhancing the practical implementation of life cycle sustainability assessment – proposal of a Tiered approach. *Journal of Cleaner Production*, *102*, 165–176. https://doi.org/10.1016/j.jclepro.2015.04.053.

Norris, C. B., & Norris, G. A. (2015). Chapter 8 : The Social Hotspots Database Context of the SHDB. In J. Murray, D. McBain, & T. Wiedmann (Hrsg.), *The Sustainability Practitioner's Guide to Social Analysis and Assessment* (1. Aufl., S. 52–73). Common Ground. https://www.researchgate.net/publication/287215286_Chapter_8_The_Social_Hotspots_Database_Context_of_the_SHDB.

Omran, N., Sharaai, A. H., & Hashim, A. H. (2021). Visualization of the sustainability level of crude palm oil production: A life cycle approach. *Sustainability (Switzerland)*, *13*(4), 1–16. https://doi.org/10.3390/su13041607.

Orangi, S., Manjong, N. B., Clos, D. P., Burheim, O. S., & Strømman, A. H. (2024a). A bottom-up framework to investigate environmental and techno-economic aspects of lithium-ion batteries: A case study of conventional vs. pre-lithiated lithium-ion battery cells. *Journal of Cleaner Production, 478*, 143934. https://doi.org/10.1016/j.jclepro.2024.143934.

Orangi, S., Manjong, N., Clos, D. P., Usai, L., Burheim, O. S., & Strømman, A. H. (2024b). Historical and prospective lithium-ion battery cost trajectories from a bottom-up production modeling perspective. *Journal of Energy Storage, 76*, 109800. https://doi.org/10.1016/j.est.2023.109800.

Padilla-Rivera, A., Hannouf, M., Assefa, G., & Gates, I. (2023). A systematic literature review on current application of life cycle sustainability assessment: A focus on economic dimension and emerging technologies. *Environmental Impact Assessment Review, 103*, 107268. https://doi.org/10.1016/j.eiar.2023.107268.

Pergola, M., Gialdini, A., Celano, G., Basile, M., Caniani, D., Cozzi, M., Gentilesca, T., Mancini, I. M., Pastore, V., Romano, S., Ventura, G., & Ripullone, F. (2018). An environmental and economic analysis of the wood-pellet chain: two case studies in Southern Italy. *International Journal of Life Cycle Assessment, 23*(8), 1675–1684. https://doi.org/10.1007/s11367-017-1374-z.

Peters, M. S., Timmerhaus, K. D., & West, R. E. (2003). *Plant Design and Economics for Chemical Engineers* (E. D. Glandt, M. T. Klein, & T. F. Edgar, Hrsg.; 5. Aufl.). McGraw-Hill.

Poggensee, K. (2022). *Investitionsrechnung* (4. Aufl.). Springer Fachmedien Wiesbaden. https://doi.org/10.1007/978-3-658-37226-2.

Popien, J., Barke, A., Ginster, R., Striecks, T., Thies, C., & Spengler, T. S. (2024a). DEALA – A novel economic life cycle impact assessment method for differentiated economic assessments in the context of life cycle sustainability assessments. *Journal of Industrial Ecology*. https://doi.org/10.1111/jiec.13584.

Popien, J.-L. (2025). *Characterization models and impact patways of the DEALA method (Version 1)*. Zenodo. https://doi.org/10.5281/zenodo.14900720.

Popien, J.-L., Husmann, J., Barke, A., Thies, C., Cerdas, F., Herrmann, C., & Spengler, T. S. (2023a). Comparison of lithium-ion battery supply chains – a life cycle sustainability assessment. *Procedia CIRP, 116*, 131–136. https://doi.org/10.1016/j.procir.2023.02.023.

Popien, J.-L., Husmann, J., Echternach, T., Barke, A., Cerdas, F., Herrmann, C., & Spengler, T. S. (2024b). Design of battery supply chains under consideration of environmental and socio-economic criteria. *Procedia CIRP, 122*, 127–132. https://doi.org/10.1016/j.procir.2024.01.018.

Popien, J.-L., Thies, C., Barke, A., & Spengler, T. S. (2023b). Comparative sustainability assessment of lithium-ion, lithium-sulfur, and all-solid-state traction batteries. *The International Journal of Life Cycle Assessment, 28*(4), 462–477. https://doi.org/10.1007/s11367-023-02134-4.

Popien, J.-L., Thies, C., & Spengler, T. S. (2022). Exploring recycling options in battery supply chains – A life cycle sustainability assessment. *Procedia CIRP, 105*, 434–439. https://doi.org/10.1016/j.procir.2022.02.072.

Rasines, L., Morera, S., Miguel, G. S., Artés-Hernández, F., & Aguayo, E. (2023). Environmental and economic sustainability of fresh-cut and pre-cooked vegetables. *Science of the Total Environment, 872*, 162169. https://doi.org/10.1016/j.scitotenv.2023.162169.

Raworth, K. (2012). *A safe and just space for humanity – Can we live within the doughnut?* https://www-cdn.oxfam.org/s3fs-public/file_attachments/dp-a-safe-and-just-space-for-humanity-130212-en_5.pdf.

Raworth, K. (2017). *Doughnut Economics – Seven Ways to Think Like a 21st Century Economist*. Chelsea Green Publishing.

Rebitzer, G., & Nakamura, S. (2008). Environmental Life Cycle Costing. In D. Hunkeler, K. Lichtenvort, & G. Rebitzer (Hrsg.), *Environmental Life Cycle Costing* (1. Aufl., S. 35–57). CRC Press. https://doi.org/10.1201/9781420054736-11.

Reiß, M., & Corsten, H. (1992). Gestaltungsdomänen des Kostenmanagements. In W. Männel (Hrsg.), *Handbuch Kostenrechnung* (S. 1478–1491). Gabler Verlag. https://doi.org/10.1007/978-3-322-93138-2_101.

Remmen, A., Landfield, A., Saur, K., & Jensen, A. A. (2005). Introduction to Sustainability and Life Cycle Thinking. In A. A. Jensen & A. Remmen (Hrsg.), *UNEP-SETAC Background Document for Life Cycle Management Introductory Guide*. UNEP. https://lca-center.dk/wp-content/uploads/2015/08/An-introduction-to-life-cycle-thinking-and-management.pdf.

Resende, J. D., Nolasco, M. A., & Pacca, S. A. (2019). Life cycle assessment and costing of wastewater treatment systems coupled to constructed wetlands. *Resources, Conservation and Recycling*, *148*, 170–177. https://doi.org/10.1016/j.resconrec.2019.04.034.

Riahi, K., van Vuuren, D. P., Kriegler, E., Edmonds, J., O'Neill, B. C., Fujimori, S., Bauer, N., Calvin, K., Dellink, R., Fricko, O., Lutz, W., Popp, A., Cuaresma, J. C., KC, S., Leimbach, M., Jiang, L., Kram, T., Rao, S., Emmerling, J., … Tavoni, M. (2017). The Shared Socioeconomic Pathways and their energy, land use, and greenhouse gas emissions implications: An overview. *Global Environmental Change*, *42*, 153–168. https://doi.org/10.1016/j.gloenvcha.2016.05.009.

Riebel, P. (1994). *Einzelkosten- und Deckungsbeitragsrechnung* (7. Aufl.). Gabler Verlag. https://doi.org/10.1007/978-3-322-96352-9.

Rinne, M., Aromaa-Stubb, R., Elomaa, H., Porvali, A., & Lundström, M. (2024). Evaluation of hydrometallurgical black mass recycling with simulation-based life cycle assessment. *The International Journal of Life Cycle Assessment*, *29*(9), 1582–1597. https://doi.org/10.1007/s11367-024-02304-y.

Roche, L., Benoît-Norris, C., & Valdivia, S. (2024). Social life cycle assessment. In S. Valdivia & G. Sonnemann (Hrsg.), *Handbook on Life Cycle Sustainability Assessment* (S. 89–109). Edward Elgar Publishing. https://doi.org/10.4337/9781800378650.00018.

Rockström, J., Steffen, W., Noone, K., Persson, Å., Chapin, F. S., Lambin, E. F., Lenton, T. M., Scheffer, M., Folke, C., Schellnhuber, H. J., Nykvist, B., de Wit, C. A., Hughes, T., van der Leeuw, S., Rodhe, H., Sörlin, S., Snyder, P. K., Costanza, R., Svedin, U., … Foley, J. A. (2009). A safe operating space for humanity. *Nature*, *461*(7263), 472–475. https://doi.org/10.1038/461472a.

Rödger, J.-M., Kjær, L. L., & Pagoropoulos, A. (2018). Life Cycle Costing: An Introduction. In M. Z. Hauschild, R. K. Rosenbaum, & S. I. Olsen (Hrsg.), *Life Cycle Assessment* (S. 373–399). Springer International Publishing. https://doi.org/10.1007/978-3-319-56475-3_15.

Rodrigues, S. L., & da Silva, E. A. (2024). Implementation of environmental life cycle costing: Procedures, challenges, and opportunities. *The International Journal of Life Cycle Assessment*, *29*(5), 803–837. https://doi.org/10.1007/s11367-023-02268-5.

Roh, S., Tae, S., & Kim, R. (2018). Development of a streamlined Environmental Life Cycle Costing Model for buildings in South Korea. *Sustainability (Switzerland), 10*(6), 1733. https://doi.org/10.3390/su10061733.

Rohde, J., Meyr, H., & Wagner, M. (2000). Die Supply Chain Planning Matrix. *PPS Management*, 10–15.

Rosenbaum, R. K., Hauschild, M. Z., Boulay, A.-M., Fantke, P., Laurent, A., Núñez, M., & Vieira, M. (2018). Life Cycle Impact Assessment. In M. Z. Hauschild, R. K. Rosenbaum, & S. I. Olsen (Hrsg.), *Life Cycle Assessment* (S. 167–270). Springer International Publishing. https://doi.org/10.1007/978-3-319-56475-3_10.

Rosenbaum, R. K., & Olsen, S. I. (2018). Critical Review. In M. Z. Hauschild, R. K. Rosenbaum, & S. I. Olsen (Hrsg.), *Life Cycle Assessment* (S. 335–347). Springer International Publishing. https://doi.org/10.1007/978-3-319-56475-3_13.

Saaty, R. W. (1987). The analytic hierarchy process – what it is and how it is used. *Mathematical Modelling, 9*(3–5), 161–176. https://doi.org/10.1016/0270-0255(87)90473-8.

Saaty, T. L. (1980). *The Analytic Hierarchy Process* (1. Aufl.). McGraw-Hill, Inc.

Saaty, T. L., & Kearns, K. P. (1985). Analytic Planning: The Organization of Systems. In E. Y. Rodin (Hrsg.), *International series in modern applied mathematics and computer science* (1. Aufl., Bd. 7). Pergamon Press.

Sacchi, R., Terlouw, T., Siala, K., Dirnaichner, A., Bauer, C., Cox, B., Mutel, C., Daioglou, V., & Luderer, G. (2022). PRospective EnvironMental Impact asSEment (premise): A streamlined approach to producing databases for prospective life cycle assessment using integrated assessment models. *Renewable and Sustainable Energy Reviews, 160*, 112311. https://doi.org/10.1016/j.rser.2022.112311.

Saling, P. (2016). Eco-efficiency Assessment. In M. Finkbeiner (Hrsg.), *Special Types of Life Cycle Assessment. LCA Compendium – The Complete World of Life Cycle Assessment* (S. 115–178). https://doi.org/10.1007/978-94-017-7610-3_4.

Saling, P., Kicherer, A., Dittrich-Krämer, B., Wittlinger, R., Zombik, W., Schmidt, I., Schrott, W., & Schmidt, S. (2002). Eco-efficiency analysis by basf: the method. *The International Journal of Life Cycle Assessment, 7*(4), 203–218. https://doi.org/10.1007/BF02978875.

San Miguel, G., Martín-Girela, I., Ruiz, D., Rocha, G., Curt, M. D., Aguado, P. L., & Fernández, J. (2023). Environmental and economic assessment of a floating constructed wetland to rehabilitate eutrophicated waterways. *Science of the Total Environment, 884*, 163817. https://doi.org/10.1016/j.scitotenv.2023.163817.

Saur, K., Donato, G., Flores, E., Frankl, P., Jensen, A., Kituyi, E., Lee, K. M., Swarr, T., Tawfic, M., & Tukker, A. (2003). Draft final report of the LCM definition study. *UNEP/SETAC Life Cycle Initiative.* https://www.lifecycleinitiative.org/wp-content/uploads/2012/12/2003%20-%20LCM%20Definition%20Study%20-%20v3.6.pdf.

Schau, E. M., Traverso, M., Lehmann, A., & Finkbeiner, M. (2011). Life Cycle Costing in Sustainability Assessment – A Case Study of Remanufactured Alternators. *Sustainability, 3*(11), 2268–2288. https://doi.org/10.3390/su3112268.

Scheller, C., Schmidt, K., & Spengler, T. S. (2023). Effects of network structures on the production planning in closed-loop supply chains – A case study based analysis for lithium-ion batteries in Europe. *International Journal of Production Economics, 262*, 108892. https://doi.org/10.1016/j.ijpe.2023.108892.

Schenker, V., Oberschelp, C., & Pfister, S. (2022). Regionalized life cycle assessment of present and future lithium production for Li-ion batteries. *Resources, Conservation and Recycling, 187*, 106611. https://doi.org/10.1016/j.resconrec.2022.106611.

Schild, U. (2005). *Lebenszyklusrechnung und lebenszyklusbezogenes Zielkostenmanagement*. Deutscher Universitätsverlag. https://doi.org/10.1007/978-3-322-81916-1.

Schmalenbach, E. (1963). *Kostenrechnung und Preispolitik* (8. Aufl.). Westdeutscher Verlag, Köln und Opladen.

Schneider, D. (1997). *Betriebswirtschaftslehre – Band 2: Rechnungswesen* (2. Aufl.). R. Oldenbourg Verlag München Wien.

Schneider, L., Berger, M., Schüler-Hainsch, E., Knöfel, S., Ruhland, K., Mosig, J., Bach, V., & Finkbeiner, M. (2014). The economic resource scarcity potential (ESP) for evaluating resource use based on life cycle assessment. *The International Journal of Life Cycle Assessment, 19*(3), 601–610. https://doi.org/10.1007/s11367-013-0666-1.

Schweitzer, M., Küpper, H.-U., Friedl, G., Hofmann, C., & Pedell, B. (2015). *Systeme der Kosten- und Erlösrechnung* (11. Aufl.). Vahlen. https://doi.org/10.15358/9783800650286.

Seidenschwarz, W. (1991). Target Costing. *Controlling, 3*(4), 198–203. https://doi.org/10.15358/0935-0381-1991-4-198.

Senkpiel, C., Berneiser, J., & Baumann, D. (2021). Open-source simulation of the long-term diffusion of alternative passenger cars on the basis of investment decisions of private persons. *Transportation Research Part D: Transport and Environment, 93*, 102713. https://doi.org/10.1016/j.trd.2021.102713.

Short, W., Packey, D. J., & Holt, T. (1995). *A Manual for Economic Evaluation of Energy Efficiency and Renewable Energy Technologies*. https://www.nrel.gov/docs/legosti/old/5173.pdf.

Spengler, T. S. (1994). *Industrielle Demontage- und Recyclingkonzepte : betriebswirtschaftliche Planungsmodelle zur ökonomisch effizienten Umsetzung abfallrechtlicher Rücknahme- und Verwertungspflichten*. Erich Schmidt Verlag.

Stadtler, H. (2005). Supply chain management and advanced planning—basics, overview and challenges. *European Journal of Operational Research, 163*(3), 575–588. https://doi.org/10.1016/j.ejor.2004.03.001.

Stratmann, K. (9. Dezember 2024). Wie sicher ist die Stromversorgung in Deutschland? *Handelsblatt*. https://www.handelsblatt.com/politik/deutschland/energie-wie-sicher-ist-die-stromversorgung-in-deutschland/100092109.html.

Swarr, T. E. (2011). *Environmental Life Cycle Costing: A Code of Practice*. Society of Environmental Toxicology and Chemistry.

Swarr, T. E., Hunkeler, D., Klöpffer, W., Pesonen, H. L., Ciroth, A., Brent, A. C., & Pagan, R. (2011). Environmental life-cycle costing: A code of practice. *International Journal of Life Cycle Assessment, 16*(5), 389–391. https://doi.org/10.1007/s11367-011-0287-5.

Taelman, S., Sanjuan-Delmás, D., Tonini, D., & Dewulf, J. (2020). An operational framework for sustainability assessment including local to global impacts: Focus on waste management systems. *Resources, Conservation and Recycling, 162*, 104964. https://doi.org/10.1016/j.resconrec.2020.104964.

Thies, C., Kieckhäfer, K., Hoyer, C., & Spengler, T. S. (2018). Economic Assessment of the LithoRec Process. In A. Kwade & J. Diekmann (Hrsg.), *Recycling of Lithium-Ion*

Batteries : the LithoRec Way (S. 253–266). https://doi.org/10.1007/978-3-319-70572-9_15.

Thies, C., Kieckhäfer, K., & Spengler, T. S. (2021). Activity analysis based modeling of global supply chains for sustainability assessment. *Journal of Business Economics*, *91*(2), 215–252. https://doi.org/10.1007/s11573-020-01004-x.

Thies, C., Kieckhäfer, K., Spengler, T. S., & Sodhi, M. S. (2019a). Assessment of social sustainability hotspots in the supply chain of lithium-ion batteries. *Procedia CIRP*, *80*, 292–297. https://doi.org/10.1016/j.procir.2018.12.009.

Thies, C., Kieckhäfer, K., Spengler, T. S., & Sodhi, M. S. (2019b). Operations research for sustainability assessment of products: A review. *European Journal of Operational Research*, *274*(1), 1–21. https://doi.org/10.1016/j.ejor.2018.04.039.

United Nations Environmental Program (UNEP). (2020). *Guidelines for Social Life Cycle Assessment of Products and Organizations 2020.* http://www.unep.fr/shared/publications/pdf/DTIx1164xPA-guidelines_sLCA.pdf.

USGS. (2024). *Mineral commodity summaries 2024.* https://doi.org/10.3133/mcs2024.

Valencia, F., Rabbani, M., Fahimi, A., & Vahidi, E. (2025). Assessing the environmental burden of nickel sulfate for batteries: A life cycle perspective. *Resources, Conservation and Recycling*, *215*, 108130. https://doi.org/10.1016/j.resconrec.2025.108130.

Vogt, M., Dér, A., Khalid, U., Cerdas, F., & Herrmann, C. (2022). Model-based planning of technical building services and process chains for battery cell production. *Journal of Cleaner Production*, *370*, 133512. https://doi.org/10.1016/j.jclepro.2022.133512.

Volkswagen Group. (2024). *Geschäftsbericht 2023.* https://uploads.vw-mms.de/system/production/documents/cws/002/671/file_de/0638247dc949c755ddfa5ceba53df467a704db17/Y_2023_d.pdf?1711034295.

Von Winterfeldt, D., & Fischer, G. W. (1975). Multi-Attribute Utility Theory: Models and Assessment Procedures. In D. Wendt & C. Vlek (Hrsg.), *Utility, Probability, and Human Decision Making* (S. 47–85). Springer Netherlands. https://doi.org/10.1007/978-94-010-1834-0_3.

Wang, M., Elgowainy, A., Lee, U., Bafana, A., Banerjee, S., Benavides, P., Bobba, P., Burnham, A., Cai, H., Gracida, U., Hawkins, T., Iyer, R., Kelly, J., Kim, T., Kingsbury, K., Kwon, H., Li, Y., Liu, X., Lu, Z., … Zang, G. (2021). *Greenhouse gases, Regulated Emissions, and Energy use in Technologies Model® (2021 Excel)* (Nr. 2021). Argonne National Laboratory (ANL).

Warren, J. L., & Weitz, K. A. (1994). Development of an integrated life-cycle cost assessment model. *Proceedings of 1994 IEEE International Symposium on Electronics and The Environment*, 155–163. https://doi.org/10.1109/ISEE.1994.337306.

Webb, A. (2019). Lithium – Brines margins higher; Australians look to capture more of value chain. *S&P Global Market Intelligence.* https://pages.marketintelligence.spglobal.com/Lithium-brine-vs-hard-rock-demo-confirmation-MJ-ad.html.

Weber, H. K. (1991). *Betriebswirtschaftliches Rechnungswesen – Band 2: Kosten- und Leistungsrechnung* (3. Aufl.). Verlag Franz Vahlen GmbH.

Weber, H. K., & Rogler, S. (2004). *Betriebswirtschaftliches Rechnungswesen Band 1: Bilanz sowie Gewinn- und Verlustrechnung* (5. Aufl.). Verlag Vahlen.

Weber, J., & Schäffer, U. (2022). *Einführung in das Controlling* (17. Aufl.). Schäffer-Poeschel. https://doi.org/10.34156/9783791055480.

Wernet, G., Bauer, C., Steubing, B., Reinhard, J., Moreno-Ruiz, E., & Weidema, B. (2016). The ecoinvent database version 3 (part I): overview and methodology. *International Journal of Life Cycle Assessment, 21*(9), 1218–1230. https://doi.org/10.1007/s11367-016-1087-8.

Wichaiutcha, N., Dutta, A., & Chavalparit, O. (2023). Life Cycle Assessment of Plastic Resin: A Case Study of the Petrochemical Industry in Thailand for the Production of HDPE Resin. *Applied Environmental Research, 45*(1). https://doi.org/10.35762/AER.2023004.

Wicke, T. (15. Februar 2023). *Battery starting materials – the Asian dominance in battery components*. Battery starting materials – the Asian dominance in battery components.

Wood, R., & Hertwich, E. G. (2013). Economic modelling and indicators in life cycle sustainability assessment. *The International Journal of Life Cycle Assessment, 18*(9), 1710–1721. https://doi.org/10.1007/s11367-012-0463-2.

Yeung, J., Walbridge, S., Haas, C., & Saari, R. (2017). Understanding the total life cycle cost implications of reusing structural steel. *Environment Systems and Decisions, 37*(1), 101–120. https://doi.org/10.1007/s10669-016-9621-6.

Yu, A., & Dequiatan, A. (2024). China, South Korea battery-makers drive growth despite capacity regionalization. *S&P Global*. https://www.spglobal.com/marketintelligence/en/news-insights/research/china-south-korea-battery-makers-drive-growth-despite-capacity-regionalization.

Zehbold, C. (1996). *Lebenszykluskostenrechnung*. Gabler Verlag. https://doi.org/10.1007/978-3-322-90384-6.

Zhou, H., Yang, Y., Li, W., McKechnie, J., Thiede, S., & Wang, P. (2024). EU's recycled content targets of lithium-ion batteries are likely to compromise critical metal circularity. *One Earth, 7*(7), 1288–1300. https://doi.org/10.1016/j.oneear.2024.06.017.

Zhou, Z., Alcalá, J., & Yepes, V. (2021). Environmental, economic and social impact assessment: Study of bridges in china's five major economic regions. *International Journal of Environmental Research and Public Health, 18*(1), 122. https://doi.org/10.3390/ijerph18010122.

Zimmermann, A. W., Wunderlich, J., Müller, L., Buchner, G. A., Marxen, A., Michailos, S., Armstrong, K., Naims, H., McCord, S., Styring, P., Sick, V., & Schomäcker, R. (2020). Techno-Economic Assessment Guidelines for CO2 Utilization. *Frontiers in Energy Research, 8*. https://doi.org/10.3389/fenrg.2020.00005.

Zimmermann, H.-J., & Gutsche, L. (1991). *Multi-Criteria Analyse*. Springer Berlin Heidelberg. https://doi.org/10.1007/978-3-642-58198-4.

Zira, S., Rydhmer, L., Ivarsson, E., Hoffmann, R., & Röös, E. (2021). A life cycle sustainability assessment of organic and conventional pork supply chains in Sweden. *Sustainable Production and Consumption, 28*, 21–38. https://doi.org/10.1016/j.spc.2021.03.028.

FSC
www.fsc.org
MIX
Papier | Fördert gute Waldnutzung
FSC® C083411

Kolibri 360 GmbH
Ferdinand-Jühlke-Straße 7
99095 Erfurt, Deutschland
produktsicherheit@kolibri360.de